江苏高校"青蓝工程"中青年学术带头人
江苏省"333高层次人才培养工程"

乡村振兴战略实施与农村创业研究

吴兆明　周桂瑾◎著

Rural Revitalization Strategy Implementation and
Rural Entrepreneurship Research

中国矿业大学出版社
·徐州·

图书在版编目(CIP)数据

乡村振兴战略实施与农村创业研究 / 吴兆明,周桂
瑾著. — 徐州 : 中国矿业大学出版社,2024.6.

ISBN 978-7-5646-6299-8

Ⅰ. F320.3;F249.214

中国国家版本馆 CIP 数据核字第 2024UZ7182 号

书　　名	乡村振兴战略实施与农村创业研究	
	Xiangcun Zhenxing Zhanlüe Shishi yu Nongcun Chuangye Yanjiu	
著　　者	吴兆明　周桂瑾	
责任编辑	姜　翠	
出版发行	中国矿业大学出版社有限责任公司	
	(江苏省徐州市解放南路　邮编 221008)	
营销热线	(0516)83885370　83884103	
出版服务	(0516)83995789　83884920	
网　　址	http://www.cumtp.com　E-mail:cumtpvip@cumtp.com	
印　　刷	苏州市古得堡数码印刷有限公司	
开　　本	710 mm×1000 mm　1/16　**印张** 16　**字数** 288 千字	
版次印次	2024 年 6 月第 1 版　2024 年 6 月第 1 次印刷	
定　　价	72.00 元	

(图书出现印装质量问题,本社负责调换)

前　言／Preface

　　农业、农村、农民("三农")问题是关系国计民生的根本性问题,习近平总书记在 2020 年 12 月中央农村工作会议上指出,坚持把解决好"三农"问题作为全党工作重中之重,举全党全社会之力推动乡村振兴,促进农业高质高效、乡村宜居宜业、农民富裕富足。

　　大力支持农村创业发展对于培育发展农村新产业新业态,延伸和拓展农业产业链等具有重要战略意义,对于农民增收致富,助力乡村振兴战略实施等更是具有重要的现实意义。近年来,国家层面先后出台《国务院办公厅关于支持农民工等人员返乡创业的意见》《国务院办公厅关于支持返乡下乡人员创业创新促进农村一二三产业融合发展的意见》《农业农村部 国家发展改革委 教育部 科技部 财政部 人力资源社会保障部 自然资源部 退役军人部 银保监会关于深入实施农村创新创业带头人培育行动的意见》《全国乡村产业发展规划（2020—2025年）》《农村创业创新支持政策清单》《国家乡村振兴局关于落实党中央国务院2023年全面推进乡村振兴重点工作部署的实施意见》等系列政策文件,将推动农村创业发展作为助力农村产业发展,实现农业强国的国家重要发展战略。

农村创业发展涉及创业环境支持、创业者素质提升、产业链和创新链培育等诸多方面,这些方面既相互作用又相互影响。目前我国农村创业发展主要存在农民创新创业意愿不强、农村创业失败率较高、农村创业规模偏小、农村创业可持续发展能力不足、创新创业资源获取较难、创新创业产业类型单一等现实问题。基于此,笔者基于多年来聚焦"三农"领域的研究,试图从农村创业文献研究脉络,农村创业模式、农村创业典型案例分析、典型地区农村创业经验与启示、农村创业发展新机遇等方面进行系统化研究,进而从优化顶层设计、夯实基础建设、深化产业发展、培育发展潜能等四个方面提出农村创业发展突围路径,以期为国家及地区支持农村创业发展提供政策建议参考,为农业主管部门推进农村创业发展提供策略参考,助力乡村振兴战略实施。

全书由绪论、农村创业研究综述、乡村振兴战略实施背景下农村创业发展概述、农村创业模式剖析、农村创业典型案例分析、发达地区农村创业发展的经验与启示——以江苏省为例、欠发达地区农村创业发展的现实困境与发展策略、乡村振兴战略实施背景下农村创业发展的新机遇——数字技术赋能、数字经济时代下农村创业发展的实现路径分析——以数字金融为例、乡村振兴战略实施背景下农村创业发展的突围等十章组成。无锡职业技术学院吴兆明教授负责全书主体内容撰写、统稿,周桂瑾教授负责全书结构框架和研究思路设计,其中,第四章、第六章、第九章、第十章部分内容由江苏大学管理学院博士生鲁燊、黄曼参与撰写完成,无锡职业技术学院教师奚茂龙、杨琴、陈慧,伊犁中等职业技术学校教师李丹负责文献与政策分析、书稿校对等。

　　本书得到了江苏高校"青蓝工程"中青年学术带头人项目和江苏省"333高层次人才培养工程"项目资助。另外,感谢中国矿业大学出版社对本书出版付出的辛勤劳动。由于著者水平有限,疏漏之处在所难免,敬请读者批评指正。

著者

2023 年 12 月

目 录 /
Contents

1

绪　　论

　　农村作为我国经济建设中的重要阵地,积极推进农村创新创业发展,对农村经济增长、农民增收及农业现代化建设有着极为重要而深远的意义。乡村振兴战略的价值要义揭示了农村社会经济高质量发展的内在规律,农村创业价值创造的特性则适配了农村社会经济转型升级的现实需要。

　　实施乡村振兴战略,是党的十九大作出的重大决策部署,是决胜全面建成小康社会、全面建设社会主义现代化国家的重大历史任务,是新时代"三农"工作的总抓手。党和国家一直高度重视"三农"问题,积极大力推进各项农村改革,农村经济得以较快发展。农村作为我国经济建设中的重要阵地,积极推进农村创新创业发展,对农村经济增长、农民增收及农业现代化建设有着极为重要而深远的意义。农村创业通过技术创新或商业模式创新,实现产品创造、市场创造,乃至其他社会价值创造,直接影响农村经济系统,间接影响农村人口系统、社会系统和生态系统。乡村振兴战略的价值要义揭示了农村社会经济高质量发展的内在规律,农村创业价值创造的特性则适配了农村社会经济转型升级的现实需要。

　　有学者把农村创业定义为:从业者利用农村本地资源(知识、技能、人力等),在嵌入农村空间情境或与农村空间情境产生互动的前提下,在农村或异地创办企业和开展商业经营活动。这一定义比较符合乡村振兴战略下农村转型、重构的特征与实际情况。也有学者把农村创业定义为:通过把不同资源组合起来以利用、开发机会并创造价值,不仅可以加快构建农业现代生产和经营体系,增加农村居民收入,还有利于提升地区创业文化氛围,产生创业吸引力,打造地方关系网络、地方特色资源的集群化发展模式,最终实现农村资本良性流动。上述定义较为全面且严谨地表述了农村创业的内涵,其核心要义为:创业者充分利用有效创业资源,既包括人的资源(知识、技能、社会网络等),也包括物的资源(平台、资金、设备设施等),围绕农村产业链、创新链,开展生产经营活动、创造价值的劳动过程。

　　农村创业有助于农村经济的稳步增长,为农村经济发展注入新的活力,是提升地区经济发展、推进农业农村现代化进程的有效举措。随着市场经济的不断发展,就业已成为亟待解决的社会问题,尤其是农村青壮年进城务工引发了诸多社会问题,例如,留守儿童和孤寡老人日益增多、新农村建设劳动力缺失、人才匮乏、城市人口激增、城市生活压力与日俱增等。农村创业能够有效缓解诸多社会问题,促进农业经济的发展。一是农村创业带来了新农村产业的融合。农村创业的多元化发展,促进了农产品加工、休闲农业、农村电子商务、乡村旅游等不同产业之间的相互融合,实现了从传统农业向现代化农业的转变。二是农村创业促进了农业人才的培育。我国农村受到历史因素、地理环境和基础设施等因素的制约,现代化发展水平较为落后。农村创业的兴起,不仅改变了传统农业的生产和经营方式,也带来了更多的就业机会。农业农村的高质量发展,离不开人才队伍的培养。政府制定农村创业创新政策,鼓励吸引各类人才下乡创业,同时搭建科学政策平台,完善创业创新体系,建立生活工作保障,为人才成长提供了良好的社会环境和发展机遇,助力农村产业高质量发展。

2

农村创业研究综述

　　党的二十大报告指出,"全面建设社会主义现代化国家,最艰巨最繁重的任务仍然在农村"。农业、农村、农民的发展是国家稳定发展的基础,长期以来,国家高度重视农村的发展与进步,农民创业发展对于农业现代化发展和农民增产增收、农村稳定具有举足轻重的作用。

2.1　研究方法与数据处理

2.1.1　研究方法

本书主要使用科学知识图谱方法对文献进行分析。科学知识图谱方法以知识域为对象,能够展示科学知识的发展进程与结构关系。科学知识图谱方法主要采用 CiteSpace 文献分析工具,基于网络寻径算法对特定研究领域进行计量分析,探索其发展关键路径和知识转折点。该分析方法在管理学、教育学、环境学等多学科都有着广泛应用。科学知识图谱方法借助发文时间、期刊、机构、作者等信息分析农村创业问题的研究概况和特点,然后进行关键词聚类和时区图谱分析,分析该领域研究的演化路径,并利用 burst term(突变词)算法来有效探测研究前沿及未来研究趋势。

2.1.2　数据处理

以中国期刊网在线文献数据库作为数据来源,为更好地聚焦"三农"视域下的农村创业研究相关主题文献,设置篇名为"农村"并含"创业",或者"农民"并含"创业",或者"农业"并含"创业",时间跨度为所有年份,设置文献的最新时间为 2022 年 12 月 31 日。选取北大核心文献和 CSSCI 文献进行筛选,检索后共获得文献 905 篇,删除书评、会议、资讯动态等与研究主题相关度不高的文献后得到 897 篇有效文献。

2.2　研究基本特征

2.2.1　发文时间

研究领域发文量的年度分布特征可以在一定程度上反映出该领域的发展趋势。1992—2022 年"三农"视域下我国农村创业研究文献增长趋势图见图 2-1。从时间维度来看,我国"三农"视域下的农村创业研究成果基本呈现稳步递增的发展态势。从时间阶段来看,1992—2004 年是农村创业研究起

步期,该阶段共发表相关文章46篇,年均发文量仅为3.54篇;2005—2011
年是农村创业研究快速发展期,该阶段共发表相关文章219篇,年均发文量
为31.29篇;2012—2022年为农村创业研究稳定发展期,该阶段共发表相关
文章632篇,年均发文量保持在57.45篇。可见,我国农村创业研究已经成
为学术界关注的热点话题,相关研究成果不断增多。

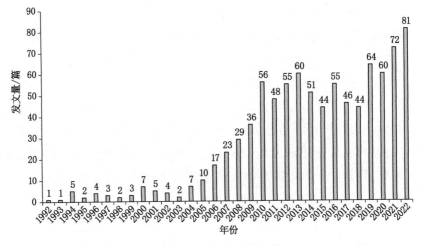

图 2-1　1992—2022 年"三农"视域下我国农村创业研究文献增长趋势图

2.2.2　发文期刊

明确研究文献的主要发文期刊可以揭示"三农"视域下农村创业研究的
主要发文阵地。对897篇的发文期刊进行统计,排名前30的期刊见表2-1。
从发表数量来看,1992—2022年排名前30的期刊共发表文章400篇,占总
体发表文章数量的44.59%,这些期刊是该领域研究文献的主要发表阵地。
从发表期刊来看,《农业经济》发表的关于"三农"视域下农村创业研究的相
关文献最多,共91篇,占比高达10.14%,比排名第二的《安徽农业科学》多
出73篇。从期刊来源来看,"三农"视域下农村创业研究文献的主要来源期
刊包括《农业技术经济》《中国农村经济》《现代经济探讨》《管理世界》等我国
农业类、经济类、管理类等领域的重要期刊,说明"三农"视域下农村创业作
为一个重要的研究领域已经逐渐获得学术界的共同认可与持续关注。从期
刊所属的学科类别来看,包括管理类、经济类、农业类、畜牧类、教育类等多

学科,表明"三农"视域下农村创业研究吸引了来自不同学科领域学者的关注,也从侧面反映了"三农"视域下农村创业研究具有跨学科性、包容性以及时代性等鲜明特点。

表2-1 主要发文期刊统计情况

序号	期刊	发文量	占比/%	序号	期刊	发文量	占比/%
1	农业经济	91	10.14	16	中国农村经济	10	1.11
2	安徽农业科学	18	2.01	17	湖南农业大学学报(社会科学版)	9	1.00
3	黑龙江畜牧兽医	18	2.01	18	中国成人教育	9	1.00
4	教育与职业	16	1.78	19	调研世界	8	0.89
5	农业技术经济	16	1.78	20	广东农业科学	8	0.89
6	成人教育	15	1.67	21	江苏农业科学	8	0.89
7	高等农业教育	15	1.67	22	农业考古	8	0.89
8	农村经济	14	1.56	23	世界农业	8	0.89
9	核农学报	12	1.34	24	统计与决策	8	0.89
10	农业经济问题	12	1.34	25	现代经济探讨	8	0.89
11	商业经济研究	12	1.34	26	中国农村观察	8	0.89
12	继续教育研究	11	1.23	27	经济纵横	7	0.78
13	农林经济管理学报	11	1.23	28	科技管理研究	7	0.78
14	华南农业大学学报(社会科学版)	10	1.11	29	人民论坛	7	0.78
15	农业经济与管理	10	1.11	30	管理世界	6	0.67

2.2.3 发文机构

为更好地了解"三农"视域下我国农村创业领域研究力量的分布状况,揭示农村创业领域的主要发文(研究)机构,笔者绘制了该领域的发文机构共现知识图谱(图2-2)。

图2-2反映了我国农村创业研究领域各机构之间的合作状况,华南农业大学是我国农村创业研究的主要发文机构,发表相关文献数量41篇,排名第二的为西北农林科技大学,发表相关文献数量30篇,浙江大学、江西农业

大学、东北农业大学、上海财经大学、南京农业大学、吉林大学、中国人民大学、四川农业大学、北京大学、福建农林大学、南京财经大学等高校紧随其后,发表文献数量都超过了 10 篇。从发文机构之间的合作关系来看,发文机构共现知识图谱中共有节点 315 个,连线 111 条,整体网络密度为0.002 2,可以发现,发文机构之间的合作关系整体较为分散,节点与节点之间的连线相对较少,表明我国农村创业领域的发文机构之间合作关系还有待进一步提升。其中,较大的科研合作网络有以西北农林科技大学和江西农业大学为核心的研究机构网络、以华南农业大学为核心的研究机构网络以及以南京农业大学和上海财经大学为核心的研究机构网络。

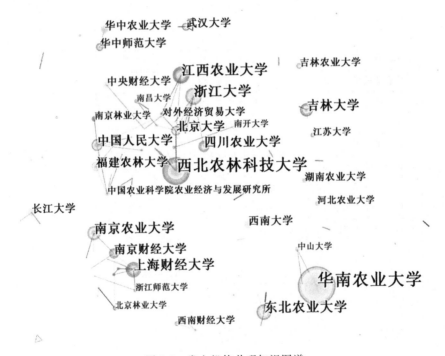

图 2-2　发文机构共现知识图谱

2.2.4　发文作者

高产作者指在一个研究领域较为活跃且成果丰富的学者,也指在一定时期内对该领域发展起到重要推动作用的学者。为更好地了解我国农村创业领域的重要学者,笔者绘制了该研究领域发文作者共现知识图谱(图 2-3)。

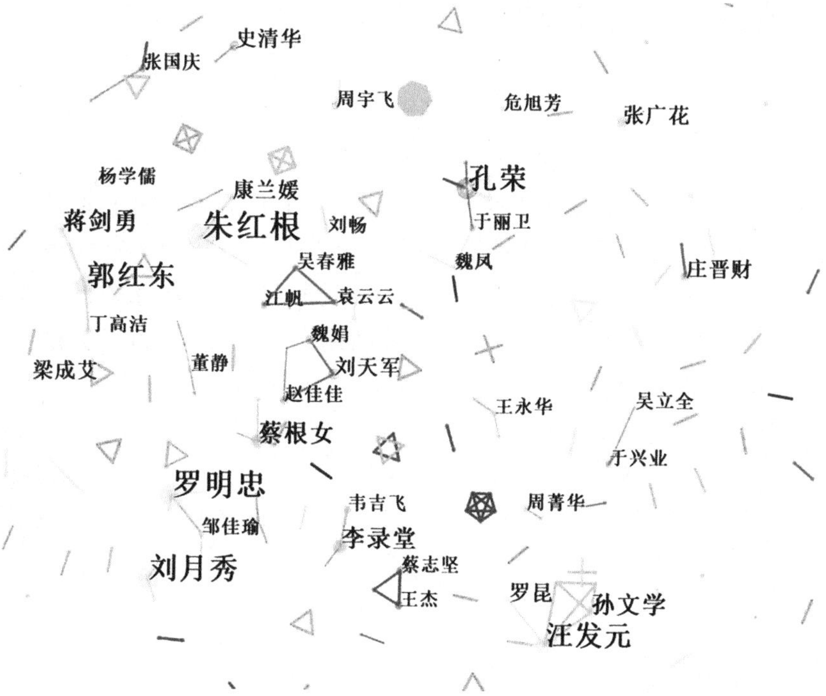

图 2-3 发文作者共现知识图谱

图 2-3 反映了该领域高产作者的主要发文情况与合作情况。发文量最多的是来自南京财经大学的朱红根,共发表相关文献 10 篇,其次为华南农业大学的罗明忠,西北农林科技大学的孔荣、华南农业大学的刘月秀、浙江大学的郭红东以及长江大学的汪发元等学者紧随其后。进一步对作者合作网络的整体结构进行分析,图中共包含 502 个网络节点、231 条连线。其中,从局部合作关系来看,我国农村创业领域形成了若干局部合作网络,例如,形成了以朱红根、罗明忠、孔荣等学者为核心的若干研究团队。但从作者合作网络的整体结构来看,我国农村创业领域研究的作者合作整体较为分散,"高产"作者跨领域、跨机构合作较少,主要以同领域、同地域的合作关系为主。因此,未来我国农村创业领域研究的跨领域、跨区域合作还有待进一步强化,以此推动该领域学术研究的规范与繁荣。

2.3 研究热点与趋势分析

2.3.1 热点领域识别

　　关键词是学术文献的高度浓缩和对主要内容的提炼。若某一关键词在该领域的文献中反复出现,则表明以该关键词为主要表征的研究议题是这一领域的重要研究热点;若某一关键词的中介性较高,则表明该关键词在知识图谱网络中扮演着更重要的角色。笔者利用 CiteSpace 绘制了农村创业领域文献的关键词共现知识图谱(图 2-4)。

图 2-4　关键词共现知识图谱

　　在关键词共现知识图谱中,节点的大小表示该关键词出现频次的高低,节点之间的连线表示关键词之间的共现关系,节点之间的距离表示关键词之间联系的紧密程度,节点距离越近,表明关键词共同出现的频次越高。从

图 2-4 中可以看出:农民创业是"三农"视域下农村创业领域文献出现频次最多的关键词,出现频次高达 150 次,表明农村创业研究主要以农民创业为主题展开讨论;频次排名前 10 的关键词还有创业、农村创业、创业教育、乡村振兴、农民、大学生、创业绩效、新农村建设、影响因素等。由此表明:① 农村创业研究与新农村建设、乡村振兴战略等国家政策息息相关;② 农村创业者包括大学生等重要群体;③ 对农村创业领域的研究不仅要重视创业取得的实际成果"创业绩效",对农村创业的"影响研究"也是该领域关注的热点话题。此外,返乡创业、失地农民、创新创业、对策、创业培训、社会资本、创业环境、创业意愿、农业院校、农村、创业能力、农民工、二次创业、创业行为、创新创业教育、自主创业、农村劳动力、新型职业农民等关键词的出现频次也较高。

关键词的中介性是一种常用的度量,可以用来评估一个关键词在整个知识图谱网络中介点的重要性,描述了该关键词如何在整个知识图谱网络中影响与之相连的其他变量。中介性越高表明该关键词在整个知识图谱网络中越具有重要的中介作用。在关键词共现知识图谱中,被圆环包围的节点表明其具有相对较高的中介性。从图 2-4 中可以看出农民创业、创业、农民、农村创业、新农村建设、大学生等中介都具有较高的中介性。

结合高频关键词以及高中介性关键词所反映的研究主题特征来看,农村创业领域的研究具有主题丰富、紧贴现实、政策导向等明显特征。

2.3.2 研究主题与发展脉络

关键词是对某一领域研究热点的主要反映,为进一步揭示热点关键词背后折射的学术内涵与意义,挖掘某一领域的研究主题。本研究利用 CiteSpace 对热点关键词进行主题聚类,使用 LLR 文本分析算法对聚类内容进行标签提取,生成"三农"视域下的农村创业领域关键词聚类知识图谱(图 2-5)。

根据相关判断标准,对生成的知识图谱科学性进行判断。若关键词聚类知识图谱的平均轮廓度 S 大于 0.7,同时模块值 Q 大于 0.3,则表明聚类结果具有科学性和合理性。系统所生成的关键词聚类知识图谱的平均轮廓度和模块值分别为 0.742 6、0.853 7,表明聚类效果较好,有清晰的轮廓,具备学术意义。从图 2-5 中可以发现,农村创业领域的研究共形成 12 个主要

图 2-5　关键词聚类知识图谱

聚类,分别为#0新时期大学生、#1返乡创业、#2创业者、#3家庭农场、#4创业能力、#5高职院校、#6虚拟社会网络、#7农民、#8农民创业、#9农村籍大学生、#10失地农民、#11农户创业。

　　为了更形象地展示出我国农村创业研究的发展阶段与趋势,通过CiteSpace软件绘制关键词时序分布图(图 2-6),以便更直观地呈现该领域研究的演化路径和发展趋势。

　　通过对关键词共现知识图谱、关键词聚类知识图谱进行分析,以及对"三农"视域下农村创业研究热点问题进行整理与归纳,笔者从宏观视角将农村创业研究热点问题分为以下几个方面,以理顺"三农"视域下农村创业研究的知识体系与发展脉络。

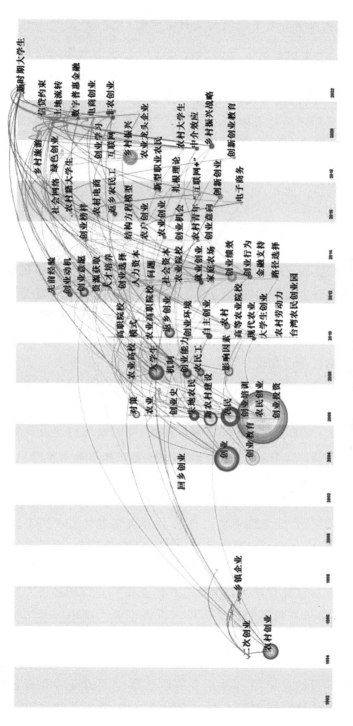

图 2-6 关键词时序分布图

2.3.2.1 农业改革背景下农村创业初探研究

该时期尚未形成系统完整的农村创业研究理论框架,农村创业研究主要散落于乡镇企业、农村剩余劳动力人口转移等话题上。例如,有学者探究了乡镇企业"二次创业"与农村经济可持续发展问题,指出传统的乡镇企业易对农村资源和环境造成破坏,应通过"二次创业"减少对农村资源和环境的破坏。有学者指出农村剩余劳动力转移不仅有进城务工这一途径,也可以在农村就地创业,还指出应加强对农村劳动力的集中培训使其认识到自我学习的重要性。此外,也有学者指出要加强对大学生的创业素质教育,为农村创业培养人才。

2.3.2.2 新农村建设背景下农村创业实践研究

按照生产发展、生活宽裕、乡风文明、村容整洁、管理民主的要求,在国家扎实推进社会主义新农村建设的背景下,农村创业研究开始逐渐增多,相关研究主要集中于农民工返乡创业、大学生返乡创业以及职业教育与农村创业等方面。

一是新农村建设背景下农民工返乡创业研究。返乡农民工是农村创业的重要生力军之一,因此,农民工返乡创业问题及解决对策是该领域的重要研究内容。有学者指出,农民工返乡创业在一定程度上解决了农村对高素质农民的需求,推动了社会主义新农村建设,同时新农村建设成果又不断吸引农民工返乡创业。有学者指出,农民工返乡创业面临一系列难题,例如创业资金缺乏、创业素质不高、缺少优惠政策、创业环境有待改善、创办的企业技术含量低以及组织化程度低等。有学者提出,可以通过转变政府职能、建立常态化培训机制、成立创业者行业协会等措施来解决农民工返乡创业面临的问题。此外,也有学者对农民工返乡创业政策优化、农民工返乡创业培训等话题展开了讨论。

二是新农村建设背景下大学生返乡创业研究。市场经济和知识经济的快速发展,使得越来越多的大学生投入返乡创业大潮中。大学生返乡创业不仅有利于缓解大学生就业难问题,还能够促进农村地区的经济发展,为农村社会发展注入新的活力。大学生返乡创业研究主要集中在大学生返乡创业对新农村建设的意义、大学生返乡创业意愿、大学生返乡创业困境以及大学生返乡创业的路径机制等方面。有学者指出,新农村建设迫切需要创新型人才,大学生返乡创业使大学生不仅可以到广大农村中发挥作用,还可以缓解社会就业压力。通过调查问卷发现影响大学生到农村创业的因素主要包括创业教育因素、个人自身因素、资金因素、人脉因素等。有学者指出,大学生返乡创业的困境主要包括高校缺乏完善的创业教育体系、大学生自主创业意识欠缺、创业项目立项困难、资金筹措困难、创业风险高等。

三是新农村建设背景下职业教育与农村创业研究。该领域的研究内容主要集中在职业教育在农村创业中的重要性探究以及高校如何培育农村创业人才方面。有学者指出,职业教育在新农村建设中占据重要地位,在农民整体素质提升、农村就业压力缓解、农业科技创新以及农村经济可持续发展中发挥着重要作用。高校应如何培育农村创业人才,特别是涉农院校农村创业人才的培养是该领域关注的热点话题,相关研究主要围绕课程体系设置、创业心理教育、教学改革、创业教育师资队伍建设以及创业高校支持体系展开。也有学者对职业教育教学体系展开了进一步的分析,指出要转变职业教育教学理念、建立完善的创业课程体系、改进教学方法、加强校企合作。

2.3.2.3 乡村振兴战略背景下农村创业高质量发展研究

党的十九大报告提出实施乡村振兴战略。党的二十大报告提出全面推进乡村振兴。发展乡村特色产业,拓宽农民增收致富渠道。巩固和完善农村基本经营制度,发展新型农村集体经济,发展新型农业经营主体和社会化服务,发展农业适度规模经营。完善农业支持保护制度,健全农村金融服务体系。由此可以看出,乡村产业发展已成为乡村振兴的重要推动力,乡村产业发展离不开农村创业。在这一时期,围绕乡村振兴战略背景下的农村创业研究取得了丰富的研究成果。

一是农村创业者研究。创业者在农村创业中发挥着重要的作用,从创业者来源来看,乡村振兴背景下的农村创业者呈现不断多元化的趋势,不仅包括前一阶段的返乡农民工、返乡大学生等重要主体,还包括农村青年、新型职业农民、农村女性以及乡贤等多类主体。农村青年逐渐成为农村创业的"中坚力量";新型职业农民作为文化层次高、技术本领强、开拓意识浓的新一代农民,是农村创业的重要主体;农村女性劳动力占农村劳动力的60%以上,是乡村振兴背景下农村创业不可或缺的力量。有研究表明,农村地区的经济发展水平与农村女性创业创新意识具有较强的相关性。乡贤是我国乡村治理的重要资源,在乡村振兴中发挥着重要作用。2018 年出台的《乡村振兴战略规划(2018—2022 年)》提出要"积极发挥新乡贤作用"。有研究表明,积极利用好乡贤资源有助于吸引大量外出农民工返乡创业。

二是农村创业模式研究。有效的创业模式能够为农村创业提供成功案例,带动农村创业的可持续发展。从学术界对乡村振兴背景下的农村创业模式研究来看,农村创业模式较为丰富。有学者认为,农村创业模式主要有合作社领办型、创业平台助推型、美丽乡村引领型、龙头企业带动型、乡贤返乡兴业型等。有学者将农村创业模式概括为特色农业型、平台载体型、能人带动型、抱团合作型、"互联网＋"型、自主创业借力型等。有学者认为,农村创业模式可以概括为农产品生产加工型、乡村旅游开发服务型、农村生产生活消费服务型以及工业加工型等。从现有学者对农村创业模式的总结来看,农村创业模式主要以创业引领力量为依托,建构起各类农村创业模式。从农村创业的具体实践来看,可进一步将农村创业模式归纳为经验驱动型、资源驱动型、平台带动型、政策驱动型等。

三是农村创业影响因素研究。有研究发现,个体特征、创业素质、创业环境对返乡农民工创业意愿具有显著影响,同时不同影响指标在影响强度上存在一定的差异性。还有研究发现,教育人力资本对农民工返乡创业意愿具有正向影响,社会资本在其中发挥着中介效应。此外,也有研究发现,返乡农民工的性别、受教育程度、收入、创业年限、技能水平等个体因素以及地区消费水平、教育环境、房价水平、居民条件等宏观外界因素对返乡农民工创业意愿具有一定程度的影响,且这种影响存在着城际差异。在农村居民创业影响因素方面,有学者利用扎根理论发现,新生代农民是否创业受内在要素与外在动力的双重驱动,前者包括创业者敢于冒险、能够吃苦、勤于学习、勇于创新等个人品质,后者包括区域产业发展、政策激励、社会诚信度以及营商环境等外部环境。在大学生农村创业影响因素方面,有学者指出大学生返乡创业受个人、家庭、学校、政府以及社会等多因素影响;有学者从客观原因和主观原因两个方面对该问题进行了分析;也有学者指出,配套政策、执行力度、融资渠道、金融环境、乡村环境、基础设施以及个人能力等是大学生返乡创业过程中的重要影响因素。总体来看,政策要素、环境要素、资金要素、人才要素、基础设施要素等是农村创业的重要影响因素。

四是农村创业绩效研究。创业绩效是衡量农村创业结果的重要工具,农村创业绩效相关研究主要以实证研究方式展开,对创业绩效的不同影响因素进行量化分析,可采用结构方程模型、层次回归分析、logistic 回归分析、中介效应检验、倾向得分匹配等定量分析方法。从研究成果来看,农村创业绩效的影响因素较多,产业政策、基础设施、创业培训、创业个体特质等都会对农村创业绩效产生影响。另外,也有研究发现,农村交通设施、信贷约束、政策支持、产业集聚与社会关系网络、创业失败与学习、创业动机、创业培训等都对农村创业绩效产生较为显著的影响。

五是数字经济与农村创业研究。数字经济的快速发展为乡村振兴提供了新动能,加快了农村现代化进程,同时也给现阶段农村创业带来了更多发展机遇。因此,基于数字经济对农村创业展开研究成为当前农村创业领域的热点话题。有研究发现,在数字经济背景下对农村创业生态系统进行重构,有利于整合金融、科技、人才等资源,推动乡村振兴战略目标的实现。有学者认为,数字经济能够通过影响农村创业机会与人力资本水平来缓解农村多维相对贫困问题。此外,也有研究发现,数字金融普惠不仅能够有效促进农村创业,还能够对农村创业活跃度的提升起到积极作用。

2.3.3 研究前沿分析

进一步探究"三农"视域下农村创业研究历程与前沿热点,利用 CiteSpace 的突现词探测功能,对 1992—2022 年农村创业研究的关键词进行突现探测,突现强度排名前 25 位的关键词见表 2-2。根据突现词的分布状况,可以将农村创业研究主要划分为四个研究阶段:1992—2004 年为农村创业研究的萌芽探索期,2005—2011 年为农村创业研究的快速发展期,2012—2017 年为农村创业研究的持续深入期,2018 年至今为农村创业研究的创新发展期。

表 2-2 排名前 25 位突现关键词

关键词	突现强度	开始时间	结束时间	1992—2022 年
二次创业	8.778 3	1992 年	2001 年	▬▬▬▬▬▬▬▬▬▬▬▬▬▬▬▬▬▬▬▬▬

表2-2(续)

关键词	突现强度	开始时间	结束时间	1992—2022 年
乡镇企业	2.722 4	1997 年	2001 年	
回乡创业	3.819 4	2002 年	2011 年	
创业	3.095 6	2004 年	2006 年	
失地农民	2.699 0	2006 年	2012 年	
创业投资	2.846 1	2006 年	2012 年	
创业培训	4.201 5	2006 年	2013 年	
新农村建设	10.847 3	2006 年	2013 年	
对策	4.517 5	2007 年	2013 年	
农民工	4.614 7	2009 年	2011 年	
高等农业院校	2.623 4	2010 年	2013 年	
模式	2.446 2	2011 年	2013 年	
农民	3.076 5	2012 年	2013 年	
创业绩效	2.664 2	2013 年	2016 年	
农业院校	4.739 6	2013 年	2017 年	
创业教育	2.524 2	2014 年	2015 年	

表2-2(续)

关键词	突现强度	开始时间	结束时间	1992—2022 年
创业环境	3.251 9	2015 年	2018 年	
"互联网+"	2.647 9	2016 年	2019 年	
创新创业	5.113 1	2017 年	2022 年	
新型职业农民	3.655 1	2017 年	2022 年	
乡村振兴	14.391 9	2018 年	2022 年	
互联网	2.867 3	2018 年	2019 年	
创新创业教育	3.796 5	2018 年	2022 年	
乡村振兴战略	2.918 0	2019 年	2022 年	
中介效应	2.550 7	2019 年	2022 年	

2.3.3.1 萌芽探索期(1992—2004 年)

该阶段的研究重点主要集中在农村的乡镇创业以及农村发展过程中存在的问题方面。1997 年,《中华人民共和国乡镇企业法》施行,标志着我国乡镇企业正式走向法治轨道,乡镇企业进入稳步发展期;2002 年,党的十六大报告提出,统筹城乡经济社会发展,乡村发展问题逐渐受到高度重视;2004 年中央一号文件提出,加强农业基础建设,解决"三农"问题。这些都为我国农村创业研究奠定了基础。由表 2-2 的突现关键词可以看出,在这一阶段开始出现二次创业、乡镇企业、回乡创业、创业等关键词。总体而言,这一阶段处于农村创业研究的初步探索阶段,相关文献数量较少,研究内容还未聚焦到农村创业研究之中,特别是对于农村创业的主体、困境、发展路径等尚未涉及。

2.3.3.2　快速发展期(2005—2011年)

2005年,党的十六届五中全会提出建设社会主义新农村的重大历史任务,同时将建设新农村纳入"十一五"时期国家建设重点内容,新农村建设离不开农村创业。由此,我国农村创业研究从萌芽探索期开始逐渐步入快速发展期。该阶段,国家不断出台相关农村创业政策以促进广大农村地区的创业发展。例如,2006年,共青团中央办公厅印发《2006年中国青年创业行动工作要点》,提出"对农村青年进行以农业实用技术、农产品加工营销和就业技能等为主要内容的培训";2007年中央一号文件提到"鼓励外出务工农民带技术、带资金回乡创业""完善鼓励大专院校和中等职业学校毕业生到农村服务的有关办法,引导他们到农村创业";2008年中央一号文件提出要"改善农民工进城就业和返乡创业环境""加快提高农民素质和创业能力,以创业带动就业"。可见,国家对农村创业从鼓励农民工、大学生等群体"返回来",再到不断完善农村创业基础设施、农村创业环境使其"留下来",农村创业在农村开始不断生根发芽。总体而言,该阶段对农村创业研究的内容主要集中在农民工、返乡创业大学生等在创业过程中遇到的问题及解决路径方面,农村创业培训及职业教育也是该阶段关注的重点内容。

2.3.3.3　持续深入期(2012—2017年)

党的十八大以来,随着我国农村创业政策不断完善,农村创业环境不断改善,各地相关部门都把农村创业作为重大发展战略来进行部署,农村创业在农村脱贫攻坚战过程中发挥着重要作用,农村创业在该阶段得到了快速发展,农村创业研究开始进入持续深入期。2013年中央一号文件聚焦重点增强农村发展活力,提出对符合条件的中高等学校毕业生、退役军人、返乡农民工务农创业给予补助和贷款支持。截至2017年11月11日,农村创业创新人员已达700万人。[①] 该阶段,农村的农产品加工、休闲农业、农事体验、农村电商、乡村旅游等快速发展,农村创业群体不断丰富,农村居民创业、农民工返乡创业和大学生返乡创业成为农村创业的主要有生力量。2014年,国家提出的"大众创业、万众创新"号召也进一步

---

① 农业部:农村创业创新不能"富了老板,亏了老乡"[EB/OL]. (2017-11-12)[2024-02-02]. https://news. cctv. com/2017/11/12/ARTIKJT2c39lTZjYciFW4Qqi171112. shtml.

点燃了农村创业者的创业激情。此外,新型职业农民在农村创业中日益发挥着重要的作用。2012 年,我国首次将新型职业农民写入中央一号文件,这反映了国家对农村创业的高度重视。从表 2-2 的突现关键词中也可以看出,创业绩效、农业院校、创业教育、创业环境、"互联网+"、创新创业、新型职业农民等在该阶段成为热点突现关键词。总体而言,该阶段对农村创业研究的内容更加深化,对农村创业深层次要素的理解也更加深入,农村创业者不断增多,农村创业环境、创业绩效以及互联网在农村创业中的作用成为该阶段的研究重点。

2.3.3.4　创新发展期(2018 年至今)

2018 年,中共中央、国务院印发了《乡村振兴战略规划(2018－2022年)》,"激发农村创新创业活力"成为乡村振兴的重要战略举措,包括培育壮大创新创业群体、完善创新创业服务体系、建立创新创业激励机制等三大块重要内容。2018 年中央一号文件提出"实施乡村就业创业促进行动""鼓励社会各界投身乡村建设";2019 年中央一号文件"创业"一词出现次数高达8 次,表明了国家对农村创业的高度重视,文件一方面强调要发展壮大农村产业,拓宽农民增收渠道,另一方面强调要完善农村创业相关支持措施,涉及农村创业者、创业平台、创业资金、创业孵化等方面的内容。另外,该阶段注重对农民素质教育的提升。例如,2019 年我国开始正式启动高素质农民培育工作,高素质农民成为新时代背景下农村创业的重要生力军。乡村振兴、互联网、创新创业教育、乡村振兴战略等关键词成为热点突现关键词。该阶段新出现的热点关键词相对较少,表明农村创业研究正在逐步进入稳定的繁荣时期。此外,该阶段对农村创业研究开始逐渐从定向研究走向定量研究,例如出现了"中介效应"这一关键词。定量研究不断增多,表明我国农村创业研究逐渐科学化和规范化。

2.4　研究结论与未来研究方向

2.4.1　研究结论

农村创业是解决我国"三农"问题的重要抓手,是"三农"领域中的重要研究内容。本部分内容通过 CiteSpace 知识图谱可视化软件,从发文时间、发文期刊、发文机构、发文作者、关键词共现知识图谱、关键词聚类知识图谱、关键词时序分布图以及突现关键词等方面展开分析,对"三农"视域下的农村创业研究进行了多维度解析。在发文特征方面,从发文时间来看,农村创业研究文献呈现逐年增加的趋势;从发文期刊分布来看,农村创业作为一个重要的研究领域已经逐渐获得学术界不同学科领域学者的共同认可与持续关注;从发文机构来看,我国农村创业领域的研究机构之间合作关系还有待进一步提升。在研究主题与发展脉络方面,我国农村创业研究主要经历三个发展阶段:一是农业改革背景下农村创业初探研究;二是新农村建设背景下农村创业实践研究;三是乡村振兴战略背景下农村创业高质量发展研究。三个阶段既与我国农村发展的进程密切相关,也与我国对农村发展的战略政策高度契合,进一步体现了农村创业在解决"三农"问题中的重要性。

2.4.2 未来研究方向

2.4.2.1 乡村振兴战略背景下的农村创业高质量发展研究

2017 年,党的十九大报告明确提出我国经济已由高速增长阶段转向高质量发展阶段,2020 年,发改委、教育部、科技部、农业农村部等 19 部委共同印发《关于推动返乡入乡创业高质量发展的意见》,可见农村创业高质量发展是当前我国乡村振兴战略背景下农村发展的重大战略任务。通过对现有文献的分析发现,当前我国农村创业依然面临农民创新创业意愿不强、农村创业失败率较高、农村创业可持续发展能力不足、创新创业资源获取较难、创新创业产业类型单一等现实问题。因此,如何对农村创业高质量发展的影响因素进行系统诊断,基于高质量发展理论与基础建构农村创业高质量发展的创业模式与实现路径,从而实现以农村创业高质量发展带动农村高质量发展,以农村高质量发展助力乡村振兴,是今后一段时间农村创业研究需要关注的重点议题。

2.4.2.2 产业融合背景下的城乡一体化创业研究

产业融合是解决"三农"问题的重要路径,同时也是推动城乡一体化的重要基础。从现有文献分析来看,当前对于"三农"视域下的农村创业研究以农村为主要载体,以传统农村产业为依托,而对农村与城市的互动机制研究、农村传统产业与其他产业深度融合的研究还存在不足。党的二十大报告指出，要"加快建设农业强国，扎实推动乡村产业、人才、文化、生态、组织振兴"，多方面的乡村振兴离不开多层次的产业融合，更离不开城乡发展一体化。因此，如何以农村创业带动一、二、三产业的融合发展，推动农村产业与现代服务业、电子商务、休闲娱乐、新兴科技等融合发展，打破传统的城乡二元结构，实现城市与乡村的价值共创，是产业融合背景下农村创业研究需要关注的重要问题。同时，在创业者上，如何积极鼓励和引导大学生、知识分子、城市人员等群体返乡入乡创业，走进农村创业的广阔舞台，加快对新型职业农民的培育以更好地适应农村创业环境新变化，也是该领域的重要研究内容。

2.4.2.3 乡村振兴战略背景下的农村创业与数字经济研究

数字经济作为一种新型经济形态，在激活农村内生发展动力、推动农村产业结构升级以及农业农村现代化发展等方面发挥着重要作用，是新时代解决我国"三农"问题的重要抓手。现有研究证实，数字经济可以提高创业活跃度，赋能经济高质量发展，推动乡村振兴。从现有文献分析来看，当前农村创业领域虽然已有部分研究开始关注到数字经济与农村创业的关系，但是这与蓬勃发展的数字经济产业相比明显不足。因此，在乡村振兴战略背景下，系统探索数字经济在农村创业中的作用，建构农村数字创业生态系统、检验农村数字经济创业对乡村振兴的驱动作用是未来该领域的研究重点之一。

2.4.2.4 可持续发展背景下的农村创业保障体系研究

我国地域辽阔，各地区在经济发展水平、资源基础、产业基础、要素禀赋等方面存在较大的差异性，各地农村创业发展水平参差不齐。广大中西部农村地区在基础设施、人力资本、创业环境、资金筹措、配套政策等方面与东部地区相比存在较大差距，农村创业的困境及难题一直是产业界和学术界关注的重点问题。从现有文献分析来看，虽然有研究对农村创业问题展开讨论，但是随着农村创业的不断深化，越来越多新的问题涌现，从可持续发展视角对农村创业保障体系进行系统建构与分析的研究仍较为匮乏。因此，如何基于可持续发展视角建立健全农村创业保障体系，有效应对和解决农村创业过程中的人才、政策、资金、管理、技术等各类挑战与难题，依然是未来该领域的重点研究方向之一。

3

乡村振兴战略实施背景下
农村创业发展概述

在乡村振兴战略背景下,农业农村开展的创业活动能够充分将城乡之间的市场、资本、技术、人才和理念等紧密结合,激发农业发展活力,提高农村居民收入水平。实践取得的成效证明了农村创业是实施乡村振兴战略的重要举措。

3.1　我国农村创业的整体概况

3.1.1　我国农村创业的发展历程

在我国农村经济发展中,农村创业始终是不可或缺的动力。农村创业的发展历程大致可以分为三个阶段:1978—1990 年的兴起阶段、1991—2006年的停滞阶段、2007 年至今的繁荣阶段,不同阶段共同构成了我国农村创业的完整发展历程。

3.1.1.1　兴起阶段(1978—1990 年)

中国经济在 1978 年之前的计划经济模式下呈现出城乡二元结构,城市以工商业为主导,农村依赖农业,形成相对封闭、独立发展的经济体系。1978 年以后开始的农村经济体制改革,促进了农业劳动生产率提高,使大量农村劳动力从土地束缚中解放出来。20 世纪 80 年代末 90 年代初以后,我国开始整顿经济秩序,控制乡镇企业资金信贷,压缩基础建设规模,农村创业活动不断式微,因此将 1978—1990 年作为创业兴起阶段。在这一阶段,出现了三股推动农村创业兴起的力量。首先,农村富余劳动力的增加带来了就业压力,农村大量富余劳动力滞留在农村,造成农村就业压力剧增。其次,城乡劳动力市场的封闭妨碍了人口流动,计划经济下,农村劳动力难以进入城市就业,城市对农村劳动力的吸纳能力受到限制。最后,改革开放政策下农民自主权的扩大成为农村创业活动发展的关键推动力。1984 年,我国开始支持合作企业和家庭工业,促进了农村创业的蓬勃发展。20 世纪 80年代的农村创业历程可细分为三个阶段:1978—1983 年以社队集体为主体,乡镇企业开始兴起;1984—1988 年以农民个体和联户为主体,乡镇企业蓬勃发展;1989—1990 年经济调整时期,农村创业发展步入放缓阶段。这些创业活动为农民提供了致富新途径,促进了农村产业发展,也搭建了农村与城市互动的桥梁。

3.1.1.2　停滞阶段(1991—2006 年)

20 世纪 90 年代初,邓小平南方谈话后,农村创业活动形式发生变化。

具体而言,为避免"村村点火,户户冒烟"的农村创业带来的资源消耗和环境污染问题,政府建立了乡镇企业园区,规定一切新建项目原则上进入乡镇企业园区,重点污染项目进入集中控制区。20世纪90年代以后产生越来越多的工业园区,逐渐成为从乡村撤并出来的乡镇企业转移的目的地,1991—2006年为农村创业的停滞阶段。20世纪90年代初,农村创业在农村自然村落中的分布受到多方影响。首先,国民经济三年结构性调整导致的影响是显著的。调整后许多企业职工返回农田,农村创业活动受到持续影响。其次,1992年后国有企业改革对农村创业产生了重要影响。农村创业的兴起部分为创业提供了成本低廉的资金支持。然而,国有企业改革的活跃度不断增强,且被赋予了更多经营自主权,这缩小了乡镇企业的生存空间。乡镇企业在技术、产品品牌、管理能力、人才储备等方面与城市国有企业存在较大差距,导致其在竞争中处于下风,不断被城市国有企业兼并或收购,远离乡村。最后,乡镇企业重新布局对农村创业产生了冲击。初期农村非农产业发展常发生在自然村落,但重工业型乡村发展模式带来了一系列问题,例如高成本、能源利用率下降、环境污染等,推动着乡镇企业向城镇集中,进一步使农村创业向城镇转移。1992年邓小平南方谈话之后,国务院陆续颁布文件,充分认可了乡镇企业的作用。随后,乡镇企业加强了管理,经济表现开始好转。1997年施行的《中华人民共和国乡镇企业法》标志着乡镇企业管理走上法治轨道,推动了乡镇企业稳步发展。然而,与20世纪80年代农村创业主要发生在自然村落的情况不同,自1992年后,农村创业活动开始向县城以上的地区集中,出现了明显的"离村"现象。乡村产业重新回归传统的单一农业结构。

3.1.1.3 繁荣阶段(2007年至今)

21世纪初,我国政府深刻认识到传统的"乡村—城市"单一流向的发展模式难以有效解决农村发展面临的多重问题。这一认知推动了党在十六大上提出的"城乡统筹发展"理念,随后2005年国家提出"建设社会主义新农村",2007年中央一号文件明确提出"采取各类支持政策,鼓励外出务工农民带技术、带资金回乡创业"。至此,农村创业再次受到国家政策层面的支持和关注,因此,2007年至今作为农村创业的繁荣阶段。这种变革的背后是宏观经济环境的巨大变化,其中最显著的是生产要素单向流动加剧了城乡差距。改革开放后,市场机制的推进让农村大量生产要素涌向城市,追求更高的收益。然而,这也导致了城乡收入差距的进一步扩大。1991—2009年,城乡收入差距呈现出持续扩大的趋势。同样,城市生活成本的不断攀升导致农民工进城务工的实际收入下降,进一步降低了农民工的进城意愿,逐渐成为农民工返乡的一个重要因素。2007年开始的国际金融危机带来了出口大幅度减少,这导致了大量劳动密集型的出口加工企业关闭,就业岗位急剧减少。为了应对危机,一些地区和行业开始转型升级,这也意味着这些地区和行业的吸纳就业能力下降,大量农民工失业,选择返乡。针对农民工返乡带来的就业压力,我国政府相继出台了一系列政策文件。2007年,国家开始鼓励农民工返乡创业并出台了一系列政策文件,逐步将农村创业纳入国家战略。2017年,党的十九大报告将乡村振兴战略上升为国家战略,进一步凸显了国家对农村创业的重视和支持,农村创业呈现出明显的回乡态势。这些政策的出台,旨在缓解农村就业压力,推动农村创业发展,为农村经济复兴提供动力和支持。

3.1.2 我国农村创业发展的政策支持

近些年,全国把推动农村创业作为加快乡村振兴战略实施的重要举措,于变局中开创新局,厚植创业人才沃土。国家相继印发《国务院办公厅关于支持农民工等人员返乡创业的意见》《农业农村部 国家发展改革委 教育部 科技部 财政部 人力资源社会保障部 自然资源部 退役军人部 银保监会关于深入实施农村创新创业带头人培育行动的意见》《全国乡村产业发展规划(2020—2025年)》《农村创业创新支持政策清单》等多份政策文件,聚焦于各地乡村产业特点,强化重大项目、重点主体、重要品牌、重点平台、重要支撑等五大抓手,在政策"含金量"上下足功夫,打出"钱、地、人"组合拳,吸引各类返乡留乡人才在"家门口"创新创业,农村电商、直播带货、休闲旅游、精深加工、乡村文创等新业态蔚然成风,成为推进乡村振兴战略的重要推动力。2015—2024年我国农村创业相关政策分析见表3-1。

表 3-1 2015—2024 年我国农村创业相关政策分析

时间	发布机构	政策文件	核心内容
2015 年	国务院办公厅	《国务院办公厅关于支持农民工等人员返乡创业的意见》	1. 促进产业转移带动返乡创业。鼓励输入地在产业升级过程中对口帮扶输出地建设承接产业园区,引导劳动密集型产业转移,大力发展相关配套产业,带动农民工等人员返乡创业。鼓励已经成功创业的农民工等人员,顺应产业转移的趋势和潮流,充分挖掘和利用输出地资源和要素方面的比较优势,把适合的产业转移到家乡再创业、再发展 2. 推动输出地产业升级带动返乡创业。鼓励积累了一定资金、技术和管理经验的农民工等人员,学习借鉴发达地区的产业组织形式、经营管理方式,顺应输出地消费结构、产业结构升级的市场需求,抓住机遇创业兴业,把小门面、小作坊升级为特色店、连锁店、品牌店 3. 鼓励输出地资源嫁接输入地市场带动返乡创业。鼓励农民工等人员发挥既熟悉输入地市场又熟悉输出地资源的优势,借力"互联网+"信息技术发展现代商业,通过对少数民族传统手工艺品、绿色农产品等输出地特色产品的挖掘、升级、品牌化,实现输出地产品与输入地市场的嫁接
2016 年	国务院	《国务院办公厅关于支持返乡下乡人员创业创新促进农村一二三产业融合发展的意见》	将"丰富创业创新方式"作为发展方向,鼓励和引导返乡下乡人员按照法律法规和政策规定,通过承包、租赁、入股、合作等多种形式,创办领办家庭农场林场、农民合作社、农业企业、农业社会化服务组织等新型农业经营主体

表3-1(续)

时间	发布机构	政策文件	核心内容
2020年	农业农村部等九个部门	《农业农村部 国家发展改革委 教育部 科技部 财政部 人力资源社会保障部 自然资源部 退役军人部 银保监会 关于深入实施农村创新创业带头人培育行动的意见》	1. 扶持返乡创业农民工。以乡情感召、政策吸引、事业凝聚,引导有资金积累、技术专长、市场信息和经营头脑的返乡农民工在农村创新创业。遴选一批创业激情旺盛的返乡农民工,加强指导服务,重点发展特色种植业、规模养殖业、加工流通业、乡村服务业、休闲旅游业、劳动密集型制造业等,吸纳更多农村劳动力就地就近就业 2. 鼓励入乡创业人员。营造引得进、留得住、干得好的乡村营商环境,引导大中专毕业生、退役军人、科技人员等入乡创业,应用新技术、开发新产品、开拓新市场,引入智创、文创、农创,丰富乡村产业发展类型,带动更多农民学技术、闯市场、创品牌,提升乡村产业的层次水平 3. 发掘在乡创业能人。挖掘"田秀才""土专家""乡创客"等乡土人才,以及乡村工匠、文化能人、手工艺人等能工巧匠,支持创办家庭工场、手工作坊、乡村车间,创响"乡字号""土字号"乡土特色产品,保护传统手工艺,发掘乡村非物质文化遗产资源,带动农民就业增收
2020年	农业农村部	《全国乡村产业发展规划(2020—2025年)》	1. 培育农村创新创业主体。到2025年,培育100万名农村创新创业带头人,带动1 500万返乡入乡人员创业 2. 遴选农村创新创业导师。到2025年,培育10万名农村创新创业导师 3. 建设农村创新创业园区和孵化实训基地。到2025年,建设2 000个农村创新创业园区和孵化实训基地 4. 培育乡村企业家队伍。到2025年,着力造就一支懂运营、善管理,具有战略眼光和开拓精神的乡村企业家队伍,选树1 000名全国优秀乡村企业家
2022年	农业农村部乡村产业发展司	《农村创业创新支持政策清单》	各地要组织力量,做好本地相关政策措施的宣传推广工作,引导有返乡入乡在乡创业意愿的人员,以及已经返乡创办企业、农民专业合作社、个体工商户或者家庭农场等经营实体的人员,及时了解政策,用足用好政策,更好服务农村创业创新发展

表3-1(续)

时间	发布机构	政策文件	核心内容
2023年	农业农村部	《农业农村部关于落实党中央、国务院2023年全面推进乡村振兴重点工作部署的实施意见》	推进农村创业创新。强化政策支持。鼓励地方设立农村创业创新专项基金,落实创业补贴政策,有序引导各类人才在乡创业。加强技能培训。开展农村创业创新带头人培育行动,对有意愿返乡创业人员开展培训。举办全国农村创业创新项目创意大赛和人才技能大赛,遴选推介一批农村创业创新典型。建设创业平台。加强农村创业创新园区和孵化实训基地建设,提升创业服务水平
2024年	中共中央、国务院	《中共中央国务院关于学习运用"千村示范、万村整治"工程经验有力有效推进乡村全面振兴的意见》	强化农民增收举措。实施农民增收促进行动,持续壮大乡村富民产业,支持农户发展特色种养、手工作坊、林下经济等家庭经营项目。强化产业发展联农带农,健全新型农业经营主体和涉农企业扶持政策与带动农户增收挂钩机制

　　除了中央各部委出台相关措施推动农村创业发展外,各省市有关部门也不断出台关于农村创业的专项文件,大力实施农村创业促进行动。比如,在东部地区,江苏省提出力争每年培育400名乡村产业振兴带头人,明确聚焦"80后""90后"以及"00后",实施涉农大学生创业创新万人培训,同时从项目扶持、金融支持、指导服务等方面探索建立省市县联动扶持和服务机制;①在中部地区,河南省加快各类人才返乡创业,支持包括豫商、农民工、科研人员、大学生、退伍军人等主体返乡创业,并提供相关政策措施强化用地

----

　　① 江苏提出力争每年培育400名乡村产业振兴带头人[EB/OL].(2023-09-20)[2024-02-02].https://www.gov.cn/lianbo/difang/202309/content_6905214.htm.

保障、加大资金支持、优化创业服务、强化组织保障；在西部地区，陕西省为进一步培育农村创业带头人，壮大乡村产业发展力量，激发乡村产业振兴动能，推动富民乡村产业发展，开展农村创业带头人培育认定工作，计划到2025年，全省农村创业带头人达到3万人以上，农业重点行政村基本实现全。① 表3-2为我国部分地区关于农村创业相关政策分析。

表 3-2 我国部分地区农村创业相关政策分析

地区	政策名称	核心内容	地区	政策名称	核心内容
北京市	《关于做好2023年全面推进乡村振兴重点工作的实施方案》	加强返乡入乡创业园、农村创业孵化实训基地建设，培育推介10个以上创新创业典型。广泛推行订单式、菜单式、配送式等培训模式，开展高素质农民培训、农民转移就业培训、岗位技能提升培训各1万人次	河南省	《2024年河南省政府工作报告》	扎实推进"万企兴万村"行动，做足做好"土特产"文章，发展壮大乡村富民产业，支持农户发展特色种养、手工作坊等家庭经营项目
			山东省	《中共山东省委山东省人民政府关于做好2023年全面推进乡村振兴重点工作的实施意见》	引导城市专业技术人才入乡兼职兼薪和离岗创业，允许符合一定条件的返乡回乡下乡就业创业人员在原籍地或就业创业地落户
天津市	《关于支持开展农村创业创新贷款担保工作的通知》	加大金融对农业经营主体的支持力度，努力缓解农村创业创新的融资难、融资贵问题，更好地满足乡村振兴多样化、多层次的金融需求	河北省	《关于做好2023年全面推进乡村振兴重点工作的实施意见》	实施农民工返乡创业行动，全面落实创业担保贷款、创业补贴、社会保险补贴、场地租金补贴等政策，加强返乡入乡创业园、农业创业孵化实训基地等建设

① 陕西省农业农村厅办公室.陕西省农业农村厅办公室关于开展农村创新创业带头人培育认定工作的通知[EB/OL].（2022-10-26）[2024-02-02]. http://nynct.shaanxi.gov.cn/wap/snynctbgswj/20221026/9808007.html.

表3-2(续)

地区	政策名称	核心内容	地区	政策名称	核心内容
上海市	《关于助力全面推进乡村振兴的若干政策措施》	加强返乡下乡创业政策扶持。积极鼓励青年农民、专业技术人员、高校毕业生等群体返乡下乡创业,开办农民合作社、农业企业等契合乡村产业特点的创业组织,带动乡村产业振兴和就业增长	湖南省	《中共湖南省委湖南省人民政府关于学习运用"千村示范、万村整治"工程经验有力有效推进乡村全面振兴的实施意见》	发挥农业领域院士引领带动作用,以科技创新助推农业高质量发展。精准选派科技特派员、"三区"科技人才,开展"湘才乡连"专家服务乡村振兴活动,加强科技小院建设。谋划推进以"外出人才返乡、城镇人才下乡、退休人才返聘、本地人才培养"为重点的农村人才管理改革
	《关于本市进一步支持返乡入乡人员创业创新促进农村一二三产业融合发展的实施意见》	实施农村双创带头人培育行动。明确培育重点,扶持返乡创业农民工,加强指导服务,重点发展特色产业,吸纳更多农村劳动力就地就近就业	陕西省	《陕西省高素质农民培育提升三年行动方案(2023—2025年)》	瞄准产业发展示范引领人员、到乡大学生、回乡能人、返乡农民、入乡农业企业家等,开展示范性培训,每年培育1 000名领军人才
重庆市	《重庆市农村创业创新"十四五"方案》	引导入乡创业创新。营造引得进、留得住、干得好的乡村营商环境,引导一批大中专毕业生、退役军人、科技人员和工商业主等入乡创业,应用新技术、开发新产品、开拓新市场,带动更多农民学技术、闯市场、创品牌,提升乡村产业的层次水平	山西省	《中共山西省委 山西省人民政府关于做好2023年全面推进乡村振兴重点工作的实施意见》	加强创业孵化基地、创业园区等载体建设

表3-2(续)

地区	政策名称	核心内容	地区	政策名称	核心内容
重庆市	《2023 年乡村人才振兴重点工作任务清单》	根据农业农村部、财政部要求,自2022年起,全市启动实施乡村振兴带头人"头雁"项目,原则上每年培育新型农业经营主体带头人400名,力争5年培育2 000人。按照培育要求,2023年拟面向全市遴选培育"头雁"400名	宁夏回族自治区	《关于进一步促进农民增收13条政策措施》	鼓励支持农民创新创业。自治区设立返乡入乡人员创业扶持子基金,支持各地建设"双创"基地、小微企业创业创新示范基地、退役军人创业园等创业载体。对返乡入乡农民工、大学生回乡创业、退役军人等创办的带动就业能力强的实体给予资金扶持、政府项目政策支持,并给予贷款贴息。各级政府创办的孵化基地等创业载体安排一定比例场所,免费向入园创业人员提供,并纳入一次性创业补贴范围
广东省	《中共广东省委 广东省人民政府关于做好2023年全面推进乡村振兴重点工作的实施意见》	加强返乡创业孵化基地等各类返乡入乡创业载体建设,为返乡入乡创业人员提供低成本、全要素、便利化的创业服务	四川省	《中共四川省委 四川省人民政府关于做好2023年乡村振兴重点工作 加快推进农业强省建设的意见》	支持农民发展乡村作坊、家庭工场和乡村生产生活服务业,在县域内从事个体工商业经营或利用个人技能从事便民劳务活动。支持鼓励乡村传统技艺人才、非物质文化遗产传承人、乡村工匠等发展乡村特色、民族手工业
广西壮族自治区	《中共广西壮族自治区委员会 广西壮族自治区人民政府关于做好2023年全面推进乡村振兴重点工作的实施意见》	加强返乡入乡创业园、农村创业孵化实训基地等建设	贵州省	《中共贵州省委 贵州省人民政府关于做好2023年全面推进乡村振兴重点工作的实施意见》	加强返乡入乡创业园、创业孵化示范基地等建设

表3-2(续)

地区	政策名称	核心内容	地区	政策名称	核心内容
福建省	《福建省农业农村厅关于落实省委和省政府2023年全面推进乡村振兴重点工作部署的实施意见》	推进农村创业创新,开展农村创业带头人培育行动,实施乡村产业振兴带头人"头雁"项目	云南省	《云南省支持青年创业兴乡三年行动(2024—2026年)》	提升创业服务。加快推进高校毕业生、农民工、退役军人等重点群体创业行动,按规定落实好创业担保贷款及贴息、就业创业培训、场地安排、信贷支持、税费减免等就业创业扶持政策,让返乡就业创业青年有更多实实在在的获得感
江苏省	《中共江苏省委 江苏省人民政府关于学习运用"千万工程"经验落实农业现代化走在前列重大要求有力有效推进乡村全面振兴的实施意见》	优化乡村就业环境和服务供给、大力支持农村地区创业、支持农民工等人员返乡创业、深入实施富民强村帮促行动等具体举措	辽宁省	《辽宁省"十四五"农业农村现代化规划》	积极培育农村创业创新主体,实施农村创业创新带头人培育行动,引导有资金积累、技术专长和市场信息的返乡人员在农村创业创新,培育一批农村创业创新优秀带头人
浙江省	《浙江省人民政府办公厅关于加快建设农业科技创新高地推动科技惠农富民的实施意见》	提升农业企业创新能力。深入实施"雄鹰行动""凤凰行动""雏鹰行动"、科技企业"双倍增"行动和农业龙头企业倍增计划	黑龙江省	《中共黑龙江省委 黑龙江省人民政府关于做好2023年全面推进乡村振兴重点工作的实施意见》	加强返乡入乡创业园、农村创业孵化实训基地等建设

表3-2(续)

地区	政策名称	核心内容	地区	政策名称	核心内容
安徽省	《创业安徽行动方案》	扶持返乡人员创业。加大农村基础设施投入力度,吸引农民工、高校毕业生、退役军人等返乡下乡人员创办企业	吉林省	《中共吉林省委 吉林省人民政府关于建设农业强省提升粮食产能全面推进乡村振兴重点工作的实施意见》	制定出台支持农民工就业创业实施意见,将符合条件的农民工返乡创业基地、龙头企业、农民专业合作社发展成帮扶车间,培育一批特色劳务品牌

3.1.3　我国农村创业发展的整体趋势

在中央及各地方政府的大力支持下,我国农村创业呈现出蓬勃发展的趋势,创业者增长趋势明显,创业种类不断丰富,创业者整体素质得到提升。本节基于浙江大学中国农村发展研究院已构建的中国乡村创业指标体系,对国家级、省级、市级以及县级层面的农村创业指数进行分析,剖析我国农村创业发展的整体情况。

3.1.3.1　我国农村创业总体发展情况

2014—2021年我国农村创业总体发展情况见图3-1。由图3-1可以看出:农村创业指数逐年增长,增长率最高的年份是2020年,增长率较低的年份是2021年和2019年,增长速度有了显著的下降。在2016—2019年出现了一定的波动,农村创业出现下降势头,而自2020年开始,迅速恢复较快的增长趋势,反映了创业环境的变化,例如政策支持增加、市场机会变化或创业氛围提升。农村创业在某种程度上表现出更强的韧性和反应力,对外部环境变化的适应能力较强。以上全国整体层面的农村创业指数说明,党的十八大以来,农村创业作为中央实施创新驱动发展战略的一项重大部署,取得了较为显著的成效。通过支持农村创业形成农村"大众创业、万众创新"的良好局面,为农业农村发展注入新动能。

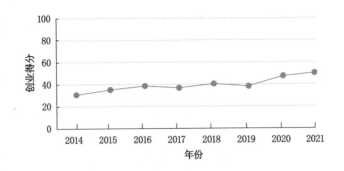

图 3-1　2014—2021 年我国农村创业总体发展情况

3.1.3.2　省级农业农村创新创业发展情况

　　2014 年与 2021 年部分地区农村创业指数对比情况,见图 3-2。首先,从整体情况来看,各地区 2021 年农村创业水平均较 2014 年得到较大提升,说明我国不同地区的农村创业得到蓬勃发展。其次,对不同地区进行比较,可以发现我国农村创业指数在地区之间存在明显差异。2014 年,浙江省在农村创业指数方面处于领先地位,成为得分最高的地区,随后分别是山东省、福建省和宁夏回族自治区。2021 年,尽管前四名的地区仍然是福建省、宁夏回族自治区、浙江省和山东省,但是它们的排名顺序发生了一些变化,福建省居榜首,其次是宁夏回族自治区、浙江省和山东省。通过对不同地区进行东部、西部、中部和东北部等四个地区的对比分析后发现,每个地区都有高低值的存在,但东部和西部内部的差异明显高于中部和东北部。就平均得分而言,中部、西部和东北部三个区域的差异并不明显。总体而言,2014—2021 年,东部地区在创业综合指数方面表现持续较好,西部和东北部的差异不太明显。福建省在东部地区的突出表现,直接影响了整个区域的高平均得分。以上这种变化可能受到多种因素影响,包括各地区政府的创新政策、科技投入、人才培养以及地区经济发展水平。浙江省、福建省等东部地区可能在创新政策和技术发展上有所突破,这提高了它们的创业指数。

　　除了各地区农村创业水平在全国的排名变化外,具体到每个地区,从创业指数的增长情况出发,也可以发现出新的特点。2014—2021 年部分地区农村创业水平增长情况,见图 3-3。由图 3-3 可知,西藏自治区的增长幅度最大。西藏自治区之所以有如此巨大的增长幅度,主要是因为国家政策的支

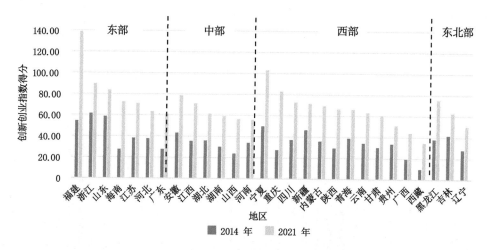

图 3-2 2014 年与 2021 年部分地区农村创业指数对比情况

注：图中数据基于浙江大学中国农村发展研究院构建的中国乡村创业指标体系计算得出；相关指标数据来源于各地区统计年鉴、浙大卡特-企研中国涉农研究数据库等数据库。

持和推动。近年来，国家对西藏自治区的政策倾斜力度明显加大，各种优惠政策和专项资金的投入显著增加。例如，国家支持西藏自治区大力发展乡村旅游、特色产业和电子商务等新兴产业，促进了农村创业方式的多元化和可持续发展。此外，国家还通过教育和培训，提高了农牧民的技术水平和创业能力，激发了广大农村群众的创业热情。政府的政策引导和资金扶持为西藏自治区的农业农村发展提供了强有力的保障，促进了该地区农村创业活动的快速增长。另外，重庆市的增长速度同样令人瞩目。正是这种快速增长使得重庆市在 2021 年的农村创业指数上升至全国第 5 位。相比之下，山东省和浙江省两省由于 2014 年时基数较高，因此增长速度较为缓慢。

3.1.3.3 市级农村创业发展情况

排名前 10 的地级市农村创业情况见表 3-3。由表 3-3 可知，2014 年农村创业指数得分最高的为湖州市，其次是嘉兴市和杭州市。2021 年排名前三的地级市依次是南平市、宁德市和福州市。总体来看，2021 年排名前 10 的地级市，农村创业水平均高于 2014 年排名第一的湖州市，说明我国地级市层面的农村创业水平在 2014—2021 年实现了跨越式发展。从地级市所属省份来看，2014 年山东省和浙江省入围地级市最多，分别为 4 个和 3 个，

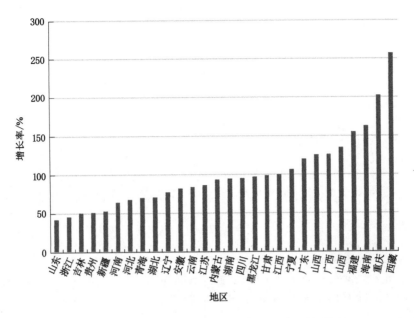

图 3-3　2014—2021 年部分地区农村创业水平增长情况

福建省仅入围 1 个地级市。在 2021 年,福建省入围 6 个地级市,说明 2014—2021 年,福建省地级市大力推动农村创业发展,大力优化创业环境和加快创业市场发展。

表 3-3　排名前 10 的地级市农村创业情况

2014 年农村创业指数得分			2021 年农村创业指数得分		
地区	地级市	指数得分	地区	地级市	指数得分
浙江省	湖州市	45.71	福建省	南平市	76.51
浙江省	嘉兴市	45.34	福建省	宁德市	68.26
浙江省	杭州市	44.06	福建省	福州市	66.45
宁夏回族自治区	银川市	41.81	宁夏回族自治区	银川市	66.35
山东省	威海市	40.46	福建省	泉州市	62.26
山东省	潍坊市	39.95	云南省	西双版纳傣族自治州	61.92
山东省	青岛市	38.83	浙江省	湖州市	60.37
安徽省	宣城市	38.32	福建省	漳州市	59.62

表3-3（续）

2014 年农村创业指数得分			2021 年农村创业指数得分		
福建省	泉州市	38.14	内蒙古自治区	呼和浩特市	58.70
山东省	滨州市	37.86	福建省	龙岩市	57.88

注：1. 基于浙江大学中国农村发展研究院构建的中国乡村创新创业指标体系计算得出。

2. 相关指标数据来源于中国城市统计年鉴、浙大卡特-企研中国涉农研究数据库等数据库。

3.1.3.4　县级农村创业发展情况

2021 年我国农村创业指数排名前 100 在各地区的分布情况，见图 3-4。从图 3-4 可知，浙江省和福建省在县域层面的农村创业水平有较为明显的优势，远远高于我国其他地区，处于遥遥领先的第一梯队；第二梯队的包括山东省、江苏省和安徽省；第三梯队包括新疆维吾尔自治区、黑龙江省和河南省，在全国属于中等水平；排名最后的梯队包括云南省、内蒙古自治区、青海省等地区。

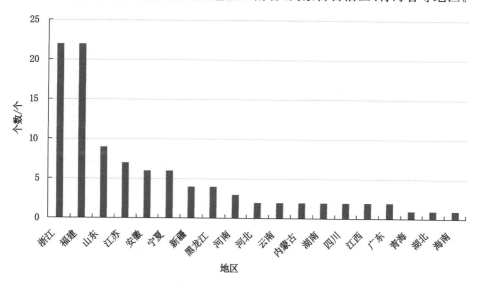

图 3-4　2021 年我国农村创业指数排名前 100 在各地区的分布情况

以上数据说明了以下几个方面情况。首先，浙江省和福建省在县域层面的农村创业取得的成绩领先于其他地区，这种领先地位的获得可能源自这些地区的政策扶持、教育基础、产业布局和地方经济结构等因素，在这些因素影响下县级创业生态系统可能更加完善，拥有更多的创新资源、技术支持和资金投入,从而使得这些县的创业水平相对较高。其次,第二梯队的地区,相对较高的县域农村创业水平可能反映了这些地区在农业发展、产业结构优化、政策扶持和人力资源培养等方面所作出的努力。它们可能拥有更多的创业机会、创新资源和政策支持,这有助于吸引和培育农村创业的发展。最后,对于县域农村创业水平靠后的地区,在创业领域需要国家和省市级层面给予更多的政策支持。尽管这些地区可能面临着各种挑战,例如资源分配、政策支持、技术发展等方面的限制,但对于这些地区而言,仍有提升县域农村创业水平的机会和潜力。

3.1.4 我国农村创业发展情况的调查分析

中国家庭收入调查起始于 1989 年,是由中国研究者共同组织、在国家统计局协助下完成的,目前已积累了较多的年份数据。该调研样本户来自城乡一体化下常规住户调查的大样本框,包括城镇和农村住户的调查。中国家庭收入调查数据有 3 个鲜明的特征和优势。一是开展了持续多年的调研,数据涵盖 1989 年、2003 年、2008 年、2014 年和 2018 年等多个年份,基于此数据发表了相关领域的文章、报告和学术书籍,整体稳定性较好。二是调查范围广,样本量大,具有较强的代表性。该调查覆盖了北京市、重庆市、辽宁省、江苏省、山东省、广东省、山西省、安徽省、河南省、湖北省、湖南省、四川省、云南省、甘肃省和内蒙古自治区等 15 个地区,共计获取 3 万多份个人问卷。三是内容丰富。该调查有针对农村住户开展的调研,调查问卷由住户成员个人情况、住户资产与债务等补充调查项目、住户其他情况等 3 个板块组成。在住户成员个人情况板块中,涉及农村住户的工作就业情况,能够较为全面地反映出中国各地区农村住户的创业活动情况。数据的特征和优势为分析我国农村创业的现状提供了良好的数据基础。调研的样本数见表 3-4。

表 3-4　调研的样本数　　　　　　　　　　　　　　　　单位:份

年份	农村住户	家庭成员
2008 年	7 999	32 179
2014 年	10 490	39 065
2018 年	9 239	35 007

注:由于 2008 年以前的数据不涉及创业情况,因此仅对比分析 2008 年、2014 年和 2018 年的数据;数据来源于中国家庭收入调查;下同。

3.1.4.1　农村创业现状及趋势

不同年份的创业人数,见表 3-5。2008—2018 年,我国农村创业人数有了显著提升,创业人数从 2008 年的 9 090 人增加至 2014 年的 12 433 人,年均提升 5.25%,2014 年至 2018 年创业人数增加至 13 626 人,10 年间农村创业人数累计达 35 149 人次;再将各年数据进行对比,2008 年的创业人数占调查总数的 28.25%,2014 年占比为 31.83%,2018 年占比为 38.92%,创业人数比例逐年增长。以上数据说明,10 年间中国农村创业活动的蓬勃发展趋势,不仅体现在创业人数的增长上,还反映了创业人数在整体农村人口中所占比例的提升上,显示了中国农村创业意识的逐步增强。

表 3-5　不同年份的创业人数

年份	创业人数/人	占比/%
2008 年	9 090	28.25
2014 年	12 433	31.83
2018 年	13 626	38.92
合计	35 149	33.08

3.1.4.2　不同地区的农村创业状况

调研数据涉及了北京市、重庆市、辽宁省、江苏省、山东省、广东省、山西省等 15 个地区,本部分以 2018 年调研数据为样本,从各省农村创业人数以及各省创业比例这两个指标进一步比较分析我国不同区域间农村创业状况。图 3-5 描述了不同地区的农村创业人数。从图 3-5 中可以看出,河南省、四川省、云南省以及山东省创业总人数位列前四,分别占全国创业人数的 11.90%、9.20%、9.14% 和 8.95%;山西省、重庆市和北京市创业人数较少,占比仅为 4.19%、3.95% 和 1.01%。可以看出,排名前四的地区人口基数都较大。为了进一步将各地区进行客观比较,分析各地区创业人数在调研人数中的占比。不同地区农村创业人数占比见图 3-6。

由图 3-6 可以看出,在计算各地区农村创业人数与调研人数的比值后,内蒙古自治区、辽宁省与山东省创业人数占比排名前三,而湖南省、广东省以及北京市排名靠后。其余地区排名依次为云南省、四川省、山西省、甘肃

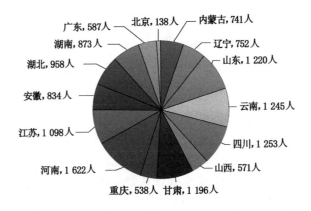

图 3-5 各地区农村创业人数

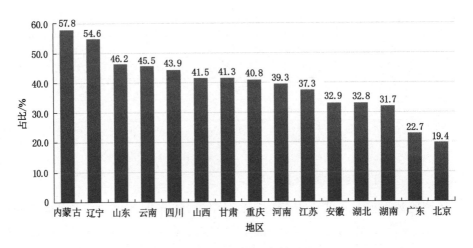

图 3-6 不同地区农村创业人数占比

省、重庆市、河南省、江苏省、安徽省、湖北省。创业人数排名前三的地区(河南省、四川省、云南省)尽管在创业比例上排名有一定程度下降,但整体来说也排在调研地区的中上游,基本排除了人口基数对于结果的影响。这些数据表明:各地区间创业水平存在较为明显的差异。农村创业人数与调研人数的比值呈现出较大差异,从内蒙古自治区、辽宁省、山东省等地区的高比例到湖南省、广东省、北京市等地区的低比例,显示了各地区在农村创业方面的不同发展水平。其中,内蒙古自治区、辽宁省和山东省在创业比例上排名靠前,这可能反映了这些地区对创业活动的鼓励和支持力度较大,以及当地农村创业氛围相对良好。除了排名靠前的地区,像云南省、四川省等地区也呈现出相对较高的创业比例,这可能反映了这些地区近年来政府对于农村创业的重视和政策支持。创业比例较低的地区(湖南省、广东省、北京市)需要更多的政策鼓励和支持以提高农村创业的发展水平,需要针对性的政策来激发创业活力和意愿。

3.1.4.3 农村创业的领域

农村创业不同领域的人数情况,见表 3-6。从农村创业活动所属的领域来看,从事建筑业的创业人数较多,高达 1 571 人,占总创业人数的25.27%;其次是农、林、牧、渔业行业,人数达 1 086 人,占比为 17.47%;除此之外,制造业、批发和零售业人数也较多,占比均超过了 10%,分别为 12.66%和 11.56%;而交通运输、仓储和邮政业,住宿和餐饮业,居民服务、修理和其他服务业,卫生和社会工作,公共管理、社会保障和社会组织等领域的创业人数均低于 10%。以上数据说明了以下几种情况。第一,建筑业和农、林、牧、渔业是农村创业的主要领域。建筑业的创业人数超过 25%,显示出在农村地区,建筑业创业活动相对较为活跃;农、林、牧、渔业的人数也较多,表明农村地区在农业及相关产业的创业方面也有较大的发展潜力。第二,制造业、批发和零售业在农村创业中的人数也比较多,占比超过 10%。这说明一些农村地区的创业者涉足制造业和商业领域,从事一些小型生产和销售业务。第三,交通运输、仓储和邮政业,住宿和餐饮业等领域的创业人数相对较少,表明这些领域农村创业活动还处于起步阶段,在农村地区这些行业领域的创业可能面临着一些挑战。

表 3-6 农村创业不同领域的人数情况

创业领域	创业人数/人	占比/%	累计占比/%
农、林、牧、渔业	1 086	17.47	17.47
制造业	787	12.66	30.13
建筑业	1 571	25.27	55.40
批发和零售业	719	11.56	66.96
交通运输、仓储和邮政业	341	5.48	72.44
住宿和餐饮业	346	5.56	78.00
居民服务、修理和其他服务业	618	9.94	87.94

表3-6(续)

创业领域	创业人数/人	占比/%	累计占比/%
卫生和社会工作	102	1.64	89.58
公共管理、社会保障和社会组织	257	4.13	93.71
其他	391	6.29	100.00
总计	6 218	100.00	—

注:该题项存在大量缺失值,7 408 份问卷未能对此问题进行回答,因此除去缺失值后,总人数为6 218 人,并将其他领域低于100 人的都归为"其他"。

3.1.4.4 农村创业者的个人特征

农村创业者的个人特征情况见表 3-7。本部分从性别、年龄和文化程度三个方面的个人特征出发,对创业者进行分析。由表 3-7 可知,在性别方面,有 7 064 人为男性创业者,占比为 51.84%,而女性则为 6 562 人,占比为 48.16%;在年龄方面,年龄较小或者较大的人数较少,31～80 岁的各年龄段人数较多,最多的为 51～60 岁,人数为 4 744 人,占比达34.86%,61～70 岁以及 41～50 岁的,分别为 3 358 人和 2 190 人,占比为24.68% 和 16.09%,最少的为 18～30 岁和 80 岁以上,分别仅有 409 人和160 人,占比仅为 3.01% 和 1.18%。

表 3-7　农村创业者的个人特征情况

类型		创业人数/人	占比/%	累计占比/%
性别	男性	7 064	51.84	51.84
	女性	6 562	48.16	100.00
年龄	18～30 岁	409	3.01	3.01
	31～40 岁	1 229	9.03	12.04
	41～50 岁	2 190	16.09	28.13
	51～60 岁	4 744	34.86	62.99
	61～70 岁	3 358	24.68	87.67
	71～80 岁	1 517	11.15	98.82
	80 岁以上	160	1.18	100.00

表3-7(续)

类型		创业人数/人	占比/%	累计占比/%
文化程度	小学及以下	6 013	44.17	44.17
	初中	6 098	44.80	88.97
	高中	1 069	7.85	96.82
	专科	383	2.81	99.63
	本科及以上	49	0.36	100.00

注:1. 在分析创业者个人特征时,去掉了样本中的缺失值,最终得出的性别、年龄、文化程度三组数据的总样本量有所差异,样本量分别为 13 626、13 607 和 13 612,下同。

2. 表中数据四舍五入取约数。

在文化程度方面,小学及以下和初中文化程度的人数最多,分别为6 013 人和 6 098 人,合计占比达到 88.97%。随着学历增高,人数也越来越少,高中为 1 069 人,占比为 7.85%,专科为 383 人,占比 2.81%,本科及以上仅为 49 人,占比为 0.36%。

通过以上数据可以看出以下几种情况。第一,性别分布基本平衡。数据显示,男性创业者稍多于女性,男性占比为 51.84%,女性占比为 48.16%。这表明农村创业活动在性别上并没有明显的偏向性,男女创业者比例相对均衡。第二,年龄分布集中在中年段。创业者的年龄分布呈现出两头少、中间多的特点,其中 51~60 岁的人数最多,占比 34.86%。相比之下,年龄较小(18~30 岁)和年龄较大(80 岁以上)的创业者人数较少,分别只占 3.01%和 1.18%。第三,文化程度普遍偏低。创业者中,文化程度偏低(小学及以下和初中文化程度)的人数最多,占比为 88.97%。随着学历的增高,创业者的人数明显减少。

3.1.4.5　农村创业者的务工经历

农村创业者的务工经历情况,见图 3-7。由图 3-7 可知,在农村创业者中,只有 3 239 人有过外出务工经历,占总创业者人数的 24.46%,绝大多数都无外出务工经历,人数为 10 002 人,占总创业者人数的 75.54%。通常来说,务工经历被认为是创业者人力资本的重要来源,对于创业活动起着重要的作用。部分创业者可能通过外出务工获得了更多的社会经验和技能,这种经历会对他们的创业活动产生一定的积极影响。但也不排除,在某些地区,可能由于当地经济相对发达,创业者更倾向于直接在本地发展和创业,而不是外出务工后开展创业活动。然而,在被调研的地区中有将近一半以上为中西部地区,因此总的来说,通过农村创业者的外出务工经历数据可以看出,大部分创业者人力资本普遍不高,这可能影响后续的创业活动。

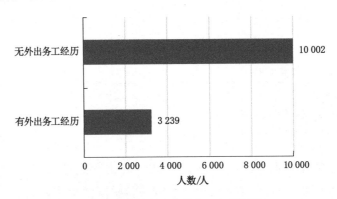

图 3-7　农村创业者的务工经历情况

3.2　我国农村创业的特点总结

通过对我国农村创业整体趋势以及基于中国家庭收入调查数据的分析,能够较为客观地在宏观以及微观层面反映出我国农村创业的情况,并进一步概括归纳出现阶段我国农村创业所呈现的特点。这些特点具体包括我国农村创业发展势头呈现持续性、创业业态类型呈现融合性、创业区域发展呈现差异性、创业经营模式呈现多样性。

3.2.1　创业发展势头呈现持续性

近些年,农村创业指数的变化可以反映出我国农村创业的发展具有明显的持续性特征。改革开放开始至今,我国农村创业呈现出较好的增长势头,20 世纪 80 年代初期,农村二、三产业异军突起;20 世纪 90 年代中后期,体制内人员"下海"到农村创业,推动了农村经济发展。虽然此过程中也经历过波动,但整体来说呈现出较为稳定的增长。2014 年后,国家层面大力推动"大众创业、万众创新",我国农村创业的态势持续向好,稳步推进。这一轮的创业浪潮,以返乡的农民工、大学生、退役军人和科技人员为代表,通过引资引智、创新创业的方式,激活了乡村资源,推动了乡村产业繁荣发展。

这场创业浪潮的持续性展现出多个方面的特点。首先,这不仅是经济层面的活力释放,更是对乡村振兴战略的积极响应。这一创业浪潮的发展,不仅以实现事业梦想为动力,更融合了对乡村文化的传承与尊重。其次,以返乡入乡创业为主导,创业者们积极将先进理念与实践经验带回农村,借助科技创新、产业升级等手段,推动了农村经济的快速崛起。在我国农村创业不断发展的势头下,将为我国农村经济的现代化转型提供有力支持,为农村经济结构的优化与升级注入新的活力。

3.2.2　创业业态类型呈现融合性

我国的农村创业是全方面、全领域的创新,涉及多个行业、多种业态,通过对中国家庭收入调查数据进行分析可以看出,创业涉及十多个领域,更为重要的是创业的发展越来越呈现出多业态类型融合发展的特点。农村创业者在相关政策扶持以及自身拥有的人际网络和资源支持下,以“农业＋”为核心理念,勇于探索并实践多元化的业态融合模式。这种新兴模式不仅注重传统农业的发展,更着眼于将现代产业与农业进行融合,探索并构建了多种创新业态,为农村产业的发展带来了全新的活力。在这场创业潮中,“农业＋”的模式演化得十分丰富多样。从“种植＋”的农、林、牧、渔业到“农业＋”的加工流通,再到“农业＋”的文化、教育、旅游、康养等产业,创业者跨越传统农业界限,积极拓展多元业态,促进农村产业的升级和多元融合发展。这种多元业态的涌现,使得农村的创业呈现出更加多样化和综合化的特征,赋予了农村经济更广阔的发展空间。农村创业者在创业过程中,积极吸纳并运用先进的技术、模式和思维,努力构建了现代化的农村产业体系,推动着农村经济的转型升级。这种融合发展趋势为农村经济提供了新的动力和机遇,创新、多元化的创业项目不仅为农村经济增长注入新的活力,也为乡村振兴和现代化产业发展提供了重要支撑。

3.2.3　创业区域发展呈现差异性

我国农村创业整体上表现出蓬勃发展的势头,但通过上述地区间创业水平以及相关调查数据的分析可以看出,我国地区间的农村创业水平存在差异性。这种差异性既源自地区经济的基础和资源禀赋不同,也受到政策支持、文化氛围以及社会环境的影响。地区经济基础的不同是导致农村创业差异的主要因素之一。比如,江苏省、浙江省等发达地区通常拥有更完善的产业链条和创新体系,有利于企业资源和技术的集聚。这些地区多年来的产业积累和技术创新为农村创业活动提供了丰富的资源和经验。与之相反,一些西部欠发达地区则可能面临着资源匮乏、技术滞后等挑战,需要更多政策和投资支持来激发创业活力。地区的资源禀赋不同对农村创业的方向和特点产生深远影响。一些地区比如河南省、山东省等,在农业、矿产或特定产业领域具有独特的资源优势,创业者会根据当地资源特点进行创新开发,引领特定领域的创业。政策支持是农村创业区域性差异的另一关键因素。不同地区的政府在农村创业方面的政策支持力度和方式各异,这直接影响着农村创业环境的良性发展。一些发达地区地方政府能够通过税收优惠、资金支持和创业培训等措施,鼓励和促进农村创业的发展。此外,地区的文化氛围也是农村创业差异的重要因素。比如,福建省、浙江省等地区拥有更加开放、包容的文化氛围,这有助于创新思维的融合和碰撞,促进农村创业的蓬勃发展。总而言之,在以上因素的作用下,我国地区间的农村创业发展呈现出差异性,这需要不同地区结合各地自身实际情况探索推动农村创业发展更加多元化和富有活力的发展路径。

3.2.4 创业经营模式呈现多样性

除了以上创业活动呈现出的三个特点外,当下蓬勃发展的创业经营模式和合作方式也反映出农村创业的多样性特征。这些创业经营模式的推行使得不同地区能够根据实际情况,选择合适的创业发展方式。当前农村创业的经营模式涵盖了从生产、加工到销售等多个环节,从传统农业到现代服务业等多个产业范围,不同的创业经营模式均具有独特的优势及特点。比如,订单农业模式是基于需求预测和订单模式进行农产品种植或养殖,降低库存风险,确保农产品的销售;农产品加工模式是将农产品进行深加工,提高附加值,开发各种新产品,比如果蔬加工、粮食加工等,满足市场多样化需求;循环经济模式则是利用农副产品、废弃物等进行资源再利用,减少浪费,实现资源循环利用。这些多样的创业经营模式的出现为农村地区的经济发展提供了新的动力,不仅为农民增加了收入来源,促进了当地就业、脱贫攻坚和基础设施建设,还带动了农村经济的增长,为农村产业的多元化和可持续发展开辟了新的道路。总而言之,这些多样化的创业经营模式的成功实践展现了农村创业的活力和潜力,为乡村振兴注入了新的活力和希望。

3.3 我国农村创业存在的问题探析

近些年,在国家推动的创业政策以及乡村振兴战略下,我国农村创业发展取得了显著成效。与此同时,在农村创业发展过程中也暴露出一系列亟须解决的问题。我国农村创业发展依然存在着制约和挑战,这与农村创业高质量发展的目标之间存在明显差距,我国农村创业发展任重而道远。本节首先基于现实情况说明了我国农村创业面临的问题,并基于导致问题的原因进行了分析。

3.3.1 我国农村创业存在的问题

3.3.1.1 农民创业意愿不强

农民作为农村创业主力军之一,开展创业活动的数量有所增长,但创业意愿仍旧偏低。笔者所在团队在关于江苏省农村地区农民创业调研时发现,在受访的 525 人中,仅有 63 位农民有创业意愿,占比为 12%。江苏省作为全国创业水平较高的地区,农民创业意愿较低,反映出作为创业主力军的农民创业意愿较低的问题。

3.3.1.2 农村创业失败率较高

商人、大学生、农民等多主体参与的农村创业活动失败率普遍较高。在创业项目的生命周期方面,农村地区的项目存活时间普遍较短。许多农村创业项目在初始阶段取得一定成绩后,很快陷入停滞或失败。农村创业项目的平均生命周期仅为 2~3 年,远低于城市地区的平均水平。现有农村创业活动中,许多创业项目在初期阶段就遭遇困难,甚至在运营一段时间后便宣告倒闭。

3.3.1.3 农村创业规模较小

农村创业呈现蓬勃发展的势头,但现有的农村创业项目无论是数量上还是类型上,其规模都有待进一步扩大。一方面,在农村创业整体发展规模上,我国农村地区涉及创业的企业数量普遍较少。国家统计局官网数据显示,截至 2020 年年底,我国农村市场主体数量约为 1 087 万户,城镇市场主体数量约为 3 471 万户,我国农村市场主体数量仅占全国总数的 23.85％左右,且大部分为小微企业。上述数据反映了我国农村与城市相比,市场主体数量较少,规模较小。在个体企业的体量上,农村创业个体从业人员规模相对较小。在许多农村创业项目中,往往只有一两个人负责经营管理,缺乏大规模的团队支持。创业项目经营面积有限,许多农村创业个体经营面积相对较小。例如,农村地区的小型农产品加工厂多以作坊形式存在,乡村旅游民宿项目往往只有数十平方米的经营场地。另一方面,关于农村创业项目,类型比较单一、技术含量较低,主要集中在农村电商、乡村旅游等门槛较低的行业。比如,创业项目主要以农产品种植、农产品加工业等传统行业为主,对于国家鼓励的新能源等二、三产业发展相对滞后,涉及产业融合发展的项目更是少之又少。

3.3.1.4　农村创业可持续性不足

农村创业可持续性不足的现实状况反映在创新成果转化率低、创新资源配置不均衡等方面。我国农村创新成果转化率远低于城市地区的平均水平。这表明了农村科技成果在转化为实际生产力上存在较大的障碍。在创新资源配置方面,农村地区的创新资源配置不均衡。农村地区的研发投入远低于城市地区。这导致了农村创业项目面临着研发资金不足、科技人才匮乏等问题,不利于创新创业可持续性的实现。

3.3.1.5　创业资源获取较难

相较于城市,创业者在农村的资源获取难度较大,难以满足开展创业活动所需要的资源。在创业资金获取方面,绝大部分返乡创业者依靠自筹资金创业捉襟见肘,银行贷款所需要的抵押担保难以提供。作为农村创业关键资源的土地,当前也面临着以下重重约束。一是农村创业用地供给难,表现为用地指标少、用地审批慢、用地自主性低。二是农村创业用地流转难。各类用地之间转换打通使用难,包括农业用地与设施用地之间难以打通,集体建设用地与宅基地之间难以转换,经营性建设用地与公益性建设用地之间转换不规范。

3.3.2　我国农村创业现存问题的原因剖析

农村是我国农村创业活动赖以发展的主要场所,创业者是农村创业活动的主要力量,农业是农村创业活动的重要领域。农村创业环境、创业者和农业行业的特殊性都会对我国农村创业产生影响。因此,本部分从农村创业环境、创业者和农业行业三个视角对上述我国农村创业现存问题展开分析。

3.3.2.1　农村创业环境视角下我国农村创业问题的分析

1. 政策制定缺乏差异性

在推动农村创业以实现乡村振兴的过程中,政府政策发挥着极其重要的作用。我国幅员辽阔,东中西部农村地区发展不均衡,各区域之间农村创业的发展水平以及相关产业结构、资源配置等方面存在显著差异,因此政策的制定要充分考虑各地农村发展情况,以避免政策实施效果不佳。当前我国关于农村创业的支持政策普遍缺乏差异性,这成为导致我国农村创业发展的一重困境。通过上述各地区农村创业政策可以看出,省级及以上层面政策的制定缺乏差异性,在制定相关政策时,不同地区的异质性考虑欠佳。

政策差异性不足主要体现为以下两个方面。一方面,同一政策难以适用。由于地区间差异性,制定的相关支持政策在不同地区的实际应用效果并不均衡。以江苏省为例,苏南地区拥有较为雄厚的工业基础和多元化的经济模式,苏北地区更依赖传统农业。同质化的创业支持政策难以同时满足不同地区的具体需求,这导致了一些地区无法充分利用政策支持,甚至可能出现资源浪费或错失发展机遇的情况。另一方面,政策缺乏差异化支持。在制定政策时,未能充分考虑农村地区以及农业的独特性和特殊需求。比如,在农村地区,基础设施建设、人才培养、金融支持等方面的需求与城市地区有所不同。部分政策缺乏对这些特殊需求的细致考虑,使得农村地区的创业发展面临支持不足的情况。这些现象凸显了当前在农村创业政策制定中对于地区差异性缺乏考虑的问题。统一的政策难以贴合不同地区的实际情况和需求,造成了地区间的不公平和发展差距。同时,一些地方政府缺乏对农村以及农业特殊性的充分认识,导致了政策实施中的支持力度不足,无法获得预期的效果。

2. 创业氛围不足

创业氛围是指在特定社会环境中形成的一种关于创业活动的观念和行为准则,对创业者的行为方式和社会活动产生重要影响。一个积极、支持创业的氛围有助于激发创业者的潜能、提高创业的成功率,并推动农村创业生态系统的发展。在农村地区,由传统文化、社会风俗和价值观念等因素所决定的创业氛围对相关主体的行为和决策产生着深远的影响,降低了创业者的积极性。

农村传统文化会对农村创业活动的发展产生一定的制约。在传统的农村社会中,人们往往更加重视稳定和传统的生活方式,对创新和变革持保守态度。守旧传统是农村文化的特征之一,这种传统观念可能限制了人们的创业。在这样的文化氛围下,创业者可能会受到家庭、社区和乡邻的压力和影响,影响了创业的积极性。例如,在传统的农村社会中,女性创业者往往受到更大的社会压力和阻碍。农村女性面临着家庭责任、传统观念和就业机会等方面的限制,导致了农村女性的创业动力和创新能力受到一定程度的压制。此外,乡土社会中的地方保守主义和封闭性也成为导致农村创业活跃度不足的因素之一。由于信息不畅、人群交流有限等原因,有些偏远农村地区的创业氛围相对封闭,往往难以接纳外部的创新观念和理念。这种封闭性限制了创业者对外界市场、技术和资源的获取,导致创业者缺乏对外界变化的敏感度和适应能力。农村文化中的风俗习惯也会影响到创业活动的发展。例如,传统的家族观念在农村地区仍然很普遍,家庭成员往往期望年轻人承担传统的家族责任,而非选择自主创业。此外,农村地区的人情社交往往影响着创业者的经营决策和资源配置,使创业活动受到非经济因素的制约。

3. 创业服务不完善

创业服务对于农村创业的发展至关重要,为创业者提供了必要的基础条件和支持服务,降低了创业的成本和风险,促进了资源的有效配置和产业升级,推动了农村创业的发展。然而,相较于城市,农村创业服务仍不完善。创业服务不足、体系不健全、质量不高、体验不佳以及覆盖面不广等问题,成为阻碍我国农村创业发展的又一重困境。具体而言,农村地区创业服务的供给相对不足,政府和相关机构在农村地区的创业服务覆盖面和质量方面还存在差距,这导致了创业者在获取政策支持、资金融通、技术指导等方面存在困难,制约了创业活动。首先,农村地区的创业服务体系相对不健全,服务内容单一、服务方式单一、服务机构少,缺乏系统性、综合性的服务支持。创业者往往面临着创业信息不对称、创业培训不足、创业导师匮乏等问题,影响了创业决策和创业成功率。其次,农村地区的创业服务质量相对较低,服务水平和服务能力有待提升。部分服务机构缺乏专业化、个性化的服务能力,服务内容和方式缺乏针对性和灵活性,无法满足创业者的多样化需求。部分农村创业服务存在服务体验不佳的问题,服务流程烦琐、办事效率低下、服务态度不佳等现象较为普遍,影响了创业者的信心和积极性。此外,还有部分地区的创业服务覆盖面较窄,服务资源不足,服务机构布局不合理,导致创业者无法获得及时、有效的服务支持,限制了创业活动的发展。

3.3.2.2 创业者视角下我国农村创业问题的分析

1. 创业者整体素质不高

创业的发展,关键在人,只有通过人才来推动创业发展,才能真正实现乡村振兴的目标。现阶段我国创业者的素质整体不高,这是推动农村创业发展的短板,阻碍了我国农村创业的高质量发展。首先,创业者学历普遍较低。创业者的教育程度是整体素质的重要反映,学历偏低的创业者往往缺乏创新意识和创新能力,对市场和技术的变化缺乏敏锐的感知和应对能力,这导致他们在创业过程中缺乏持续创新的动力和能力,难以在市场上推出具有竞争优势的创新产品或服务。中国家庭收入调查数据反映出,在被调研者中,88.97%的创业者为初中及以下学历,仅从接受教育的年限和文化程度来看,创业者中初中及以下学历的占比过大,具有高中和中专学历的技能型创业者短缺,具有大专及以上学历的创新型高层次创业者匮乏。其次,创业者相关技能匮乏。据统计,返乡农民工是创业活动的主力军,缺乏企业家、大学生、农技专家等人才。农民工接受教育的年限短,文化教育水平低,大多没有接受过系统、正规的农业技术和职业培训,难以接受先进的农业科学知识和农业技术,对新技术、新知识的理解能力和接受能力不足,同时还受生理、心理因素和实际年龄的影响,缺乏创业所需的技能。最后,思想观念相对落后。创业活动离不开创新思维,农民虽作为农村创业活动的主力军但尚存因循守旧、不愿接受新事物等观念。市场观念和信息观念比较淡薄。很多农民创业者,不能及时捕捉市场信息、分析市场行情、把握市场动态。思维模式单一,缺乏开拓性,满足于现状,在选择项目和行业时主要围绕传统行业进行(比如农产品加工业),不敢突破传统尝试新领域(比如国家提倡的新材料、新能源等)。

2. 与当地农村社会联系薄弱

农村社会对农村创业具有重要的促进作用,可为创业者提供资源整合与共享、市场拓展与信任基础、社会支持与合作共赢、文化认同与社会认可、政策倾斜与政府支持等有利条件,有助于推动农村创业的蓬勃发展。因此,创业者深度融入农村社会是推动自身创业发展的关键因素。现实中,多数创业者往往专注于创业项目本身,忽略了与农村社会的联系,导致创业活动失败。

首先,创业者可能与农村居民的生活方式和文化背景存在脱节。农村居民的生活方式、价值观和社会习俗往往具有一定的特殊性。如果创业者未能理解和尊重当地的文化传统,难以与当地农民建立良好的沟通和互动关系,便会影响创业项目的推进和发展。其次,创业者对所创业的区域可能不熟悉,导致未能充分利用当地的资源和优势。农村地区拥有丰富的自然资源、人力资源和社会资源,例如农产品、土地资源和劳动力等。有些创业者未能深入挖掘和有效整合这些资源,导致资源浪费和利用效率低下,影响创业项目的可持续发展。再次,部分创业者未能适应农村的发展节奏和规律。农村地区的发展节奏较为缓慢,发展规律与城市有所不同。如果创业者未能深入了解当地的发展状况和发展趋势,可能会导致创业计划执行不畅,无法与当地的发展步调相匹配。最后,创业者可能缺乏与当地政府和社区合作的能力。农村创业往往需要与当地政府和社区合作,获取政策支持、资源倾斜和市场推广等方面的支持。如果创业者未能建立良好的合作关系,可能会遭遇政策不支持、资源匮乏等问题,影响创业项目的顺利推进。

3. 管理经验不足

创业者管理经验对于创业活动的开展具有重要的意义,它不仅能够提高创业活动的组织效率和执行效果,还能够降低创业活动的风险水平,增强持续发展的能力,推动创业活动良性循环和健康发展。在现实中,我国大部分农村创业者,教育水平低、缺乏相关创业经历,在组织管理、项目策划执行、风险管理、团队建设、市场开拓、资金管理、人才培养和激励、政策理解和应用等方面经验匮乏,难以应对创业项目开展过程中各种突发意外情况,不利于创业活动可持续发展。在组织和资源管理中,管理经验不足的创业者可能面临组织不健全、资源分配不合理等问题,导致创业活动无法有效地组织和协调,难以充分利用各类资源,从而影响创业活动的可持续性。在项目的策划执行过程中,管理经验不足可能会导致项目策划不完善、执行不力的情况,进而导致项目进展缓慢、目标无法实现,无法为未来的发展打下坚实基础,从而影响活动的长期持续性。在对风险进行管控的过程中,经验不足的创业者可能无法有效识别和评估各种风险,并采取相应的措施进行应对,导致风险的发生和扩大,对创业活动造成严重影响,甚至威胁到创业活动的持续发展。在创新创业资金管理中,这些创业者可能面临资金管理不善、资金链断裂等问题,导致资金短缺、项目停滞,无法保障创业活动的正常运转和发展。关于团队的发展方面,管理经验不足的创业者可能无法有效吸引和留住优秀人才,团队建设不稳定,导致团队的凝聚力和执行力下降,进而影响创业活动的可持续发展。

3.3.2.3 农业行业视角下我国农村创业问题的分析

1. 农业领域创业风险高

创业风险是创业活动中不可避免的挑战之一,农村创业活动多数涉及农业领域。农业领域的创业活动在自然风险、市场风险交织下失败风险较高。一方面,创业者在农业领域创业面临着多种自然风险的冲击,包括气象灾害、农作物与森林病虫害、动物疫病等。近年来,全球气候变化导致我国某些地区频发极端天气和气候事件,南部地区遭受洪涝灾害影响,北部地区则遭受干旱,对农业生产造成了威胁。农作物与森林病虫害易于跨区域或跨作物种类传播,对农业生产造成了严重破坏。动物疫病的传播源定位困难,变异风险难以评估,致病机理难以探索,抗病疫苗的研发也存在一定难度,给畜牧业发展带来了挑战。另一方面,农业生产资料成本在农业生产的所有成本中占据相当高的比重,其价格的频繁波动会降低创业收益的稳定性。近年来,由于受环保监管政策趋严、能源和原材料价格上涨、运输和人工成本提高等因素的影响,主要农业生产资料的价格呈现上涨的趋势,农业领域的创业者因此承受着较大的成本压力。农业生产资料价格指数总体呈现出波动上涨的趋势。这种价格波动给涉农创业者带来了较大的农业生产资料价格波动风险,影响了创业稳定性和收益水平。

2. 创业者风险应对能力弱

创业者风险应对能力对于创业活动的开展具有重要的促进作用。具备良好的风险应对能力可以提升创业活动的可持续性,增强抗风险能力,提高资源配置效率,增强投资者信心,促进创业的可持续发展。创业者在自然风险、市场风险发生前后的应对能力均较弱,这成为制约农村创业发展的又一因素。在自然风险的防范及应对方面存在地方政府对农业基础设施建设投入力度不足、对农业防灾减灾措施的重视程度较低的现象。与此同时,创业者自身的防灾减灾设施建设存在滞后的情况。本书相关调研数据显示,仅有 66.47% 的创业者通过改善农业生产设施来防范自然风险,33.53% 的创业者未采取任何防灾减灾措施。此外,创业者在应对自然风险后期的能力方面也存在不足的问题。我国政策性农业保险主要为成本保险,保额有限且理赔难度较大,无法满足高投入、商品化、规模化、职业化的涉农创业对分散自然风险的需求。新型天气指数保险和动物疫病养殖保险目前仍处于试点阶段,试点区域和承保范围亟待扩展。在对市场风险的防范和应对上,从理论上来说,有多种渠道和路径可用于事前防范市场风险。例如,期货市场的价格发现功能可以引导创业者调整种植结构和规模以适应市场风险,套期保值功能则能够有效锁定成本和收益,从而降低经营风险。在我国,农产品期货市场尚存根基不牢、投机过度、价格波动剧烈、泡沫风险频现等问题,而且与创业者相关的利益联结机制尚未建立,因此价格发现和套期保值功能并未得到充分发挥。另外,从创业者在事后市场风险应对能力方面来看,农产品价格保险是一种可以分散价格波动风险的新型险种。在我国,农产品价格保险仍处于小范围初期试点阶段,其分散市场风险的作用还不够充分。

3. 创业者损失恢复能力弱

创业者损失恢复能力对于创业活动的开展至关重要,这种能力不仅可以帮助创业者有效地应对意外事件或挑战,还能够保障创业活动的持续发展和成功。目前,大多数创业者面临正规信贷约束、非正规信贷数量限制、缺乏预防性储蓄等问题,损失恢复能力弱成为抑制创业发展的关键成因之一。正规信贷对于创业者灾后恢复生产具有重要作用,但商业银行通常要求提供抵押品以覆盖贷款额度,这给创业者带来了融资难题。尽管近年来乡村振兴战略的实施一定程度上缓解了融资难题,但创业者仍然面临融资难的瓶颈问题。具体而言,由于资金供给能力有限,非正规信贷对农业生产的支持作用有限。实地调研数据显示,约有41.22%的创业者曾获得过来自亲戚、朋友等非正规渠道的信贷支持。调研结果表明,尽管非正规信贷形式简单、灵活,但在借款数额上存在限制,无法满足创业过程中高额生产性资金的需求。预防性储蓄能够帮助创业者灾后恢复生产,但多数创业者缺乏此类储蓄,导致在面临损失时无法获得足够的应急资金,从而削弱了自身的损失恢复能力。

4

农村创业模式剖析

　　2018年3月,在全国推进农村创业创新助力乡村振兴战略现场交流会上,农业农村部总结推出全国县域农村五大双创模式,具体包括特色产业拉动型模式、产业融合创新驱动型模式、返乡下乡能人带动型模式、双创园区(基地)集群型模式和龙头骨干企业带动型模式。五大双创模式具有典型性、示范效应和借鉴价值。

4.1　特色产业拉动型模式

4.1.1　特色产业拉动型模式的理论基础

4.1.1.1　比较优势理论

李嘉图在《政治经济学及赋税原理》一书中,提出了备受瞩目的比较优势理论。李嘉图把世界各国之间存在着的不同经济部门和产业进行分类,并对每个产业群分别建立起比较优势模型,然后根据这些模型来研究各产业群间的贸易问题。比较优势学说主张,国际贸易的基础在于生产技术的相对差异(非绝对差异)以及由此带来的相对成本差异。因此,国际贸易必须以本国的生产技术水平和劳动条件为前提,只有当各国拥有不同类型的自然资源时,才有可能进行贸易活动。为了实现"两利相权取其重,两弊相权取其轻"的原则,各国应当集中精力生产和出口相对比较优势的产品,同时进口相对比较劣势的产品,通过专业化分工,实现双方的劳动力节约和劳动生产率提高,从而获得更多的利益。基于比较优势理论,乡村产业的发展应当以各地资源禀赋为基础,注重培育地方特色产业,突出比较优势,建立具有相对优势的产业模式。

4.1.1.2　资源禀赋理论

一个国家或地区所拥有的生产要素,包括但不限于劳动力、土地、资本、技术和管理等方面,构成了其资源禀赋的基础。资源禀赋决定着一国或地区的经济发展水平和竞争实力。在 20 世纪初期,为了解释李嘉图比较优势理论,瑞典经济学家赫克歇尔和俄林提出了一种被称为资源禀赋理论的新模型,也被称为赫克歇尔-俄林模型。根据该模型,当各国生产同一种产品的技术水平相同时,产品的价格差异取决于成本差异,成本差异则取决于生产要素的价格差异,生产要素的价格差异则源于各国生产要素的相对丰裕程度(相对禀赋的差异),产品的价格差异进而导致了国际贸易和国际分工。根据资源禀赋理论,为了获得更多的比较利益和更有效地利用本国的各种生产要素,各国或地区应当大力生产并出口生产上密集使用、供给相对充足且价格较为低廉的生产要素生产的产品,进口生产上密集使用、供给相对不足且价格较为昂贵的生产要素生产的产品。富足的资源禀赋意味着能够提供充足且经济实惠的生产要素,从而降低产品成本和价格,最终实现产品竞争力的提升和利润率的提高。

4.1.2 特色产业拉动型创业的含义

4.1.2.1 特色产业的内涵

特色产业是以农村独特的历史文化和资源禀赋为基础,通过特色种养、食品、制造和手工业等实现以"特"制胜的产业,是农村产业中不可或缺的重要组成部分,其核心在于"特色"。特色产业在资源、文化、环境、技术和人才等方面拥有独特的优势使其在市场竞争中具有优势,并拥有广阔的发展前景,与同一地区的其他产业或其他地区的同一产业形成鲜明对比。

特色产业的独特之处在于:第一,具有明显的地域特色。它与其他产业一样,有自己特定的地理区位、自然条件和生产特点。特色产业的存在是建立在独特的历史文化和特有的资源禀赋之上的,不可避免地与特定地域相互依存。因此,特色产业的发展必须依托当地自然条件和人文因素,具有鲜明的区域性特点。特色产业的显著特征在于地域性,这也是其存在的前提和基础所在。特色资源、特色产品、特色产业的发展离不开特定地域的支撑。第二,具备显著的优越性。特色产业凭借独特的地域优势和资源优势以及独特的生产技术,所生产的产品在品质和独特性方面与同类产品存在显著差异或不可替代性,从而具有巨大的市场竞争力和垄断性。可以说,特色产业是一种相对于一般企业而言更具竞争优势的产业类型,这种比较优势不仅体现在成本上,更体现在产品质量的优势上。随着产业特色的凸显,特色产业在市场上的占有率逐渐扩大,从而增强了竞争力,同时也更加凸显了比较优势。特色产业之所以能够在激烈的市场竞争中生存并不断发展壮大,是因为它显著的竞争优势。第三,具备适度规模化。适度规模化是指要保证特色产业具有合理的经济规模和较强的可持续发展能力。特色产业的发展受限于其所拥有的独特资源禀赋。资源的有限性限制了特色产业无限扩张的可能性,因此规模发展必须适度。特色产业具有明显的区域性特征和较强的关联性,故其发展需要考虑到规模的适度控制,不能分散无序。唯有规模足够大,方能孕育出相应的市场,塑造独具特色的品牌形象,构建完善的产业体系,推动某一地区的经济社会发展,最终实现产业繁荣和乡村全面振兴。

4.1.2.2　特色产业拉动型创业的内涵

特色产业拉动型创业以特色产业为中心,加强产业链的创新创业,覆盖产业链的各个环节,以满足生产和服务需求为导向开展创业活动,形成一个大型中小微企业并立、各类经营主体聚集、产业集群不断壮大的创业生态系统。在充分利用当地资源特色的基础上,将特色产业转化为具有特色的产业优势,从而形成农村双创的核心竞争优势。以科技引领、市场驱动、人才支撑作为发展思路,通过政策引导、项目支持、平台搭建等方式推动农村双创工作深入开展。

以下展现两个特色产业拉动型创业的典型案例。① 以食用菌、黑山羊、油橄榄、柑橘等优质特色产业为支撑,四川省金堂县成功打造的农村双创园区和产业基地,吸引了数万名创业者和就业人员。在此基础上,建立了"政府引导、市场驱动、社会参与"三位一体的农村双创体系。创业者可以利用其所处的独特产业环境,开展双创活动,同时创办各种独具特色的企业和相关配套企业。② 在"大众创业、万众创新"热潮下,各地纷纷成立农民创业园或农业科技园区,着力培育壮大新型经营主体,加快推动乡村振兴战略实施。铁观音茶产业是福建安溪县的主导产业。同时,安溪县建成了国家现代农业产业园。该产业园通过产业引领区、技术装备集成区、创业创新孵化区、创业创新示范核心区等建设,实现了涉农双创实体总产值的增加。通过"双创",特色产业规模得到扩大,特色产业档次得到提升,特色产业品牌得以打造,特色产业的发展得到促进,两者相互促进、相得益彰。在"大众创业、万众创新"时代,"双创"与乡村振兴战略深度融合,成为推动农业转型升级、加快转变经济增长方式的重要抓手。

4.1.3　特色产业发展对农村创业的影响

作为一种经济发展方式,特色产业对农村创业的发展产生了深远影响,为实现乡村振兴作出了重要贡献。

第一,通过形成示范效应,特色产业带动其他产业相互发展。农业是以土地为基础的产业部门,是人类社会最古老的产业之一。特色产业的兴起与农业有着密切的联系。特色产业不仅仅是一种经济现象和经济活动,更是一种蕴含着深厚文化底蕴的社会现象。独特的文化和社会现象会对当地群众有一定的吸引力,进而带动周边区域群众参与到特色产业中去。特色产业的繁荣并非孤立存在,而是与其他产业的相互促进。例如,产品的科技研发、试验、示范、广告推广等,共同塑造了一种独特的文化和现象,从而为农民创业开辟了新的途径。特色产业作为一种优势产业,所带来的附加经济效益必然伴随着收入的额外提升吸引农民参与。

第二,通过市场化手段,特色产业为农民带来了可观的创业收益。特色产业是一种高度市场化的现代产业,具备适应市场需求的多层次、多样化和多变化的能力,不仅在国内市场上无可替代,而且能够成功开拓国际市场,从而使产品在激烈的市场竞争中占据主动地位,真正实现农村创业和农民增收的目标。

第三,通过循环经济模式,特色产业助力农民创业能力持续提升。特色产业作为一种循环经济模式,符合新农村建设发展理念和科学发展观的要求。特色产业的发展对推动资源、环境、经济和社会可持续发展具有促进作用,同时也能够从长远利益出发,促进农民创业的可持续发展。

4.1.4 特色产业发展带动农村创业的路径

长期以来,我国农村地区尝试依靠特色产业发展模式解决农村创业和乡村振兴问题,具体路径均体现出在发展特色产业过程中应把专业化、规模化、现代化、市场化摆在突出位置。

第一,特色产业专业化发展是基础支撑。特色产业发展是建立在产业分工基础上的,而这种分工则是通过地区经济在一定的市场空间范围内所提供的区际商品交换来实现的。因此,从理论上讲,任何一个地区都可以划分出若干具有特定功能和特征的产业部门,这些部门构成了该地区的专业化生产基地。市场半径的不同导致了产业专业化分工的层级存在差异。一个大经济区的产业结构应具有较高的层次和水平。商品的区际交易通常以三级区际交换为基础。其中,一级市场以全国市场为半径,二级市场以大经济区域市场为半径,三级市场以地区内部市场为半径。这种区域性和层次性特征决定了地域之间不可能实现完全的资源优化配置,也不能有效地促进各生产要素在区域间流动。因此,地区特色产业应当在县区经济圈、市区经济圈、省区经济圈的产业分工范围内展现独特的经济特色,形成具有"小而精、小而专、小而强、小而特"等特色的专业化产业体系,以彰显其独特的魅力和价值。从这一角度出发,可以认为地域差异是决定各地方特色产业优势和劣势的主要因素之一。针对地区特色产业的实际情况,应制定科学合理的发展空间定位,以促进特色产业拉动型创业的发展。

第二,特色产业规模化发展是重要途径。当某一地区的某一产业在同等条件下,其资源储量、生产能力和市场占有率均高于其他同类产业时,该产业将展现出其独特的优势和特色。① 可供利用的资源容量。提高市场占有率是实现特色产业竞争优势的重要途径。特色产业的发展离不开充足的资源支持,这是其基础所在。资源密集型特色产业的形成离不开规模庞大的资源含量,这将为其提供有力支持。② 制造规模。为了将资源优势转化为产业优势,必须确保拥有足够的生产能力,以实现规模经济,从而在区域或全国产业中占据制高点。③ 市场份额之争。特色产业的蓬勃发展,实质上取决于市场规模的大小,也就是市场份额的高低。只有具备资源和生产优势的产品,才能在市场上展现出独特的竞争优势,从而为特色产业的发展提供更广阔的市场空间。

第三,特色产业现代化发展是核心手段。我国社会经济的长期发展目标和手段在于实现现代化。以现代化的发展理念为引领,借助现代化的物质生产条件装备特色产业,借助现代化的科学技术改造特色产业,构建现代化的产业体系提升特色产业,采用现代化的经营形式管理特色产业,并通过培养现代化的新型农民来推动特色产业的发展,以此带动整个经济社会全面协调可持续健康快速发展。

第四,特色产业市场化发展是发展根基。市场化是现代经济的核心所在。特色产业经济的长期发展和农村社会经济的繁荣,取决于特色产品和服务的市场化程度。我国当前存在着大量的小规模分散经营的小生产和大市场的矛盾,这就是农业产业化的障碍。尽管特色产业的盈利主要集中在流通领域,但由于农民与市场的距离过远,市场所带来的利益难以传递给农民,导致市场对农民增收产生了制约。农产品流通环节过多,导致农产品价格扭曲、质量下降等一系列问题,影响着农民收入的增加和农村经济社会的全面协调可持续发展。因此,必须建立起一套有效而稳定的农户与市场之间的联结机制,其中包括农民的专业合作组织和市场体系建设。不断推进市场化进程,打破农村庄园经济和小农经济循环存在的怪圈,打破传统的超稳态社会结构,改变农民对土地的依附关系,最终解决"三农"存在的问题。

4.2　产业融合创新驱动型模式

4.2.1　产业融合创新驱动型模式的理论基础

产业融合理论指的是不同产业或同一产业内不同环节之间的相互渗透、交叉和融合。前者指一、二、三产业之间,从一个产业向另一个或多个产业的扩展,后者指单独一个产业内部,在原材料供应、产品生产、市场销售等方面的纵向一体化,最终在动态发展中形成新的产业。随着现代科学技术的不断发展和社会生产力水平的不断提升,产业融合现象逐渐成为一种普遍趋势。随着发展进程的推进,原有产业与其他产业之间的分界线逐渐模糊,从而实现了交易成本的节约,生产效率和竞争力的提高。产业融合作为一种重要的经济现象和趋势已经成为现代经济学研究的热点之一。产业融合的根本推动力是技术创新。通过创新应用推动新产品、新技术、新组织模式、新制度的涌现,打破产业壁垒并通过渗透、扩散至其他产业,从而促进生产要素和优势资源的整合,实现产业结构的优化升级,扩大市场空间,创造出新型产业或新的经济增长点。产业融合也因此成为现代企业成长的重要趋势之一。

产业融合理论建立在分工理论的基础上,斯密描述了精细化经济分工可以有效地提高劳动生产效率,从而提高国民财富,经济的长期稳定增长取决于规模化分工的不断深化。随着分工深入和细化,社会交往日益增多,分工带来的规模收益越来越明显,分工促进了企业之间知识溢出效应的产生,从而促使企业进行技术革新和创新管理。在对分工理论进行深入研究的基础上,马克思将其应用于社会关系领域,进一步加深了分工所代表的社会属性。马克思认为,分工不仅能够带来生产力和生产关系上的变化,而且可以促进社会交往关系以及人们之间的交流沟通。推进分工将促进生产的专业化,产业升级则凸显了不同产业之间的边界,为了追求更高的效率和降低生产成本,必然需要通过技术创新来实现不同产业之间的不断渗透和融合,从而形成产业融合发展趋势。因此,产业融合成为现代经济学和管理学的重要命题之一,并对国家政策制定具有指导意义。此外,随着专业化生产和分工的不断深入,复杂的生产过程被细分为多个紧密相连的环节,形成了一个完整的产业链,其中包括价值链、供需链、企业链和空间链等四个维度,这些维度与同产业融合理论息息相关。产业链在促进经济增长中发挥着重要作用,因此,产业融合成为国内外学者关注的热点。产业链实质上是由生产向消费纵向一体化的过程,是上下游产业产品、要素和信息传递的渠道,是价值创造和价值增值的过程。因此,产业链理论被称为经济增长中的"三次产业结构论"。农村产业融合属于农业产业领域内的一种新发展形式,即在一定区域范围内将多种产业进行深度融合。

4.2.2 产业融合创新驱动型创业的含义

4.2.2.1 农村产业融合的内涵和模式

1. 农村产业融合的内涵

随着信息产业不断向其他产业融合发展,农业领域不断涌现出众多高新技术,农业与生物产业、农业与信息产业以及农业内部子产业之间的边界逐渐模糊,从而形成了一种融合发展的全新形态。基于农业与其他产业快速融合发展的实践,20世纪90年代日本学者今村奈良臣提出了第六产业的概念,其基本含义是农业生产向二、三产业延伸,通过农业中一、二、三产业的相互延伸与融合,形成集生产、加工、销售、服务于一体的完整产业链条。将一、二、三产业相加(1+2+3)或相乘(1×2×3),正好都等于6。这种定义把一、二产业作为一个整体进行研究,使人们对这两个产业之间的关系有了更深刻的了解。此后,国内学术界对第六产业的研究日益深入。学术界还曾提出农业产业融合这一概念,界定了两个方面的内容:一是农业和其他行业在有关交集处出现融合,二是农业内部的不同部门或者企业相互之间通过技术交流、资源交换而进行深度整合。同一农业产业内部不同行业之间通过重组融合,形成了一个有机的整体。这些都为人们研究农业产业融合提供了新的思路和方法。然而,尽管农业产业融合的定义具有一定的说服力,但这种表述容易导致误解,即农业产业融合只是农业内部不同产业之间的融合,从而在理解上产生偏差。农村三产融合不仅包括农业内部结构的优化升级,也涵盖整个农村经济结构的调整完善。

在借鉴产业融合基本理论、第六产业概念、既有研究以及农村三产融合的发展实践基础上,笔者认为:农村三产融合是以第一产业——农业为核心,以农民及相关生产经营组织为主体,通过高新技术对农业产业的渗透、三次产业间的联动与延伸、体制机制的创新等多种方式,实现了资金、技术、人力及其他资源的跨产业集约化配置,将农业生产、加工、销售、休闲农业及其他服务业有机整合,形成了一个完整的产业链条,从而带来了农业生产方式和组织方式的深刻变革,实现了农村一、二、三产业的协同发展。

2. 农村产业融合模式

(1)农业内部融合模式

该模式以农林结合、种养结合、农牧结合等多种生态循环方式为基础,构建了一个多层次、多结构、多功能的农业融合状态,从而实现了高效的生态农业,提高了产量和效益。其中,林业与畜牧业的有机结合是一种较好的融合模式。这一种模式通常采用农业和林业相互融合、种植和养殖相互融合、农业和畜牧业相互交融等多种方式。

以农业和林业融合为例,许多地区在经济林的基础上种植具有特色的经济作物,例如中药和菌类,从而推动了"林下经济"蓬勃发展。在那些耕地面积相对较少的山区或丘陵地区,农业和林业的融合是一种主要趋势。一些地方会将传统农作方式与现代技术相结合,促进当地经济快速健康发展。这些地区的林业发展得益于良好的基础条件,通过在森林中种植经济作物和在耕地上种植经济作物的有机结合,实现了经济可持续增长。一些资源条件优越的地方把种植业与养殖业有机结合起来,促进了经济快速发展。以融合种植和养殖的方式为例,许多地区鼓励推广禾花鱼养殖、稻田养鱼虾等特色水产养殖,同时利用湖泊和池塘等水域进行水产养殖,这不仅可以为农民带来农业种植业的收益,还能为养殖业带来收益。

种植业与养殖业相结合主要集中在我国东部沿海一些经济较为发达的地区。南方长江中下游和珠江流域等水域丰富的地区,是种植业和养殖业相结合的主要区域。一些地区利用天然湿地作为农田种植蔬菜或牧草,使土地得到了充分利用。在将农业和畜牧业相结合的实践中,许多地区开始规模化地在牧场上进行牛、羊等畜类的养殖,这些养殖活动所产生的粪便可以为种植业提供必要的肥料,同时,养殖场所产出的牛奶、羊毛和肉类能够带来可观的经济利益。我国北方等传统畜牧业发达的地区是农业和畜牧业相互融合的主要区域。

(2)延伸农业产业链模式

该模式通过发展农产品精深加工业,健全市场营销体系,推动农业"接二连三"发展,尽可能将农产品价值留在农村。在这一过程中,农业龙头企业可以为农民提供更多增值服务,从而带动农民增收致富。通过推进农产品精深加工和完善市场营销体系,该模式促进了农业的"连续不断"发展,最大限度地保留了农产品的价值在农村地区。在农产品价格下跌的情况下,延长农业产业链有助于提高农民收益。

当前,我国农业产业链尚未形成完整的产业链,导致农产品的附加价值相对较低。在这一过程中,一些地方政府积极引导农民开展产业升级活动。因此,推广农业产业链模式的主要目的在于激励农业类企业对农产品进行深度加工,以不断拓展农产品的价值链。例如,一些地区积极推进甘蔗和生姜等特色农产品的深加工,将其转化为多种糖类,同时将生姜加工成零食类食品,以促进当地经济的发展。此外,在一些地区还可以通过建立中药材基地带动农户增收致富,实现"产业扶贫"目标。例如一些地区大量种植田七等中药植物,积极推动中药植物加工行业的发展,以拓展农产品的价值链。另外,政府还可以引导一些农业龙头企业向农业服务业转型升级,例如开展农产品电商销售。

近年来,我国在大力推进农产品地理标志保护工作方面取得了较大进展。促进农产品精深加工的发展可为农民提供更多就业机会,也有助于提高农业收益。2014年,农业农村部启动了第一批农产品地理标志登记计划,与此同时,国家知识产权局对拥有地理标志的农产品进行品牌商标权登记。

接着,各地政府开始积极推进"一县一品"特色农产品的地域特色培育和推广。通过精心策划的市场推广策略,塑造具有地域特色的农产品品牌形象,推进农产品精深加工产业的规模化。

(3)农业功能拓展模式

该模式推动农业与商贸、旅游、教育、文化、健康养生等产业融合,拓展农业多样化功能。比如在发展观光农业的基础上,将其作为城市周边乡村生态旅游目的地,通过"农家乐"实现农民增收致富。传统农业职能单一,仅限于生产农产品以满足人民的温饱需求,现代农业则提供了多元化的功能。目前,我国有不少地区在开展乡村振兴战略实践中,积极探索以农民专业合作社带动农户参与到农业生产经营中来,探索将农业、商贸业、旅游业等多个领域深度融合的全新业态,以更好地满足人们在休闲、教育文化、健康休养等方面的需求。

例如,在城市郊区或乡镇发展乡村游,让农民参与到当地经济建设中,实现农民增收致富。在一些城郊农村,出现了以农业为主题的休闲旅游区。为了吸引家长和孩子的参与,这类休闲旅游区定期举办二十四节气农活体验活动,让游客亲身感受其中的乐趣。一些城市近郊公园中,有不少以农民为主设计建设的乡村旅游景点,让游客在家门口就能欣赏到美丽田园风光。同时,以推广教育为目的为年轻人提供农耕类研学夏令营。在这些乡村中,农民利用自家庭院种植蔬菜和果树,开展家庭园艺经营,并将农产品销售给附近的超市、菜市场。在一些风光秀丽、医疗设施条件优越的乡村地区,出现了吸引老年人前来旅游、休闲和健康休养的项目,彰显了农业在休闲旅游方面的功能。乡村旅游是一种以"三农"问题为导向,将农业与旅游业结合在一起的新型业态,把传统农业转变为具有现代内涵的第三产业。城郊的农家乐在蓬勃发展,其中一些项目还提供垂钓、捕捞、果园采摘等活动,此外,游客还可以购买当地的土特产。这种典型的农业、商贸业和旅游业的融合模式,不仅拓展了农业原有的生产功能,而且通过充分发挥多样化的农业功能,推动了农村产业的融合发展。

(4)高科技渗透模式

该模式利用数字农业技术和农业高新技术,培育现代农业生产模式,从而实现农产品的线上线下生产和销售。政府积极推动智慧农业和"互联网+

农业"发展,将生产性服务业、高端制造业与农业科技研发行业有机融合,以促进农业现代化进程。高新技术在推动一、二、三产业融合发展中扮演着不可或缺的角色,其渗透和助推作用是不言而喻的。随着新一代信息技术、物联网技术在农业生产领域的应用与推广,高科技渗透农业日益成为促进农业生产方式转变的主要技术动力。例如,在农业生产领域,一些地方开始将无人机技术应用到农作物病虫害防治、播种等领域,在农产品交易领域,越来越多的农民选择通过电商平台进行农产品交易,探索农产品直接销售的渠道,以实现线上和线下销售的无缝衔接。高科技技术的渗透应用,既大大提高了农业生产效率,降低了生产成本,也为农民增产增收提供了便利。

（5）多业态复合模式

该模式通过将生态循环农业、农产品加工、农家乐、农事体验、民俗文化展示、农产品电子商务、特色小镇等多种业态有机融合,有效地推动了乡村产业的繁荣发展。具体到不同区域,其产业融合路径也不尽相同。相较于前四种产业融合模式,多业态复合模式以因地制宜、兼收并蓄的方式显现各种优势,实现了多种业态的繁荣发展。在推进农村地区产业融合的过程中,通常会根据当地资源禀赋和优势产业的特点进行产业业态的选择。在拥有丰富农业资源的地区,人们倾向于发展多种业态,包括但不限于农产品加工、电子商务和生态循环农业。例如,拥有优美自然风光的区域,常常会倾向于发展农家乐、特色旅游小镇以及农产品电商等多种业态。无论选择哪种产业业态发展,都符合农村产业多业态复合模式,同时也是对农村产业融合发展路径进行有益探索的体现。

（6）产城融合模式

该模式推进农村产业融合与新型城镇化联动发展,引导农村二、三产业向县城、重点乡镇及产业园区等集聚,形成以农产品加工、商贸物流、休闲旅游等专业特色小城镇为核心的发展模式。基于县城早期乡镇企业发展的产业基础,产城融合模式在适应我国未来新型城镇化发展布局方面具有显著的优势。产城融合模式可以实现小城镇和大城市之间的经济联系,促进城乡资源要素双向流动,同时也有利于提高农民生活水平和质量,促进城乡协调发展。农村一、二、三产业融合能促进城乡要素流动和资源优化配置,从而提高农民生活水平,增加农民收入,改善民生福利,推进社会和谐稳定。

产城融合模式可使农村产业融合和新型城镇化发展相结合,因为农村二、三产业往往分布于城市周边县城区域,例如,农产品加工,农产品贸易物流运输业和休闲旅游等。因此,将农村的一、二、三产业相互融合,可以有效地促进新型城镇化的推进。

4.2.2.2 产业融合创新驱动型创业的内涵

产业融合创新驱动型创业的内涵为以产业融合为核心,探索新产业、新业态和新模式,积极开展创业创新活动,促进区域和产业之间的资源、要素流动和重组,从而推动农业和农村的发展。产业融合创新驱动型创业主要包括三种形式。一是电商领域的聚合和融合。依托互联网技术优势,建立起一个面向广大消费者、具有强大功能支撑的网络交易平台——电子商务园,并以此为平台促进农村产业与其他产业的深度融合发展。借助电子商务产业园区的建设,依托园区电商服务,吸引生产加工企业入驻园区,从而实现了二、三产业的深度融合和共同发展。例如,在福建省安溪县弘桥智谷(泉州)电商产业基地,通过提供免费的电商培训,积极鼓励和支持电商创业,以电商服务为核心,聚集了众多生产企业和创业者,形成了一个"电子商务+仓储服务+商品集散"的运营模式,吸引了茶叶、铁艺、鞋服和休闲食品产业等众多规模企业和一大批创业者入驻园区,为园区创业注入了新的活力。二是休闲旅游带动融合。各地政府大力推动休闲旅游业发展,促进休闲农业与农村经济深度融合。同时还依托当地资源开发民宿经济,打造具有地域文化特色的农家乐精品线路,实现乡村振兴战略与旅游业深度融合。例如,以川西民居特色为主基调,遵循"小规模、组团式、生态化、微田园"理念,四川省郫都区青杠树村规划建设了9个聚居组团,全面推进乡村建设、产业培育、公共配套、环境优化、社会治理,致力于打造一个幸福美丽的乡村,成为成都市及周边市民周末休闲度假的理想之地。在互联网时代,传统行业与现代服务业之间相互渗透和交叉,形成了多种业态并存、跨界合作的新型产业形态——"互联网+"产业。三是行业的横向融合。通过开展"互联网+农产品"销售,推动农业和农村经济结构战略性调整,加快传统农业产业向现代农业产业转型升级。例如,四川省成都三浓创咖科技有限公司通过构建农业产业化全产业链创新创业孵化平台,运用大数据技术,为涉农企业提供咨询、规划、融资等全方位服务,推动区域农村创业创新发展,成功将工商企业大数据配套服务迁移至农村创业创新企业,实现了城市要素与乡村发展的有机融合;成都市坊田·天空农场以楼顶平台为基础,致力于推进绿色循环都市农业的发展,充分利用城市楼顶平台所提供的优质资源,同时拓展了农业的观光科普体验功能,实现了一、二、三产业的有机融合,开辟了一条独具特色的现代农业发展之路。

4.2.3 产业融合对农村创业的影响

农村创业与农村产业融合发展相辅相成,共同推动着农村经济的繁荣和发展。在促进农村产业融合发展的过程中,提供创业机会和创业资源是一种有效的手段,可以推动农村创业活跃度的提升;同时,农村创业能够为农村产业融合发展注入活力和动力,促进农业产业结构升级,增加农民收入,提高农民生活质量。

第一,农村产业融合发展能够有效提高农村潜在创业者的创业数量,并能促进创业质量的改善和创新水平的提高。农村创业的活跃度可以通过促进农村产业融合发展来提升。农村产业融合发展为农村的潜在创业者提供了大量的创业机遇。

第二,农村产业融合通过提高农民生产经营效率,增加农民收入水平来进一步推动农村创业活跃度的提升。农村产业融合发展不仅延伸了农业产业链条,同时也为农业多功能性的发挥提供了有力支持,成为农业产业化的升级版和拓展版。这种升级换代不仅催生了一系列新产业和新业态,例如,休闲观光农业、绿色生态农业、"互联网+农业"等,而且每一个新产业或新业态的出现都为农村潜在创业者提供了丰富的创业机会。因此,通过对农村产业融合发展带来的创业机遇进行识别与评估能够更好地发现农村潜在创业者。同时,对于农村潜在创业者而言,利用农村产业融合发展所提供的创业机遇,可以在一定程度上降低创业风险。其他农村创业者已经从这些机遇中获益并实践证明了这类创业的可行性,其可观的回报将有效促进农村创业活跃度的提升。因此,研究农村产业融合发展对农村潜在创业者创业意愿及创业行为具有重要意义。

第三,农村创业者可以从农村产业融合发展中获得丰富的创业资源,为自身创业之路提供有力的支持。农村产业融合不仅包括农业产业与服务业的融合发展,而且涵盖传统行业向现代制造业的转型升级。在农村产业融合的进程中,涌现出大量的生产要素,包括广阔的耕地、水域、山林和丰富的农村劳动力。这些资源为农村创业者提供了丰富的创业资源,也推动了新型经营主体(例如,农业企业、农民合作社和农村个体工商户)的兴起。通过对农村创业资源进行整合与优化配置,能够帮助农村创业者实现自身价值最大化。在农村产业融合发展的进程中,必须确保基础设施(例如,农村水、电、路、通信等)的完备性。这些基础设施具有"公共产品"的属性,大多数都可以为农村创业者提供低成本甚至免费的享用,这无疑降低了创业成本,从而有助于提高创业活跃度。

4.2.4 产业融合发展带动农村创业的路径

如上所述,产业融合的过程中,会产生很多在传统经济中没有出现过的创业机会。这种创业机会不仅出现在新兴的产业中,而且在传统产业融合发展的过程中,也会衍生大量创业机会。鉴于产业融合对农村创业的影响,可从三个方面识别产业融合发展带动农村创业的具体路径。

第一,在技术融合阶段,农业原有的技术只能生产出满足人们基本需求的农产品,为了拓展农业多功能,使其发挥旅游产品的功能,必须遵循旅游产业的发展规律,对农业各个环节进行技术改造,以使农业生产符合旅游服务的要求,从而成为一个具有旅游产业属性的现代农业。在这个过程中,农业资源与旅游资源能够实现相互转化,为农民提供就业机会,促进区域经济增长。农业旅游业的技术融合涵盖了对农业自然生态景观、基础设施、生产技术以及农产品加工和包装技术的全方位改造。运用景观学、园艺学以及生态修复技术等旅游景观建造技术,对农业园区进行改造,以提升其旅游审美价值,使其成为现代化的农业园区,为游客带来宜人的休闲观光体验。在此基础上通过农业基础设施改造,使农业园区与现代社会相协调,为游客提供更多的观赏乐趣。对于农田和农作物,可以进行改造,修复农村人文遗迹,开发农业的旅游休闲和文化功能,以创造出独具特色的农田景观。农业设施改造包括农田水利工程改造和农业土壤改良两个方面。以水稻、油菜、花卉等作物为主要资源,打造具有观光价值的农田景观。农业园区改造指的是在现有基础上建设新型农业产业园区,提升当地农民的收入水平,带动地区经济增长。农村基础设施改造包括但不限于道路、田块、用水和信息网络等方面,是为了提升其服务游客的能力,为农村旅游业发展提供支撑。在此过程中,要将现代农业科学技术与传统农业技术相结合,形成具有区域优势和地方特征的特色产业。农业生产技术改造是一种将高新技术与农业生产技术进行有机融合,旨在打造一个集农业生产、观光体验、教育等多种功能于一身的综合性场所,以吸引游客前来观赏和消费。农产品加工和包装技术改造是一项旨在通过对其进行精心设计,赋予其独特的文化或生态特征,以满足消费者日益增长的需求。

第二,在产品融合阶段,经过技术改造生产出的农产品具备了农业和旅游业的双重属性,不仅能够满足人们对粮食、蔬菜、水果以及禽蛋类食物的需求,还能够发挥传统农业的粮食供给等功能。另外,农业文化和生态功能的充分发挥使农业园区为消费者提供了观光、体验、娱乐、度假和购物等多种休闲旅游方式,从而具备了旅游产品的特质。在农业与旅游业相结合的过程中,可以采取多种模式进行综合开发利用。农业旅游产品因地区资源禀赋、自然景观和经济发展条件的差异呈现出多样化的趋势,在此基础上可提出相应的农业旅游产品开发模式。可开发的农业资源包括但不限于休闲观光种植业、休闲观光人文遗迹、休闲观光林业以及休闲观光畜牧业等多种类型。根据不同的农业开发方式,农业休闲庄园、农业主题教育庄园、农业教育庄园以及农业民俗文化园等均可被归类为不同的农业开发形式。

第三,在市场融合阶段,产业融合的最终成果将取决于其所孕育的产品是否能够获得市场的认可和支持。从产业发展来看,农业旅游产业链整合过程中,业务与管理融合成为核心问题,但传统的农业经营模式无法适应农业旅游市场变化要求。随着市场规模的不断扩大,农业旅游业产业链将随之蓬勃发展,农业和旅游业的融合程度将不断提升,从而走向更加成熟的阶段。当市场规模达到一定程度后,随着市场竞争加剧,在市场上出现竞争优势不足或劣势的企业时,需要通过产业融合来实现企业自身竞争力的提高。相反,若产业融合未能获得市场的认可,其基础动力将逐渐削弱,最终导致失败。

我国农业旅游资源丰富,在农业产业结构调整中发挥着重要作用,是推动农村经济增长,实现农民增收的重要途径之一。随着农业和旅游业的融合发展进入相对成熟的阶段,相应的产业标准、准入门槛、产品、服务内容、价格和经营管理等方面的管理办法和规定也逐渐形成。农业旅游是农业与旅游相结合的新兴产业,它将现代信息技术运用于传统农业生产经营领域,使之向现代化转变。此外,农业和旅游业的市场融合将孕育出一种全新的农业旅游业推广和销售模式。农业与其他行业之间的交叉渗透是未来农村创业的方向之一。当前,我国农村地区正通过举办多样化的会展活动(例如,特色农产品文化节、嘉年华、美食节等)积极推广农业旅游业,同时充分利用信息网络技术,开展线上营销和销售活动,从而充分促进农村创业活跃度的提高。

4.3 返乡下乡能人带动型模式

4.3.1 返乡下乡能人带动型模式的理论基础

最初的人力资本理论源于对经济学的深入研究。20世纪60年代,美国的经济学家舒尔茨和贝克尔提出了人力资本理论。该理论认为,物质资本是指物质生产所需的各种原材料,包括但不限于工厂、机器、原材料和土地等;农民工在城市工作生活后,其收入高于农村居民收入水平,自身具有一定的经济实力。人类所拥有的生产知识、劳动和管理技能以及健康素质的存量总和,构成了人力资本,这是一种与物质资本不同的资本。返乡下乡能人在返乡创业时所表现出的对创业的执着追求,彰显了创业者的精神,这种精神可以丰富农村地区的人力资源。

4.3.2 返乡下乡能人带动型创业的含义

4.3.2.1 返乡下乡能人的内涵和模式

1. 返乡下乡能人的内涵

在遵守党的大政方针、法律法规、伦理道德的前提下,具备一定的技能、资源和见解等个人要素的人被称为能人。能人一般具有较高的文化水平、丰富的知识储备和敏锐的市场洞察力,并通过自身的努力获得相应的经济收入或社会地位。乡村振兴需要具备一定的创业、营销、技术等能力的人才。这些德才兼备的群体包括本地和外地的返乡下乡能人,他们在推动乡村振兴方面发挥着积极的引领作用。我国关于返乡下乡能人的划分范围比较宽泛。第一,根据工作性质的不同,可将其划分为归乡创业、归乡技工和村干部。第二,根据资质的不同,可将其归为资金、技术和知识三个主要类别。返乡下乡能人通过自身实践不断地探索和创新,形成了一整套独特的经营管理理念、方法及模式,成为推动我国社会主义现代化进程的一支重要力量。第三,根据人群的不同,可将其划分为大学生、外出创业人员、外出务工人员以及返乡养老人员等群体。乡村的经济发展和社会进步离不开返乡下乡能人的贡献。返乡下乡能人是脱贫攻坚、新农村建设和小康社会全面实现的关键力量。那些具备技术积累、知识储备、创业经验、营销技能、资本积淀、社会人脉等方面能力以及德才兼备的返乡下乡能人,不仅是带头致富、带领群众共同致富的"双带"人才,更是以身作则或无形示范带领村民致富的典范。乡村中涌现出的返乡下乡能人,是引领新知识和新技术发展的先锋力量。返乡下乡能人是农民学习的楷模,他们中的许多人不仅从事生产致富活动,还为村民提供公共服务,资助贫困家庭。贫困孩子上学、修路等公益项目,展现了乡村社会的新面貌。

2. 返乡下乡能人返乡的模式

第一,压力型返乡。近年来,在各大劳动密集型城市中,外来人员的大量涌入导致工作准入门槛不断提高,形成了一种压力型返乡现象。农村地区外来人员提供了良好的创业环境,使得他们可以更加轻松地进行生产和经营活动,从而实现"离土不离乡"的愿望。在党中央、国务院以及各级政府的积极推动下,乡村的经济、社会和人文条件得到了显著的提升和改善。在此情境下,众多外来人士选择返乡谋生、从事农业生产经营。第二,机遇型返乡。在乡村振兴政策的引导和推动下,具备技术、资金、人脉和知识的外出人员逐渐意识到,乡村正面临着巨大的变革和机遇,因此选择返乡发展。第三,归宿型返乡。归宿型外出人员与乡村之间存在着天然的血缘纽带,在乡情的驱动下,一些逐渐步入中年或老年的外出人员强烈渴望回归故土。

4.3.2.2 返乡下乡能人带动型创业的内涵

以返乡农民工、高校毕业生及科技人员等为主要群体,通过创办、领办企业和合作社等新型农村经营主体,引领周边农民创业就业,形成了一种类似于"能人经济"的创业模式。返乡下乡能人带动型创业的主要特征在于:一是能人作用突出。这些创业者具备精湛的技术、卓越的经营能力和管理才能,不仅能够引领周边地区的发展,还能够带动整个村庄或乡镇的共同繁荣。返乡下乡能人带动型创业建设生态庄园、生态农业园、特色农产品生产基地等产业项目,为农民增收致富开辟新的途径。二是示范效应显著。返乡下乡能人带动型创业能够带领着周围的人一起创业,将其他创业者聚集起来展开合作和服务。

4.3.3　返乡下乡能人对农村创业的影响

4.3.3.1　有助于提高村民职业素质

返乡下乡能人通常具备创新、冒险和进取的精神,在外务工、经商、求学和创业的历程使其积累了丰富的经验和视野,有助于提升村民的职业素养。返乡下乡能人在当地社会生活中扮演着重要角色,对促进地方经济社会发展起到不可替代作用。返乡下乡能人的出现不仅为广大村民提供了更多就业机会,还促进了农业现代化建设,加快了乡村振兴进程;提升村民的意识水平,有助于促进农村经济的繁荣发展,改善村庄的面貌,提高村级管理水平。创业企业对村民的培训能有效促进村民素质的提高,进而影响到村民的行为方式和工作态度。返乡下乡能人所展现出的创业精神,实则是一种引领村民职业素养提升的精神力量。创业企业的管理方式对村民的思想观念会产生一定的影响,促进村民从传统型向创新型转变。

4.3.3.2　有助于提升村民文化素养

在返乡下乡能人创办企业的过程中,需要吸纳大量当地村民参与,以提升村民的文化素养,激发村民的创新思维和创业热情。创业企业可以通过对当地资源的开发,将自己所拥有的优势转化为竞争优势。建立现代管理制度,使创业企业与传统松散农业区别开来,从而逐步培养村民遵纪守法、诚实守信的约束机制,使其在就业中受到现代企业管理制度和企业文化的深刻影响。通过对返乡下乡能人的考察发现,他们大多有较高的文化素质,在一定程度上解决了村民自身素质不高的问题,使得返乡创业成为可能。

为了提高村民的受教育水平,创业企业为村民提供了多样化的继续教育和专业培训,这些措施将有助于提高村民的教育水平。因此,在乡村振兴战略中,政府要积极引导村民回乡创业。创业企业在经营过程中深挖当地的独特文化和特色,有助于促进乡村文化的蓬勃发展和传承。总而言之,返乡下乡能人推动了当地村民文化修养水平的提升。

4.3.3.3　有助于改善乡村治理环境

通过返乡创业,可以有效改善乡村治理环境,为当地村民提供更多就业机会,推动当地经济发展和社会稳定。当地基础设施的改善可以通过提升经济水平来实现。随着创业企业产业链的日益完善,当地的人才、资金、技术、信息和文化等多个要素逐渐汇聚,为农村现代化的发展奠定了坚实基础。随着现代企业管理模式的引入,乡村治理水平得到提升,乡村治理环境得到改善。

4.3.4　返乡下乡能人带动农村创业的路径

4.3.4.1　推动资源利用型的返乡下乡能人创业

在农村经济发展的过程中,具备资源利用能力的能人必须不断地运用各种资源,这些资源包括但不限于资金、土地、信息和技术等。返乡下乡能人在当地社会生活中扮演着重要角色,对促进地方经济社会发展起到不可替代作用。创业的成败在于是否拥有足够的资源且这些资源是否能够得到恰当运用。返乡下乡能人作为一种特殊的群体,创业的主要目的是获取更多的社会资本和市场机会从而实现自身利益最大化。在创业过程中,当面临资源匮乏的困境时,返乡下乡能人会积极寻求可替代的资源,或者通过重新组合资源来解决这一问题。在创业初期,许多返乡下乡能人并未拥有丰富的资源,但他们不遗余力地寻找并利用那些被忽视的资源和想法,通过加工整合,赋予它们新的价值,从而突破常规思维。

4.3.4.2　推动技术巧用型的返乡下乡能人创业

在农村经济领域中,具备技术巧用型的返乡下乡能人看到一些农民离开农村,到外地从事商业或打工活动时,会意识到传统食品技术或农业资源所蕴含的商业价值,于是回到家乡,创立了自己的企业。目前,我国很多地区返乡下乡能人开起了各种各样的小店。尽管农村经济发展与城市相比仍有相当大的差距,但是返乡下乡能人的创业精神却为农村经济的蓬勃发展提供了强有力的推动力。在众多的创业方式当中,网络平台创业以其低成本、高效率以及信息快捷等特点受到许多返乡下乡能人青睐。随着互联网的广泛普及,利用各种网络平台进行创业已经成为一种常用做法。同时,在网络平台中进行创业也会遇到各种各样的问题和挑战,例如技术上存在困难、资金缺乏等,这些都需要创业者去解决,因此要想成功地开展网络平台创业就必须具备一定的条件。网络市场规模巨大,在网络平台上创业具有广泛的传播范围和快速的传播速度,且能够与客户进行及时沟通和互动,同时交易成本较低,乡村自然地理环境对网络平台创业的影响最小。农产品在线销售不仅扩大了销售渠道,还提升了当地农产品的知名度。返乡下乡能人应不断提升自身能力,通过各种平台宣传和推广自己的产品,从而获得更多消费者的认可与信任。网络平台为返乡下乡能人提供了一个充分了解当前市场相关信息的机会。返乡下乡能人作为知识密集型产业的代表,自身拥有较高的技术水平和经营能力,应利用互联网来实现自身的价值。

4.3.4.3 推动市场驱动型的返乡下乡能人创业

在当今市场对有机农产品和反季节蔬菜需求日益强烈的背景下,那些文化素质较高的返乡下乡能人创业时,能够意识到正确识别创业机会是创业过程中至关重要的一环,因此积极地搭建温室,引进技术和人才,种植有机蔬菜,打造循环农业产业链,以提高农业生产效益。对于企业家而言,机会的准确识别是指识别出当前市场需求强烈且具有创新性的服务或产品,只有这样,才能提高返乡下乡能人创业成功的概率。在农村经济领域,那些具备机会识别能力的人,实际上是通过收集市场信息和对其进行判断的过程来实现的。

4.3.4.4 推动组织创新型的返乡下乡能人创业

当返乡下乡能人在创业过程中遇到资金方面的困难,导致无法获得技术和资源方面的支持时,会尝试创建农民贷款担保协会、农民技术协会等组织,以改变当前的困境。相较于普通农民,返乡下乡能人拥有更多的社会资本和更高的综合素质水平,这些优势使得他们能够自主创业,从而带动乡村经济的发展。返乡下乡能人越强大,就越会吸引更多的社会资源加入其中。在农民的各类组织中,返乡下乡能人扮演着至关重要的角色,不仅促进着合作行动的推进,还能与社会的关系网络紧密相连,是农村经济发展的引领者。因此,返乡下乡能人能够带来很好的融资渠道。

4.3.4.5　推动实践探索型的返乡下乡能人创业

有些返乡下乡能人以日常经验为基础,怀揣着无限的创意和热情,不断进行实验探索,最终创造出市场上未曾有的产品;而另一些返乡下乡能人则是在克服困难的过程中,偶然发现了商机,从而开创了自己的创业之路。因此,对于返乡下乡能人应给予充分的关注和扶持,使其能够为农村地区带来更大的发展空间。随着我国对农村创业相关激励政策的出台,返乡下乡能人将更加积极地探索创新之路,通过不断试验和探索,开拓新的商机和方法。同时,还要考虑到农村创业的成功与否取决于创业者是否具有足够的资源和条件来支撑自己的创业创新。在进行农村创业的过程中,创业者必须全面评估自身的资金状况和能力等多个方面,只有在确保自身实力的基础上才能进行创业。在创业初期,创业者需要做好充分的准备工作,根据不同情况采取不同的融资方式。在选择创业项目后,还应以脚踏实地的态度迈出第一步,而不是盲目追求眼前的经济利益,必须具备远见卓识的眼光。通过从规模较小的项目开始,不断积累经验和实力,逐步扩大经营规模,从而有效降低或避免创业风险。

4.4　双创园区(基地)集群型模式

4.4.1　双创园区(基地)集群型模式的理论基础

韦伯提出了产业集群的概念,并以一般经济支出成本的降低为解释,阐述了产业集群形成的原因,认为产业集群是由具有共同特征或优势资源的企业形成的一种组织,组织内存在一种特殊形式的竞争关系。马歇尔从合作与外部规模经济的角度探讨产业集群的形成。此后,产业集群成为经济学研究中一个十分重要的课题,许多学者对它进行了大量而深入的研究。

波特推动了产业集群理论的进一步发展,指出产业集群是由一组在某一特定产业地理上相互关联的企业和相关机构所构成的集合,这些企业和机构基于共同点和互补性联系在一起,形成了一个有机的整体。产业集群所形成的社交网络系统,不仅为企业提供信息、资金和精神支持等三类资源,同时也为新创企业开发和获取这些资源提供了一套机制和工具,这对于那些缺乏资源的新创中小企业来说,是一项至关重要的支持措施。产业集群作为一种新经济组织形式,能够有效地利用本地的专业化生产要素,促进当地的技术创新。产业集群能够形成合作规范、风险共享、资源集聚、信息流动快捷的优势。

4.4.2　双创园区(基地)集群型模式的含义

4.4.2.1　园区集群的内涵和特征

园区集群是建立在主导产业的基础上,以地域集中为前提,以设施配套和机构完善为支撑条件,以产业关联为纽带的复杂网络结构。在一定程度上,一个地区的生产要素集中于某类行业或产品上便形成相应的产业组织形式——园区集群。园区集群的特点主要有以下五个方面。

第一,地理上的汇聚与资源的共享相互交织,形成了一个有机的整体。园区集群是某一特定区域内企业经济活动的综合体现,地理位置和空间优势不仅能够降低企业的运输成本,还能够促进企业之间的直接交流、竞争、实时信息传递和资源共享。

第二,实现企业间专业化分工和产品专业化,是推动企业发展的重要举措。园区集群的形成源于企业之间的专业化分工与协作,当企业汇聚在一起时,所生产的不仅仅是产品,更是规模化的产业形态。

第三,该产业链具有相对完备的结构。园区集群内部各企业之间通过相互联系形成了一个紧密的整体,且具有一定程度上的独立性。园区集群的范围不应仅限于组件、机械装备、最终产品、服务提供商和供应商等,还应包括下游产业的成员、互补性产品生产商、专业基础设施的提供者、政府和其他科研培训机构以及制定标准的部门等。政府机构、行业协会以及其他相关的民间社会组织,均对园区集群产生着深远的影响。

第四,在竞争和合作的领域中,园区集群拥有独特的优势。通过同行业间的竞争合作、形成的社交网络以及共享的劳动力、资源、知识和产业的外部经济效益,形成了一种集聚效应,从而进一步加强了园区集群的竞争力。

第五,众多企业相互交织,形成错综复杂的网络生态系统。随着园区集群的演进,企业之间通过专业化分工与协作、互动和信息交流、共享知识和创新,使企业不仅具备了市场和政府的职能,还具备了技术创新和人才培养的能力,从而形成了错综复杂的网络关系。

4.4.2.2　双创园区(基地)集群型创业的内涵

双创园区(基地)集群型创业模式以农业企业和园区(基地)为主要平台载体,为农村创业创新提供了见习、实习、实训、咨询、孵化等多种服务,从而形成了一个多元化的服务生态。双创园区(基地)集群型创业不仅具有区域经济发展中的点—轴系统和空间集聚效应所产生的规模经济效益和范围经济效益,而且还具有良好的市场竞争力、创新活力以及政府的扶持政策。通过资源共享和外部负面效应的克服,双创园区(基地)能够有效地促进关联产业的发展,从而推动产业集群的形成,创造出强大的聚集力,同时也能提高农民就业水平,促进农民增收致富。作为区域经济发展和企业资本扩张的重要推动力,双创园区(基地)凭借规模、品牌和资源等价值,成为企业重要的集聚地。

双创园区(基地)的显著特征在于:① 高度的资源集聚程度。通过借鉴工业园区的成功经验,双创园区实现了内部要素的高度集中,产业的高度集聚,企业的高度聚集以及技术的高度集成。例如,在福建省晋江市打造海峡创业园,以"三创(创业、创新、创意)园"、国际工业设计园、智能装备产业园、陈埭新区创新中心、金井高校科教园等五大科技创新载体为核心,汇聚创业创新元素,为农业农村各类人才的创新创业提供广阔的发展空间。晋江市有众创空间、科技企业孵化器等 9 家,面积 10 万平方米以上,入驻创业项目、企业 200 余家。② 基础设施条件较好。双创园区(基地)已经实现了"五通一平",为创业者提供了一个集众创空间和创业孵化基地于一体的涉农孵化器,为创业者提供了一个现代化的办公场所和生产设施,一旦创业者入驻,便可迅速开启创业之旅。例如,长春国信现代农业科技发展股份有限公司投资兴建了面积达 70 万平方米的众创空间和创业孵化基地等涉农孵化器,同时打造了 12 个综合性园区,包括有机农业种植标准化双创园区、农产品加工示范园区和农业企业孵化园等。这些园区为双创人员提供了创业创新服务,并提供了 4 000 多个实习就业创业岗位,带动了 2 000 多名农民就业。这些举措共同促进了专业性和综合性孵化器的发展,形成了一个良好的局面。政府通过制定专门文件和配套资金扶持,对各类创业平台进行统一协调管理。③ 政策服务到位。在国家鼓励"大众创业、万众创新"背景下,各地纷纷加大对各类创业服务平台的投入力度。在双创园区(基地),创业者可以享受到注册登记、政策咨询、创业培训、财务代理、融资担保、法律服务等一系列综合性服务,这些服务能够帮助他们克服创业过程中的各种困难和问题。例如,四川省成都市郫都区通过出台《聚焦菁蓉镇打造双创高地若干政策》和《郫都区菁蓉镇孵化器及众创空间备案管理办法》等 7 项专项支持政策,将相关政策有机融入农村创业创新园区(基地)、众创空间、创业孵化器等领域,为现代农业创业创新提供了一个优质的孵化平台,同时也为企业提供了贴心的保姆式服务。

4.4.3 双创园区(基地)集群发展对农村创业的影响

创业者可以从有序发展的双创园区(基地)集群中获得三个方面的有力支持。一是降低创业成本,激发创业精神;二是获取有关创业经验和市场信息等资源;三是提升创业能力。随着双创园区(基地)集群规模的不断扩大,政府政策的争取变得更加容易。从创业管理的角度来看,在不同阶段的双创园区(基地)集群发展中,创业机会、创业资源、创业环境和潜在创业者特征存在差异。当双创园区(基地)集群处于初创期时,创业者较少加入;在双创园区(基地)集群的发展过程中,大量的中小型企业应运而生;在双创园区(基地)集群稳定期,创业活动趋于平静;在成熟的产业集群阶段,中小型企业蓬勃发展,呈现出迅猛的势头。有学者对产业集群对中小企业成长的影响进行了相关研究,有研究认为,双创园区(基地)集群能够帮助集群内中小企业快速成长。有研究认为,双创园区(基地)集群的发展为创业者提供良好基础设施,并通过示范效应与熟人社会作用机制,提高潜在创业者素质与融资能力,提高创业者创业机会与双创园区(基地)集群产业市场竞争水平。此外,双创园区(基地)集群也给创业者提供了更多的学习机会,有利于其知识转移和吸收利用,从而降低了创业成本。有研究表明,通过对创业模式进行深入分析,双创园区(基地)集群不仅可以优化创业氛围,而且可以通过专业化分工形成信息和产品的聚合,从而带来规模和创新效益。

4.4.4 双创园区(基地)集群发展带动农村创业的路径

4.4.4.1 示范效应

示范效应,即模仿创业,是一种具有跟随性质的创业,指后继创业者通过借鉴之前返乡创业者的经验,围绕着创业项目产业链的延伸、扩展和完善来实施创业活动的一种阶段性过程。模仿创业可以获得来自其他企业或个体的知识资源,并将这些知识加以整合后形成新的知识存量。双创园区(基地)集群所涉及的产业、地域、利益相关者等方面存在共域性,更容易出现创业知识的外溢和创业行为的模仿。这种示范效应所带来的知识溢出效应,将吸引更多具有连续性的创业者进入双创园区(基地)集群进行创业,从而推动双创园区(基地)集群规模的不断扩大。

4.4.4.2 倒逼效应

"连续创业者"群体对创业集群能够产生一定程度的影响作用。随着"连续创业者"规模的不断扩大,双创园区(基地)集群在区域内的整体竞争优势和社会影响力逐渐扩大,呈现出蓬勃发展的态势。当地方政府部门进行决策时,也会影响到返乡创业者的发展。从利益相关者的角度来看,在与当地政府部门的博弈过程中,双创园区(基地)集群会通过非正式和正式的渠道向政府相关部门传递有关产业发展前景和发展困境的信息。当地方政府对集群发展情况掌握较充分时,可以采取积极措施鼓励更多创业者加入创业集群中来,以实现双创园区(基地)集群内企业的共同繁荣。另外,政府与创业者之间存在着信息不对称现象,且由于双方对各自利益诉求不同,导致了地方保护主义倾向,进而影响到双创园区(基地)集群健康持续发展。在博弈的过程中,创业者是知识溢出的主体,而当地政府部门则是知识溢出的客体,溢出的内容涵盖了返乡创业集群相关的知识领域。由于返乡创业者的不断聚集,形成了规模效应和协同效应,这促使当地政府部门高度重视双创园区(基地)集群的创业,并制定了相应的政策措施,以优化双创园区(基地)集群创业环境,促进双创园区(基地)集群的规范有序发展。

4.4.4.3 网络效应

在"大众创业、万众创新"背景下,返乡创业者面临着更多机遇和挑战。据社会认知论与资源基础论学者指出,为了确保新创企业的可持续发展,创业者必须通过多元化的渠道获取资源,以保证创业绩效。在创业过程中,创业者和新创企业需要不断地调整机会方向和获取创业资源的方式,以适应信息和资源的不断变化,从而提高创业资源获取的效率和质量。因此,为了提升创业集群内创业者的创业绩效,必须与相关政府部门、第三方服务组织以及其他集群内的创业者建立紧密的联系,包括建立正式的签约合作和非正式的松散合作。随着信息共享需求的不断增长,知识溢出已成为建立和维护社会网络的纽带和桥梁,为人们提供了无限的可能性。在以创业者社交网络为核心的双创园区(基地)集群中,网络结构得到了优化,从而进一步提高了双创园区(基地)集群的效率。

4.4.4.4 链式效应

产业集聚对双创园区(基地)集群内各要素均有影响,而这些因素又直接或间接地作用于产业间关系网络。在集群视角下,双创园区(基地)所带来的知识溢出链式效应,指的是返乡创业者和创业企业在创业期、扩张期以及与双创园区(基地)集群内其他创业者、雇佣农民与非雇佣农民、企业客户、企业销售商、政府部门之间所呈现出的溢出效应。因此,从理论上讲,双创园区(基地)集群内部的知识溢出能够促进集群内中小企业间形成良性互动并推动整个产业发展。在双创园区(基地)集群中,首批创业者积累了丰富的创业经验,其他创业者则可以通过观察、实验、交流合作等方式获取成功者的知识、经验和见解,从而在外部知识的"自我消化吸收"过程中形成"建链延链补链强链"。因此,双创园区(基地)集群是一种基于知识流动而形成的新型创新网络组织模式。总的来说,双创园区(基地)集群内的知识溢出效应和产业关联度之间呈现出一种正相关的趋势,并且这种趋势是通过知识溢出的链式效应来实现的。此外,双创园区(基地)集群内不同类型企业之间存在着相互关联的关系网络,对创业者的创新绩效产生重要影响,并最终促使集群形成了较为稳定且有效的创新能力体系。

4.5　龙头企业带动型模式

4.5.1　龙头企业带动型模式的文献基础

探究农业龙头企业的研究主要包括以下几个方面。第一,聚焦龙头企业的科技创新,聚焦龙头企业的科技创新现状、所面临的制约因素和推动机制以及创新模式和机制等方面。第二,对于农业龙头企业,必须进行恰当的管理和评估。有研究运用系统化的分析方法,对龙头企业的竞争力进行了评估,并提出了相应的解决方案。有研究运用数据包络分析模型,对农业龙头企业的生产投入与产出比率进行了综合评估,提出了一系列提升企业经营效率的可行策略,并在此基础上进一步分析影响龙头企业绩效水平高低的因素。第三,农业龙头企业常常面临着资金筹措的难题。龙头企业的资金主要来自银行贷款和民间借贷,农业龙头企业普遍存在着融资难的情况。有研究提出了一系列解决农业龙头企业长期面临的融资难题和高成本问题的方案,其中包括开展套期保值贷款业务,并提供了具体的战略建议。第四,研究涉及农业龙头企业与农户之间的利益关联。有研究总结了国外农业产业化发展的经验,得出了建立利益联结机制是推动我国农业产业化进程的有效途径,这种机制可以通过实现农业产业一体化来达成。第五,农业龙头企业与农民之间的利益联结关系存在着风险,这就要求在进行相关制度设计时充分考虑风险因素。此外,一些研究表明,为了确保农业龙头企业不会侵犯农户的财产和剩余价值的权利,必须建立完善的保障机制。因此,农业龙头企业与农户之间应该形成一种长期稳定、相互依赖、互惠互利、共同发展的利益连结机制。该机制应具有持久性,且应得到切实有效的实施。在这一过程中,农业龙头企业起到了关键的作用。

4.5.2　龙头企业带动型模式的含义

4.5.2.1　龙头企业的定义

有研究认为,在农业生产经营中,龙头企业应被视为一种拥有独立法人身份和财产的经济实体,具备以自身名义实施法律行为的能力。同时,农业龙头企业具有一定的独立性,能够按照现代公司制度要求规范运作,并能获得相应的权利和义务。这类企业被视为农业产业中的佼佼者,具备独特的优势,能够充分发挥其作为农业龙头企业的引领作用。龙头企业的出现不仅能够有效提高农民组织化程度,而且能够促进现代农业的快速发展,进而推进我国农村现代化进程。有研究主张,龙头企业的发展必须以农户为基础,以市场需求为导向,并通过与农户建立的合作组织来实现自身主要目标。此外,为了实现农业龙头企业的经济利益,必须采取一系列措施,包括但不限于扩大种植面积、优化农地布局、加强专业生产、拓展销售渠道等,以推动企业的发展。农业龙头企业应当在发展过程中注重塑造自身独特的品牌形象,以建立一个具有实质性的发展模式。有研究认为,龙头企业是一种具有广泛影响力和代表性的典型大型企业。龙头企业要想获得更多的市场份额就必须通过提高产品质量和服务能力来吸引消费者,进而提升市场占有率。有研究指出,龙头企业作为农业产业化经营的一种创新机制,在我国农业发展中扮演着至关重要的角色,其地理位置的区域化分配、专业化的生产和产销市场的整合等特点,为农业发展注入了强大的动力。可见,在农业产业化经营中,龙头企业作为一种具有重要社会意义的组织机构,扮演着至关重要的角色,其地位不可替代。从微观角度来看,这些企业包括专业合作社、家庭农场等。龙头企业能够激发农民的积极性,引导农民积极参与农作物的种植和生产,也能够聚集大量劳动力,以促进农产品的加工和制作流程的加速。同时,这些企业还能带动其他相关产业的发展,从而推动地区经济增长。最终,借助现有的市场经济机制,这些企业得以将所生产的农产品有效地输送至市场,从而实现其流通价值的最大化。

4.5.2.2 龙头企业带动型创业的内涵

龙头企业带动型创业模式利用国家或省市级农业产业化重点龙头企业的优势,推动当地农村创新创业,为企业提供全方位的配套服务,从而引领当地经济的发展。龙头企业带动型创业的主要特点有三个。一是以龙头为引领,呈现出独具特色的产业风貌。龙头企业所从事的产业属于当地的优势或支柱型产业,规模较大,在当地经济发展中扮演着引领者的角色。例如,河南省新郑市好想你健康食品股份有限公司是一家综合性企业,业务涉及红枣种植、加工、冷藏保鲜、科技研发、贸易出口和观光旅游等领域,为客户提供全方位的服务。以市场需求为导向,以技术创新为动力,以品牌经营为核心,以科学管理为手段,坚持产品系列化、高端化、健康营养化的战略方针,不断扩大产品的市场占有率和品牌知名度,如今已成为红枣行业的龙头企业,引领新郑市将红枣产业作为主导产业发展,成为全市经济发展的巨轮。二是带动创业,配套服务产业。龙头企业以"公司+农户""公司+家庭农场""公司+合作社+基地"等多种形式,推动当地创业者的创业,为龙头企业提供全方位的支持和服务,促进主导产业的发展。例如,广东省云浮市新兴县温氏食品集团股份有限公司(简称温氏集团),以"公司+农户""公司+家庭农场"为模式,积极推动当地农民创业致富,专注肉猪和肉鸡的养殖业务。通过政府政策扶持和资金引导,鼓励企业建立专业技术服务型团队,提高自身素质,提升服务水平。温氏集团在业务流程中承担着重要的职责,包括饲料生产、种苗供应和销售网络的建设等环节,这些环节的投资额大、技术含量高、风险高,农民主要负责养殖环节,双方紧密结合,形成了创业户和龙头企业互促共进的典型模式,从而实现了双赢。三是企业集群,建设创业创新孵化区。以农业产业化经营为核心,依托科技力量,建立现代农业产业技术体系和服务体系,培育新型职业农民和农村实用人才。在福建省安溪县现代农业产业园中,三家国家级龙头企业和五家省级龙头企业发挥着带动作用,形成了农资联购、产品联销、质量联控、植保联防、庄园联建的"五联"梯次合作格局,从而形成了"龙头企业+合作社+基地+茶农(家庭农场)"的产地利益共同体,累计带动了582家茶叶专业合作社、131个家庭农场和12万余农户的发展。

4.5.3 龙头企业带动对农村创业的影响

第一,龙头企业可以带动小农户实现农业经营现代化。现代化的农业经营需要实现专业化、协作化、规模化和规范化,以适应不断变化的农业环境和需求。农业生产社会化服务是农业经营现代化的重要组成部分。随着农业经营的专业化、协作化、规模化和规范化程度的提高,农业经营的现代化水平也随之逐步提升。当前,我国小农户农业经营的短板在于分散化和小规模化,导致小农户农业经营的专业化、协作化、规模化和规范化程度不足。这不仅影响了小农户农业生产效率的提高,而且降低了其对市场风险的抵抗能力,不利于实现现代农业发展目标。因此,实现小农户农业经营的专业化、协作化、规模化、规范化,已成为推动农业经营现代化的迫切需求。农业企业是实现农业规模经营的重要载体和组织形式。为了提升小农户农业经营的专业化、协作化、规模化、规范化水平,必须借助农业龙头企业的引领、带动和促进作用,以推动农业现代化进程。农业龙头企业可通过建立自己的原料基地,为农民提供标准化的种植技术、管理经验以及农产品销售渠道等来降低交易成本,提高企业竞争力。在打造原料基地的过程中,龙头企业可以将农业经营聚焦于特定领域或产品,从而实现生产经营的专业化和规模化。

第二,龙头企业可带动小农户实现农业结构优质化。优化农业结构是指根据农业自然属性的多样性,对农业结构进行科学调整,以满足多元化市场需求的过程。专业化水平是衡量一个国家或地区现代农业发展的重要指标之一。因此,对于调整和优化农业结构而言,预测市场的发展趋势并抓住市场机遇是必不可少的前提条件。我国传统农村经济以小农意识为主,在市场经济条件下农民的经营观念也发生了很大变化。由于认知等能力的限制,小型农户难以预测市场的发展趋势,因此需要抓住市场机遇,进行农业结构的调整和优化,以生产符合市场需求的高品质农产品。这使得小农户面临着巨大压力。凭借其自主构建的市场网络平台,龙头企业能够轻松地获取、研究和评估市场信息,并通过其所建立的农业产业链、供应链和价值链及时有效地传递到农业的起始环节,从而有效地推动小农户调整和优化农业生产结构。龙头企业凭借自身在技术创新、资源整合等方面的独特优势,能够与高等院校、科研机构建立紧密的合作关系,形成以应用为导向、促进研发的良性互动机制,从而有效地推动小农户调整和优化农业生产结构进行创业。

第三,龙头企业可带动小农户实现农产品品质化。农产品的品质化是为了满足人们对于提高生存质量、健康水平和生活质量的迫切需求,从而增强农业生产经营者的整体质量意识,推动特色农业和品牌农业的发展。当前我国正处于传统农业向现代农业转变的过程中,市场环境瞬息万变,市场竞争激烈,这就要求农业生产经营者及时了解国内外市场信息,并作出正确决策以提高竞争力。小农户难以单凭自身力量实现农产品的品质化。但是,龙头企业可以利用其市场网络平台、技术创新和资源整合能力,敏锐地了解和预测消费者需求变化和市场变化,联合相关专家团队进行技术创新,引导小农户及时调整和优化农业生产结构,开展专业化生产和标准化经营,发展特色农业和品牌农业,建设优质农产品生产基地,从而带动小农户打造农产品品牌,提升农产品品质,提高农产品市场竞争力。

4.5.4　龙头企业带动农村创业的路径

第一,设置奖惩制度,大力支持和保护龙头企业。目前我国小农户与现代农业之间存在着较大差距,其主要原因在于小农生产方式下农产品缺乏市场竞争优势。应针对那些在经济规模、经济贡献和社会贡献等方面表现突出的企业,制定奖励政策;对扰乱经济发展和正常市场秩序的企业组织和个人,严格按照法律法规进行处置。此外,在农业领域拥有领先地位的龙头企业,可以合法地享受相关税收优惠政策,以研发或进口具备国际先进水平的生产设备;在龙头企业为当地农民提供服务,为农业发展作出贡献以及龙头企业与农民之间建立稳定和谐关系等方面都有相应的激励措施。为了支持龙头企业引领中小企业进行生产或研发的设施建设和设备购置行为,政府可以制定相关政策规定,提供一定程度的资金扶持,并协助该类企业扩大融资招商渠道。此外,龙头企业还可借助社会资本参与项目的投资运营。为了合理分配中小企业的收入、加强建设科研部门的资金投入和与科研院所的合作,应致力于自主创新,研发出具有市场竞争力的产品或技术。对于缺乏技术创新能力或者没有创新能力的企业,政府要给予适当扶持政策。中小企业中的龙头企业或其他实力较强的企业可以加大对科技创新和知识产权研发的投资力度,以激发其产出和投入的积极性。

第二,鼓励涉农企业创新,减少同质化竞争。一是推动农业中小微企业在创新创业方面的空间载体建设,为其提供更多的发展机遇。在激励层面,可以制定相应的激励措施。对于涉农中小微企业的创新创业载体,例如众创空间、涉农中小微企业创业基地、商贸企业集聚区、电子商务产业园、大学生或留学生创业园等,每年应拨出一定的经费,根据中小微企业的使用面积、入驻中小微企业和创业团队数量、服务能力提升建设投入、对涉农中小微企业租金减免额度等因素提供相应的资金补助。二是加强农村中小微企业的公共服务网络建设，以提升其在农业领域的地位和影响力。为了提升涉农中小微企业的服务能力，可以每年拨出一定的经费，用于支持主要服务于涉农企业、涉农服务机构进行服务场地改造、硬件设备和服务设施的购置等，并对表现优异的涉农服务机构进行奖励。此外，为了降低涉农中小微企业在创新创业方面的成本，可以向专业化服务机构购买人才引培、技术创新、财务指导、法律维权、市场拓展、管理咨询、检验检测、知识产权保护、创业辅导和信息化等相关服务。

5

农村创业典型案例分析

本章选取国外典型案例(美国纳帕谷、法国格拉斯小镇、日本富田农场、新加坡都市农场)和国内典型案例(沭阳县农村电商)以及部分农村创业个案,对这些案例进行总结,得出政策、环境、资金、人才等因素是农村创业创新的必要因素,能够优化农村创业模式、缓解农村资源约束,从而推动农村创业创新。

5.1 国外典型案例分析

5.1.1 乡村休闲文旅小镇——美国纳帕谷①②

5.1.1.1 案例背景

纳帕谷坐落于美国加州旧金山北部 80 公里处,是美国首个跻身于全球葡萄酒产区的地方。这里气候温和湿润,土壤肥沃,适合于各种植物生长,盛产优质的葡萄。这片地域狭长,长达 35 英里(1 英里≈1.6 公里)、宽达 5 英里的区域,由 8 个小镇组成,景色宜人,气候宜人。自 19 世纪中期起,纳帕谷便开始了传统的葡萄种植和酿酒,如今已发展成为一个集葡萄酒文化、庄园文化于一体的综合性乡村休闲文旅小镇集群,拥有品酒、餐饮、养生、运动、婚礼、会议、购物及各类娱乐设施,每年吸引世界各地游客 500 万人次,旅游经济收益超过 6 亿美元,为当地创造了 2 万多个就业机会。

5.1.1.2 案例模式

第一,以优越自然为基础,开启葡萄酒酿造之路。自 1838 年首次开垦葡萄种植园以来,纳帕谷的葡萄酒产业已经经历了近 180 个年头的漫长历程。纳帕谷坐落于丘陵之上,享有温润的地中海气候和多样的土壤。19 世纪中期至 20 世纪初期,当地的商人和居民充分利用这些自然优势,开垦葡萄种植园、开办酿酒厂、从事农业种植和酿酒加工,从而形成了一定规模的主导产业。然而,由于产业类型单一、发展相对粗放无序,各小镇"各自为政",发展同质化,因此发展相对粗放无序。

第二,树立品牌意识,拓展纳帕谷葡萄酒产业。在第二次世界大战胜利后的经济恢复期,纳帕谷的葡萄酒产业迎来了一次新的发展机遇,此时,龙头企业正在积极推进酿酒工艺的现代化改造,政府和企业则在严格维护葡萄酒品质方面不遗余力。尽管纳帕谷各镇在这一阶段的发展仍然以种植和

① 陈豪.杭州市信息中心"特色小镇"专稿一:借硅谷之形造杭州特色小镇之势[J].浙江经济,2015(23):48-49.

② 田川.特色小镇:中国经济转型升级的新阵地[N].社会科学报,2017-08-31(1).

酿酒产业为主导,但它们开始致力于推进高品质农业,注重科技应用、品牌保护和产品附加值的提升。随着时间的推移,纳帕谷逐渐形成了葡萄酒全产业链,包括葡萄种植、加工、品尝、销售、游览和展会等功能,成为世界顶级葡萄酒原产地的葡萄酒小镇集合,为旅游业的兴起和一、二、三产业融合奠定了坚实的基础。

第三,发展全产业链,进行差异化发展。2000年后复合型城镇功能逐步完善配套,第一产业葡萄酒种植、第二产业酿酒形成"特色产业引擎"、各类第三产业形成"旅游吸引核",两者共同成为纳帕谷人口与消费吸引的核心。为了避免同质化竞争,政府根据纳帕谷8个小镇的发展情况和资源禀赋,因地制宜地进行了统一的规划和差异化定位,从而形成了一个以体验为主的乡村休闲文旅小镇集群,其中"葡萄酒+"的产业体系是整体的组成部分。该产业体系主要包括:"葡萄酒+休闲养生"——红酒成为SPA的原材料,酒庄成为露天温泉的景观,提供高端休闲享受;"葡萄酒+体育运动"——以漫山遍野的葡萄园为天然背景,结合自行车谷地游与特色品酒活动;"葡萄酒+商业艺术"——以红酒产品和手工艺品为吸引,荟萃艺术画廊、精品店、酒庄等业态。纳帕谷为游客提供"品酒列车",穿越葡萄园和酒庄,提供观光、品酒和餐饮服务,让游客尽情享受美酒佳肴,同时在庄园内还设有小型酒吧及餐厅。为了满足淡季过夜游客的需求,纳帕谷推出了葡萄园高尔夫、热气球观光、酒庄婚礼、缆车观光等特色产品服务,这些产品的共同特点在于,葡萄园景观成了不可或缺的组成部分且不受葡萄种植季节的限制。葡萄园与酒店融为一体,既能提供住宿,又可以进行休闲娱乐消费。纳帕谷为全球范围内的展览和商业活动提供了一个平台,以最大限度地推广和拓展葡萄酒产业。每年举办多场展览,其中包括葡萄酒拍卖会、绘画展览、摄影展览和音乐会等,所有这些活动都将葡萄酒的体验融入旅程,为游客带来难忘的体验。

第四,政企合作,成立旅游业提升区。为了提高纳帕谷小镇集群的整体竞争力并减轻政府财政压力,纳帕郡会议与游客管理局牵头,联合纳帕郡政府、8个镇政府、纳帕郡商会以及酒庄、旅馆、餐饮等企业,共同创建了"纳帕旅游业提升区",并成立了非营利性组织——"纳帕郡旅游公司",通过PPP模式(政府和社会资本合作模式)进行项目融资、招商引资和旅游宣传推广。同时在庄园内还设有小型酒吧及餐厅。成立旅游业提升区,有效调动了当地丰富的社会资本,减轻了政府的财政压力,同时通过政府的监督和统一管理,使得资金能够有针对性地针对各镇产业发展特点进行管理,从而避免了内部恶性竞争的发生。

5.1.1.3 案例总结

第一,注重科学应用和产学研合作。在这个发展阶段,品牌保护和产品质量保证是至关重要的,因为纳帕谷的葡萄酒生产注重科技应用和产学研合作,这是实现这一目标的关键所在。加利福尼亚大学戴维斯分校,作为全美排名第一的农业技术机构,坐落于纳帕谷附近。众多龙头企业允分利用这一资源,与该校展开了长期合作,在葡萄种植和酿酒方面获得了前沿科学技术的支持,纳帕谷更是该校毕业生重要的实践场所和就业场所。

第二,控制葡萄产量保证产品质量。为了确保产品质量,纳帕谷的酒商有意对葡萄产量进行严格控制。规定产区内每英亩(1 英亩≈0.004 平方千米)葡萄产量不得超过 4 吨,纳帕谷 60％酒庄年产葡萄少于 5 000 箱,远远低于周围葡萄酒产区。尽管纳帕谷的葡萄酒产量仅占加州葡萄酒产量的 4％,但其产值却占据了整个加州葡萄酒产量的 1/3 之多。

第三,立法保护品牌防止品牌滥用。在当地企业的倡导下,纳帕谷的品牌获得了国家立法的保障,以确保其在市场竞争中的地位和声誉。为了避免那些不使用纳帕谷葡萄酿造的酒商滥用纳帕谷的名称,2000 年,纳帕谷企业提出了美国国家立法规定,正式实施 AVA(美国葡萄酒产地制度),规定所有使用纳帕谷品牌的葡萄酒必须来自纳帕谷。纳帕谷红酒的身价因品牌的保护和凸显而得到了翻倍的提升。

第四,积极参加葡萄酒评鉴大会。为了提高品牌知名度,纳帕谷积极参加葡萄酒评鉴大会,1976 年在巴黎葡萄酒评鉴大会的"盲品"中双双荣获首奖,从此,纳帕谷红酒被公认为全球特级葡萄酒品牌。

5.1.2 鲜花产业集群——法国格拉斯小镇①

5.1.2.1 案例背景

法国香水之都——格拉斯是浪漫、优雅、惬意的代名词。大批游客和香

---

① 马勇,徐圣.特色小镇发展的国际经验与中国实践[J].武汉商学院学报,2020,34(1):5-9.

水爱好者跑到这里来,这个面积不足 50 平方公里的城镇每年接待 200 余万名游客。这里不仅有令人陶醉的花园和美丽的沙滩,还有著名的香水博物馆。迷人的花田散发着令人陶醉的香气,仿佛置身于法式浪漫的世界中。这里不仅有美丽的自然风光,令人陶醉的海洋美景,而且气候宜人,阳光充沛。这里为鲜花的茁壮生长提供了绝佳的条件,同时也拥有着令人陶醉的花卉美景。

5.1.2.2　案例模式

花宫娜这一古老的香水加工厂以及香奈儿、莫利纳尔、嘉利玛等品牌香水加工厂都在这里。格拉斯作为法国香水的重要生产基地和原材料供应地,为香水产业的繁荣发展奠定了坚实的基础。古典主义的法式风格在丰富的节庆活动和中古时期的老建筑中得到了充分体现。例如,法国每年大致在以下月份开展一些活动。这些活动包括 5 月的格拉斯玫瑰节,6 月的法国音乐节,8 月的茉莉花节,10 月的法国畜牧展览会,12 月的圣诞节和新年活动。在格拉斯城市周边的河谷边,遍布着各式各样的花田,它们的花期各不相同,使格拉斯小镇四季都能欣赏到美丽的鲜花,成为散发着迷人香气的花园都市。格拉斯深度打造香水体验路线,得益于原产地购物体验和特殊定制服务的精心打造。格拉斯在香水博物馆和香水工厂的共同努力下,焕发出浓郁的香水气息,成了一个集香水加工、销售、体验于一体的中心。

5.1.2.3　案例总结

第一,专注研发。格拉斯已成为全球高科技香水研发中心,产出法国 2/3 天然香味。法国 55% 的芳香工业在格拉斯,与香水产业相关联的公司有 70 家,年产值达 7.3 亿欧元(1 欧元 ≈ 7.7 元人民币)。

第二,全球产业。香水产业提供直接工作岗位 3 800 个,间接工作岗位 13 000 个,约占格拉斯总人口的 1/3;市场份额上占全球香水工业总产值的 8%,其中 70% 产品出口全球,占全球香水出口量的 38%。

第三,深耕芳香品牌。依托当地的农庄、农业资源,专注于芳香萃取技术,大力发展芳香产业,把产业发展与城镇建设相结合,汇聚整个产业链上下游资源,从而形成规模经济和范围经济协同效应,共同形成一个互补性极强的生态群落,形成产业高地,闻名世界。

第四,原产地形象打造。引入香奈尔、迪奥等国际知名企业将区域品牌与产品品牌相结合,从而形成强有力的原产地形象。

5.1.3　产业生态文化旅游融合发展——日本富田农场①②

5.1.3.1　案例背景

日本北海道富田农场,坐落于上富良野町和中富良野町之间,享有温带海洋性气候,平均气温1—4月在－4 ℃～10 ℃,8月在18 ℃～20 ℃波动。土壤以砂质壤土为主,有机质含量较高。年降水量800～1 200毫米。独特的地理位置和自然环境使其成为世界上最大的花田区,是北海道先驱花田之一。在过去几年里,为了提高园艺水平、增加农民收入,农场进行了大规模的改造,使之更适合于种植花卉。该农场规划面积为12公顷,为一处私人经营的农场。花田中种植了许多花卉,例如樱花、菊花、月季等,并栽植在大草坪上,形成独特的花园景观。如今,该农场已跻身于富良野地区之列,甚至成为北海道著名的花卉种植园。花田内除了有大量盆栽植物外,还有许多大型的盆花及小型盆景等。从4月花季开始,一直到10月中旬,园内种植的花卉数量已经达到了150种之多,吸引了大量游客前来观赏。花田周围还有许多家庭农场。在农场内,各种精美的花卉和成品经过精心制作和配备,为农场提供了完善的设施。在花田中还设有小型花园,供游客休憩娱乐。广袤的土地和绚烂的色彩使花田近年来成为北海道旅游的热门目的地。

5.1.3.2　案例模式

"室外花田观赏＋室内休闲体验＋花卉美食品尝"的功能分区项目体验主要包括三种。其中,室外花田观赏包括花人之田、幸之花田、春之彩色花田、秋之彩色花田、彩色花田、传统薰衣草田。室内休闲体验包括花人之舍——富田农场的迎宾屋,干花之舍——干花展示空间,森林之舍——木制

---

① 日本富田农场:以"东方薰衣草"美景而闻名世界的薰衣草农场[EB/OL].(2023-05-08)[2024-02-02]. http://www.360doc.com/content/23/0508/18/36862600_1079788695.shtml.

② 国内外5大农旅融合案例分析:发展模式及借鉴意义[EB/OL].(2023-08-14)[2024-02-02]. http://www.sydcch.com/chanyedichan/xiangcunzhenxing/2023/0814/9550.html.

展望步道,蒸馏之舍——精油的蒸馏工厂,薰衣草干花之舍——位于传统薰衣草田下方的木制房舍主要提供餐饮服务,香水之舍——香水制造工厂温室,薰衣草等花卉与观叶植物观赏花之舍——薰衣草制品销售处。花卉美食品尝包括薰衣草冰激凌、薰衣草弹珠汽水限定特制甜点、薰衣草蜂蜜布丁、薰衣草奶油泡芙、薰衣草可尔必思乳酸果冻等。

5.1.3.3 案例总结

以花卉观光为核心,延伸花卉产业链,从花卉种植、花期观光到加工制作干花、精油、香水、香皂、香草冰激凌等一系列与花卉相关的产品,不仅丰富了园区旅游产品的内涵,而且充分挖掘了园区花卉产业的潜力。土壤以砂质壤土为主,有机质含量较高。由于每种花的花期不尽相同,因此室内外结合的方式也随之变化,从而延长了不同时间观赏不同花卉的时间,实现了花期的交错;通过温室与露天相融合,填补了花期外产品的空缺,从而实现了更加全面的产品覆盖。在园区内部建立特色农业园、花卉生产基地及采摘区等,为游客带来新鲜的花卉苗木和高品质农产品,满足人们对花卉植物的需求。以规模化产业形成的大地景观为基础,发展产业观光旅游,提供免费入园服务,并通过加工、销售与花卉种植相关的产品,例如薰衣草香皂、花卉手工制品、薰衣草精油、香水等,实现盈利。农场规划完善,配套设施丰富多样,具有购物、休闲、展示等多种设施,方便消费者进行购物和消费;有专门的场地进行采摘,可满足不同人群的需求。游客可以乘坐观光小火车,穿越绚烂的花海,感受大自然的魅力。

5.1.4 创新技术型都市农业发展——新加坡都市农场[①]

5.1.4.1 案例背景

放眼新加坡,眼前展现的是一片繁荣兴旺的景象,城中绿树成荫,但却没有一块耕作的土地。由于土地的稀缺性,新加坡塑造了一种独特的农业结构,以促进城市的发展。他们把耕地集中起来种植各种作物和林果,形成一个以粮食作物为主体、多种经济作物并存的多层次农业生产系统。在农

---

① 杨梦颖.新加坡:以现代科技打造都市农业典范[N].中国城乡金融报,2021-11-03(B3).

业结构方面,积极推进果树、蔬菜、花卉等具有经济价值作物的种植和发展;在畜牧业方面,以奶牛养殖为重点。在产业类型方面,主要以高产出的出口性农产品为主,例如种植热带兰花和饲养热带鱼等,以满足消费者的需求;在产品加工方面,以水果加工为基础,同时还开发出多种食品。鱼类、蔬菜和蛋类的生产是粮食结构中的主要限制因素,蔬菜的自产率仅为5%,主要来源于马来西亚、中国、印尼和澳大利亚等国家。

5.1.4.2　案例模式

第一,高集约型现代农业科技园。该地区致力于推进高科技和高产值的发展,通过建设现代化的农业科技园,最大限度提升农业生产力。它主要是在一个地区建立若干具有代表性的农业生产基地,并将它们组织成一定规模的农业科技园区,供农民从事各种农业活动。每个科技园内都存在着各具特色的养殖业务,包括但不限于养鸡场、胡姬花园(出口多品种胡姬花)、渔场(出口观赏鱼)、牛羊场、蘑菇园、豆芽农场以及菜园等。在每一个农业科技园区中,都建有温室大棚,并配备了各种先进的设备。这些农场运用最先进的技术,以实现比传统农业系统更高效的生产。

第二,创意垂直农场。提及新加坡的现代化都市农业,不得不提及其独具匠心的"垂直农场"。该农场采用太阳能、风力和不可食用的植物废料作为动力能源,同时利用污水进行灌溉,从而实现了节能环保的目标。通过将雨水收集后直接浇灌农作物,从而达到节水和节约成本目的。在封闭的灌溉系统中,人们可以采用循环用水的方式,以减少水资源的消耗,并避免径流对土壤肥力的流失。此外,垂直农场利用雨水和废水为作物提供生长所需水分。在3.65公顷的土地上,天鲜农场率先引入了垂直种植蔬菜技术,通过优化土地利用,实现了日平均目标生产10吨叶菜,这一生产力比传统地面农场高出了5倍。

第三,农、林、牧生产基地。在农业发展服务业化城内小区和郊区建立小型的农、林、牧生产性基地,既为城市提供了时鲜农产品,又取得了非常可观的观光收入。

5.1.4.3　案例启示

新加坡作为一个城市国家,素有"花园城市"之美誉。在几乎没有农业的背景下发展都市农业,注重以下几点:一是发展现代化集约的农业科技园,提高食品自给率,二是兴建科学技术公园,促进生产力发展,三是建设都市型科技观光农业,推动经济社会发展。

5.2　国内典型案例分析

5.2.1　沭阳县电商创业实践①

5.2.1.1　沭阳县基本情况

第一,地理与人口。沭阳县位于中国东部长江三角洲地区,沂沭泗水系下游,是江苏省直管县三个试点之一,面积达到 2 298 平方公里,辖 24 个乡镇、6 个街道、1 个国家级经济技术开发区,2023 年户籍人口达 196.63 万,是江苏省陆域面积最大、人口最多的县域,享有"全国文明县城""国家卫生县城""中国书法之乡""中国花木之乡"等美誉,同时也是全国电子商务进农村综合示范县。

第二,经济发展状况。随着国家对农业现代化建设和乡村振兴战略的大力推进,该县积极实施新型工业化带动大农业发展战略,不断提升农业产业化水平,促进了经济社会又好又快发展。在沭阳,种植、欣赏、热爱花卉的传统已经深深扎根。近年来,随着人民生活水平不断提高和对精神文化需求日益增长,花卉产业已成为当地农业经济发展新的增长点。

第三,电子商务发展背景。沭阳县作为农业和制造业发达地区,电子商务发展受益于互联网技术的普及和消费升级。县域内具备发展电商的潜在基础,例如网络覆盖良好、物流配送体系完善等,为电商创业提供了良好的发展环境。

5.2.1.2　沭阳县电商创业举措

近年来,电子商务已成为推动中国经济发展和转型升级的重要引擎之

---

① 庄晋财,黄曼.百年目标 小康路上:新农村发展田野调查报告[M].镇江:江苏大学出版社,2021.

一。作为江苏省的一个县级行政区,沭阳县积极响应国家政策,大力发展电商产业,促进农民电商创业。

第一,提升专业市场、示范园区和园艺基地的品质和水平,以实现转型升级的目标。沭阳县的花木产业在2014年建成了中国沭阳国际花木城,这是一个集花木展销、信息交流、电子商务、植物检疫、物流快递等多种功能于一体的特大型花木市场,该市场的投入使用不仅提升了沭阳县花木产业的档次、完善了市场体系,而且改变了以往单一的花木销售模式,成为沭阳县花木产业发展的强有力支撑点。同时,加快培育龙头企业,促进花木生产向规模化、集约化方向转变。自2014年起,开始着手兴建占地3 000亩(1亩≈666.67平方米)的沭阳(苏台)花木产业示范园,该园区以高规格和严格标准为基础,旨在吸引来自国内外的花木企业。在2015年年末,沃彩互联网园艺基地进行了投资建设,该基地拥有多个功能分区,包括园艺综合超市、高档盆花、绿植盆栽、果树苗木、配套园艺资材、大宗物资分拨、优质园艺电商孵化、优新园艺产品展示等,旨在为全镇及周边乡镇的合作电商提供货源,并扩大订单采购、送货上门、快递发货等配套业务。同时园区积极引进高端花卉品种与本地花卉业进行深度融合,促进花卉业转型升级。

第二,积极推进龙头企业的升级提质,吸引大型高品质花木企业入驻。一是政府出台扶持政策,给予融资支持。沭阳县以政策和资金为引领,推动本土龙头企业在技术和金融领域实现创新突破。推动本土领军企业积极探索新品种和新技术,促进设施化繁殖、容器育苗等技术的研发和应用。通过政府扶持,培育壮大本土苗木企业,促进花卉业规模化生产。江苏苏北花卉股份有限公司于2014年8月在新三板成功挂牌上市,成为江苏省首家获得国家级农业龙头企业称号的园林企业。二是加大招商引资力度,加快园区建设步伐。沭阳县积极推进产业对外招商,引进了一批占地3 000亩以上的大型花木产业,例如三叶园林、挚信园林、太合园林等,这些举措极大地提升了沭阳的花木资源实力和竞争力。

第三,加强行业协会建设,精心策划和组织各类展览和培训活动,以促进行业的发展和进步。随着花木产业的蓬勃发展,沭阳县的花木行业协会建设规模空前扩大,形成了由沭阳县花木协会、沭阳县盆景协会和沭阳县苗木商会构成的花木行业协会体系,以及由沭阳县电子商务协会和沭阳县网络创业者协会构成的电子商务协会体系。这些行业协会不仅是全县花卉行业管理部门与广大花农沟通联系的窗口,而且也是政府有关部门了解花卉产业信息的平台。秉持着服务会员、团结协作的理念,各协会积极发挥组织协调和纽带桥梁的作用,为沭阳县花木产业的持续、快速、健康发展提供了至关重要的支持,同时也得到广大会员的大力支持。

第四,高度重视电子商务的发展,不断完善花木产品的体系结构。近年来,沭阳县通过不断探索实践,走出了一条具有鲜明特色的花木产业发展之路——"三园"建设引领花卉业高质量发展。自 2014 年起,沭阳县财政每年拨付一定数量的资金用于设立电子商务专项发展资金,以资助仓储物流、创业培训、孵化基地和典型奖励等领域的发展;电子商务公共服务中心逐步在每个乡镇建立。电子商务公共服务中心由会议室、培训室、摄影室、体验中心等一系列设施构成,为电商农户提供全方位的技术培训、网店优化、信息咨询、金融服务等多元化服务;致力于打造一个网络创业孵化基地,为电商企业提供免费入驻服务,并提供多项优惠政策,以促进其发展壮大。近年来,随着互联网技术的飞速发展,人们生活方式发生了很大改变,网购成为一种时尚,也带动了相关产业的发展。在电子商务蓬勃发展之前,沭阳县的花木品种以大型绿植、工程苗木和园艺盆景为主,而家庭园艺产品例如鲜切花、多肉植物和微型盆栽则相对较为罕见。随着电子商务的兴起,沭阳县迎来了多肉植物等微型花卉的涌入,这进一步完善了沭阳县花木的产品版图,目前已有 3 000 多个品种问世。

第五,推进标准化建设,促进花木产业科技创新。沭阳县坚持以"科技兴花"为花木产业发展中的重要内容,坚持标准化、精品化和特色化理念,以产品定位精品化,生产过程精细化和包装推介精美化为定位,大力发展精品苗木和本土特色花木品种,产业质态不断提高,花木产品科技含量不断提高,产业效益最大化。沭阳县强化政策扶持,成立沭阳县花木研究中心呼吁苏北花卉等县内大型花木企业与省内外科研机构、高等院校建立长期合作伙伴关系,共同成立研发中心,积极探索新品种、新技术的应用;推进花木综合网络服务平台建设,构建完善的县级花木协会信息档案数据库和花木科技培训中心,强化技术和业务培训,及时发布市场动态和供求信息,积极推广花木新品种和新技术示范,培育壮大专业市场体系,完善交易服务体系。

5.2.2 沭阳县电商创业的启示

5.2.2.1 乡村经济能人带动

沭阳县之所以能够在短时间内成为全国最大的农产品淘宝村集群,是因为初始阶段的历史偶然事件所引发的连锁反应。这种"偶然性"是一种特定的社会条件下产生的必然现象。在具体的村庄、时间、个体以及机会识别方面,"偶然性"表现得十分明显。偶然的因素促使相关的经济活动从潜在的可能性转化为实际的现实;偶然性又会推动特定时期内经济行为的改变或发生新的变化。在特定区域内,某些偶然性条件可以使某个地区发生重大变化或出现新事物,也可能导致该地区的一些传统农业生产要素发生变化而被替代或者被改变。在某个偶然的机遇下,早期的电商农户于 2006 年开始与淘宝平台对接,这一举措在当时全国的花木农户中是率先采用电子商务的,是由乡村经济精英推动发展的。在此基础之上,花木产业也随之产生出一种新的组织形式——"网络花木户"。沭阳县的淘宝村集群的形成源于偶然机遇和产业依赖的有机融合,这意味着早期电商农户在指定网店产品决策时,自然而然地选择了花木,这是因为他们拥有扎实的产业基础。这种现象说明花木产业的兴起是偶然又必然,是由特定地区特有的地理环境、人文传统和市场需求决定的。悠久的花木种植历史、得天独厚的地理位置和紧密的人地关系为沭阳县花木产业奠定了坚实的发展基础。淘宝平台的成功对接,离不开早期电商农户在网络设施建设和交通运输条件方面的积极探索与实践。同时,电子商务发展对农村地区生产生活方式产生了深刻影响,并为传统农业向现代农业转变提供了契机。自 2001 年起,沭阳县花木产业区率先在通信网络设施建设方面迈出了重要一步,通过建立农产品淘宝村集群形成机理,于 2007 年实现了宽带村村通的目标。同时,还建成了以"花农＋"为特色的电子商务服务平台。在交通运输方面,沭阳县距离淮安涟水机场 45 分钟路程、连云港白塔埠机场 50 分钟路程、徐州观音机场 1.5 小时路程;京沪高速公路横跨境内,设有 5 个互通通道,205 国道以及324、326、245 省道贯穿其中;交通便利,区位优势明显。沭阳地区的新长铁路设有客运站和货运站,该铁路贯穿腹地,与陇海铁路、胶新铁路、宿淮铁路、宁启铁路直接相连;沭阳县花木产业在进入 21 世纪后,采用与道路建设同步扩张的发展模式,例如 2002 年修建扎新路、2007 年修建新潼路,并在干道两侧扩大种植面积,从而实现了内外畅通、内部相连的交通网络,为该产业的稳步发展奠定了坚实的基础。随着互联网技术的快速普及和应用,传统的生产生活方式被颠覆,物流成为现代社会经济活动中不可或缺的重要组成部分,其对促进区域经济社会可持续发展具有积极作用。

5.2.2.2 熟人社会扩散

农村创业者的成功迅速引起了本村村民的关注,接着引发了一系列的模仿学习效应,最终形成了一种波浪式的空间传播形态和差序格局。从网络信息来看,花木产业发展过程中的"互联网+"模式已经开始显现,这也是传统农业向现代农业产业转型升级的一个重要方向。最初,创新的源头开始向与其频繁互动的亲密主体扩散,接着扩散到与其偶尔有交往的主体,最终扩散到与其日常接触不多的主体。这种从农村地区向外辐射的趋势"一传十,十传百"。随着电子商务的普及,农村地区出现了大量的电商企业,并开始对当地农业生产进行改造和升级。在这个扩散的过程中,由于初级扩散中的模仿者会转变角色,成为新增的扩散源,因此项目的扩散速度将经历一个由缓慢到迅速的加速期,导致参与的农户数量呈现爆发式增长,从而使得"一传十"转变为"十传百"。随着时间的推移,这些被模仿的农户逐渐淡出人们视野,甚至消失于历史深处。大多数电商农户与早期淘宝人之间存在着紧密的联系,联系越紧密,农户受到的影响就越大,越早地开设网店。另外,从信息获取途径来看,大部分农户都通过熟人关系获得信息。可见,随着亲缘、友缘、地缘和业缘等熟人通道的延伸,新技术在沭阳县乡村地区得以广泛传播。

此外,电子商务技术在沭阳花木产区的迅速普及,得益于改进型能人的不懈努力和卓越贡献。"改进"主要体现在三个方面。一是对物流包装的优化升级。电商平台提供了更多便捷的运输方式来满足不同客户的需求,但对于花木这样一类易碎商品来说,物流包装是必不可少的一环。鉴于花木产品对物流包装的苛刻要求,少数电商农户在实践中探索出更为高效的包装方式,例如三角式纸箱、气柱卷材等,以确保花木在承受巨大压力的情况下仍能保持完好无损。此外,还有一种较为实用的方式是通过互联网与花木企业进行合作,实现订单生产。二是拓宽网上货物品类,进一步提升购物体验。通过网络销售平台,一些农户扩大了自己的生产规模,并将自己的生产与周边的农户联系起来。在沭阳县花木的经营过程中,一些农户进行了产品模仿,另一些农户则选择了拓展新的花木品类,使得沭阳县花木的线上品类从园艺盆景、家庭绿植扩展到了多肉植物、鲜切花、干花、种苗等多个品类,超过 3 000 个品种,沭阳县花木的产品更加完备。三是线下市场上的延伸。在网络普及的今天,许多人通过淘宝或其他网站了解到了很多关于盆景方面的知识,从而提高了自己对花木种类和养护方法的认识程度。在早期的电商销售盆景时,通常会使用同一张图片来代表一种特定的盆景品种,但随着时间的推移,电商开始对每个盆景进行个性化的拍照和编码,以确保所购买的盆景与网络上的图片完全一致。

当然,电子商务技术扩散的推动力量之一——政府扮演着不可或缺的角色。近年来,在互联网快速发展的同时,我国电子商务市场规模不断扩大,网络创业活动日益增多。沭阳县政府高度重视网络创业宣传工作,通过多种渠道,例如电视、广播、网站、电子显示屏、微信等,向广大创业者传递网络创业的优惠政策,积极推介分享电商创业的典型案例,营造良好的网络创业氛围,引导和提升大众的网络创业意识和积极性。早在 2015 年,众多网店积极参与"金种子"网络创业比赛,各乡镇、街道不遗余力地通过制作横幅、墙体广告等多种形式,积极营造创业氛围。同时开展了网上创业培训活动,提高全县农民朋友的互联网使用能力。早在 2016 年,推出了一项名为"局长解读创业政策"的在线问政专题,旨在全面介绍最新的政策措施,并为农民提供咨询服务;举办网上就业创业培训讲座及技能大赛,吸引大量有实力、懂技术、善经营的青年返乡创业。在繁华的县城路段设置大型滚动信息屏幕,同时在火车站广场和前往各乡镇的汽车站等人员密集的场所设置宣传站点,在乡镇主要街道设置专门的咨询台,通过发放宣传单、悬挂横幅、进行现场咨询等多种形式进行信息宣传;在县级广播电台设立"全民创业书记谈""创业富民大家谈""创业之路"等专栏,以深度、直观的方式报道创业成功者的创业历程,分享创业心得体会,推介成功的经验,同时对返乡创业青年进行面对面指导和帮扶,帮助他们解决实际困难。沭阳县政府组织开展免费的电子商务初始培训、提升培训和精英培训,结合年轻人性格特点和生活习惯,开展名为"周日下午四点见"的培训活动,每周日下午四点在位于城区核心商业区举行免费创业培训,固定时间、固定地点,2015 年累计培训1 万余人次。同时为有创业意愿的青年农民提供创业信息服务,并与当地企业合作建立了互联网金融平台,解决农村资金瓶颈问题。在江苏省,沭阳县率先推出了一款面向电商的信贷产品"淘贷",该产品为电商农户提供了年销售额 10%的免抵押信用额度,为他们带来了极大的便利。为解决小微企业融资问题,该县积极与银行合作,推出了以"互联网+金融"为代表的系列创新模式,并成功将其推广至其他领域,例如小额贷款业务等。

5.2.2.3 农村创业集聚

在同一地区,大量主导产业主体及其配套产业主体的形成或集中构成了产业集聚的过程,这一阶段是产业集群形成的必然阶段。产业集群能够为企业提供一个稳定的竞争平台,并通过对相关要素的聚集来促进产业竞争力的提升。随着淘宝项目的广泛推广,沭阳县淘宝村集群区域吸引了越来越多的农户直接或间接参与电子商务,进一步深化了横向和纵向分工,吸引了外部的资金、技术、企业家和服务商等资源,形成了漩涡效应和良性循环,加强了本地的集聚效应,降低了各方面的成本和大众创业门槛,从而巩固了沭阳在花木产业电商化发展中的领军地位。通过分析发现,县域内不同地区的发展水平差异较大,经济发展不平衡导致了县域间存在一定程度的产业结构趋同现象。在沭阳县淘宝村集群的形成过程中,可以将其创业集聚归纳为三个不同的方面。

第一,建立起覆盖县、镇、村三级的专业市场供应网络。近年来,随着电子商务平台的不断发展和壮大,越来越多的人选择通过网购来解决生活消费需求,这一趋势也推动了我国县域农村地区经济的进一步繁荣。在沭阳县淘宝村集群的形成过程中,随着淘宝项目的快速推广,农户群体内部的产业分工逐渐加深,导致部分本地花木种植农户(或企业)向电商农户提供商品。这种交易模式是基于互联网平台的新型交易方式,也是以订单为纽带的供应链整合方式。部分种植农户(或企业)未进入专业市场或产业园区,而是与个别电商农户达成供货协议或默契;另一部分种植农户(或企业)则进驻交易市场或产业园区,并向多个电商农户供货。通过对不同类型农户及其供应链结构进行分析发现,这些农户都是通过订单农业方式将商品配送到电商端,并由电商负责物流运输、仓储管理和售后服务等。沭阳的花木产业集群在电子商务和新的供应网络的推动下,实现了生产和营销环节的专业化分工,供应商专注于产品的更新、研发和组合创新,不断提升生产效率和产品质量,电商则致力于网店经营、产品包装和客户服务。从供应链角度看,沭阳花木产业集群是以龙头企业为主线进行分工合作,形成了集种养加销售一体化的新型产业链。供应商群体中的研发型能人还开发出"代销直供"的新模式:建设互联网园艺基地引来大量优质园艺产品供应商入驻,设置园艺综合超市、高档盆花、繁殖材料冷藏、绿植盆栽、果树苗木、配套园艺资材、大宗物资分拨、优质园艺电商孵化、优新园艺产品展示等多个功能分区,为新河镇及周边地区的电商提供供货、包装、发货、退换货、防伪认证技术支持等一条龙服务。同时,在园区设立网上购物区、物流仓储中心以及配送中心,通过快递或第三方物流企业直接向用户送货,以降低客户采购成本和时间消耗,提升顾客满意度。沭阳县淘宝村集群的线下供应网络和产业内分工深化,随着互联网园艺基地这种一站式服务模式的提出与实施,得到了更高层次的发展。

第二,建立一套相对完备的物流快递服务生态系统。在我国农村地区,乡镇是物流快递服务需求最大的区域。在 2007 年之前,沭阳县的快递网络仅限于县城,每日发件量平均不超过 10 件;随着电商行业的快速发展和网络购物用户的增多,县域快递市场逐渐扩大,但由于受地理位置因素以及政策等诸多原因的限制,县区内没有形成一个完整的区域配送体系。在早期,花木淘宝的顾客需要积累一定的订单数量,然后骑上三轮车或雇佣面包车,将他们准备寄给客户的包裹运送到县城的快递网点。然而,由于物流快递的成本较高,效率较低,且寄达期限较长,因此需要寻找更为高效的运输方式。随着花木产业的快速发展,越来越多的淘宝人选择通过网络进行购物交易,而县域范围内快递服务能力不足,导致许多快递公司无法及时送达顾客手中的商品,从而降低了花木网购用户的满意度。2007—2010 年间,淘宝人初期开始带动周边亲朋好友参与电子商务活动,包裹数量持续增加,随着规模经济效应越来越明显,部分快递公司逐渐把快递网点设在花木产区新河镇的中心位置,在此期间沭阳县每日发件量为 500～2 000 件。随着时间的推移,沭阳县电商农户和包裹数量在 2010 年之后进入了快速增长的阶段,这促使许多花木专业村向淘宝村的方向不断发展,以韵达快递、全一快递、速尔快递、天天快递等为代表的快递企业快速扩张,纷纷进驻各个村落,很快实现了快递网点的全面覆盖。与此同时,村级组织也逐渐向网络社区发展。根据对淘宝村村干部的调查问卷结果,可以得出结论,每个淘宝村平均拥有约 7 个快递服务站点。这些村级快递网点是当地农民生产生活中不可或缺的部分。自 2012 年起,位于新河镇中心街道的"快递公司一条街"声名远扬,吸引了 20 多家快递公司入驻,其中包括中通、汇通、国通、顺丰、邮政、宅急送、龙邦等快递品牌。该街道拥有 500 多名快递从业人员,每日平均发货量超过 12 万件,年送货量超过 1 000 万件。与此同时,快递公司所处的街道日益凸显出仓储空间的不足,车辆的频繁往来导致了交通拥堵,同时环境卫生条件也变得更加糟糕。为解决上述问题,新河镇决定将原有快递公司搬迁至电子商务物流产业园内。为了方便网店货物流通,妥善安置快递公司,新河镇早于 2015 年在原新河花木公司处兴建了一个占地 11 000 平方米、总投资 500 万元、建筑面积 7 500 平方米的电商快递园区。园区内建有分拣车间及物流仓库、配送中心、电子商务平台、综合服务中心等配套设施,建成后将成为集现代物流配送与商贸服务于一体的综合性物流园区。该项目吸引了全镇主要快递公司的集中入驻,实现了统一管理,并配置了自动化、标准化的大型包裹分装设备,从而显著提高了包裹处理速度和承接量,节省了单位的劳工量和成本,同时实现了从新河镇直接向全国各地发货。

第三,建立起电商创业的孵化和提升服务生态系统。目前我国许多地方都已经开始重视电商创业孵化和提升问题。沭阳县吸引了一批专业人才和电商服务企业,这些企业提供了创业孵化、技术培训、店铺装修、图片美工、商标设计等配套服务,形成了一个促进电商创业孵化与提升的服务体系。沭阳县制定相关政策保障电商创业发展。沭阳县在重点乡镇设立了电子商务服务中心,内设会议室、培训室、摄影室、体验中心等多个场所,为电商农户提供全方位的技术培训、网店优化、信息咨询、金融服务等多元化服务。同时,依托"互联网＋",借助移动互联、云计算、大数据等现代信息技术,搭建网上销售平台和线下配送体系,打造线上与线下相结合的新型农业经营主体模式。作为一家网络创业公共服务平台,花乡创业网为创业者提供了近万款单品,涵盖 35 大类,注册成为会员后即可加入平台分销,轻松完成压货资金、物流配送、售后服务等工作。此外,花乡创业网还提供创业大赛、创业政策、创业培训等信息,并邀请本地优秀电商担任创业导师,通过"互动交流"板块为创业者提供全方位的帮助。同时,通过线上与线下结合的方式进行创业宣传推广。苏奥电商产业园是集花木、图书、服装、化妆品、包装、餐饮 O2O(线上到线下)平台和电商融资平台于一体的综合性电商产业园区,吸引了一批大型电商服务企业的外来进驻,推动了当地电子商务的快速发展。同时,也有不少小微商户入驻该区域从事农产品销售、网络技术研发与推广等业务,促进了当地农村经济发展,提高了农民生活水平。沭阳软件产业园是一个集软件开发、电子商务、动漫设计及软件培训等多种功能于一体的综合性产业园,聚集了 1 300 余名技术人才,园区内出台了优惠政策和优越的办公环境,吸引了众多知名行业企业和电商服务企业入驻,产业聚集和规模效应不断显现。在"互联网＋"时代,随着互联网技术与传统行业融合程度加深,云计算、大数据已经成为未来社会经济发展的重要驱动力。沭阳县网络创业孵化基地充分利用蓝天国际商贸城闲置的 4 万平方米、近 700 个办公用房,为电商企业提供免费入驻、免费安装宽带、免费政策咨询、免费创业指导、物管费减半收取等优惠政策,为创业者提供组团式、一站式、专业式服务,致力于打造条件最优、政策最优、服务最佳、效率最高的网络创业环境,为创业者解决创业初期的各种难题,为电商发展开启"绿色通道"。

5.3　农村创业个案分析

5.3.1　宿迁市泗阳县裴圩镇新型职业农民——唐玮创业之路

1986 年出生在江苏省宿迁市泗阳县裴圩镇的唐玮,中专毕业后选择了外出打工,虽然出生在农村,但对农村农业发展几乎是一无所知,对现代农业发展更是知之甚少。在国家政策支持农业可持续发展,鼓励开办家庭农场,政府大力推动农作物专业化统防统治,支持打工者回家乡创业的政策引导下,外出打工 7 年后的唐玮决定返乡创业发展。

5.3.1.1 三产融合,提升农业效益

2009 年唐玮返乡创业任泗阳县万通农机专业合作社副理事,2013 年成立泗阳县春风家庭农场,自创业以来,始终坚持科技引领,种养结合,生态环保,适度规模的理念,大力发展现代农业,取得显著成效。一是坚持重视科学、创新发展的理念,通过规范化、精细化、科学化管理,保证了稻麦的产量,提高了品质。二是走绿色农业发展模式,不对土地过度种植,在源头上保证大米品质,秉持科学种田、生态发展的理念,生产的稻米品质甚佳,通过产业融合延长了稻麦种养的价值链,实现了稳定的收益,其经营和发展思路值得借鉴。三是高度重视科学技术,将现代化的科学技术运用到种田当中。唐玮深知科学种田的重要性,平时边自学边请教农技专家,积极参加各类农技培训,在理论知识上潜心汲取营养,并在实践中灵活运用,不断提高农技水平。在稻麦种植过程中,农场采用水稻机插秧、小麦机械播种以及植保机械化等技术种田。种植方式采用机插秧和小麦机械匀播技术,同时采用测土配方施肥、秸秆全量还田及病虫害专业化统防统治等技术。科学的种植技术,既保证了稻麦的产量,也提高了品质。四是通过产业融合,自购设备进行大米加工与包装,注册大米商标"洪湖明珠",申请大米绿色产品认证,提升稻米的附加值,农场的稻米加工机生产能力为 1 吨/小时。农场"洪湖明珠"牌大米陆续入选"宿有千香""食在泗阳"农产品区域品牌名录。农场加工包装大米销路稳定,线上线下销售渠道畅通,销路多样。其中,线上主要通过京东、淘宝、醉美泗阳、宿有千香等电商渠道进行销售;线下销售主要通过特产店进行。五是农旅结合品牌化和多元化销售模式,线上线下相结合进行销售。通过几年的实践,来泗阳县春风家庭农场参观过的客人对农场产品的信任度大大提高,这坚定了唐玮打造休闲农旅基地的决心。休闲农旅基地作为水稻小麦种植和产品的体验窗口,通过开展农活体验、中小学生劳动实践、栽插水稻、稻田画观赏、水稻收割及各种特色活动,让更多的游客可以全年到基地体验田园风光,树立农场的口碑。随着时间的沉淀,游客和当地乡亲对农场有了更深入的了解和认知,也成为品牌传播最有力的媒介。

5.3.1.2 升级项目，带领农民致富

在种好自家田地外，唐玮还坚持以服务万家、带动万家、致富万家为目标。一是，引导农户发展稻米加工产业，引进新品种、新技术，帮助农户找准发展目标，拓展稻米销售市场，形成以绿色优质稻米加工为主的脱贫致富好项目。二是，为引导农户发展稻米精加工产业，唐玮先后到南京市、苏州市、上海市等地考察学习，引进新品种、新技术，帮助农民就业增收。三是，带动周边农户进行水稻和小麦生产种植，与农户建立了完善的利益联结机制。通过"农场＋基地＋农户"和"代种代销"形式，由农场组织当地农户，统一进行种植计划安排、统一进行水稻小麦培育、统一进行农事生产活动管理，并按统一标准进行统购统销。通过发展统购统销以及雇用当地劳动力开展生产活动，不仅解决了当地劳动力就近就业问题，还带动了当地农民致富。

5.3.1.3 专业培训，引导现代农业之路

创业之初，唐玮对各类种植技术都不熟悉，但深知靠老一套种地方法肯定行不通，因此，唐玮重新拿起书本，开始寻求相关教育培训，主动请教当地农机专家。为了学好学精各种栽培管理技术，唐玮专门赴农技部门请教，邀请农业专家到现场指导解决问题，通过学习请教，唐玮采用新技术新方法，其农场粮食产量比老一辈农户产量有了明显的提高，品质也有了较大改善。唐玮通过参加江苏农牧科技职业学院举办的江苏省青年农场主培训，认识到了网络销售的重要性，为此，唐玮主动联系江苏农牧科技职业学院寻求解决方案。江苏农牧科技职业学院专门为唐玮聘请电商专家进行全程跟踪指导，组织他到浙江省等地观摩学习。唐玮的"洪湖明珠"牌生态香米先后入驻京东、淘宝、醉美泗阳等电商平台，通过线上线下销售，大大提高了市场销售额。此外，唐玮还通过学习新的农户合作模式，带动村里其他农户共同开展水稻种植，帮助农户增产增收。唐玮创办的稻麦种植加工合作社先后荣获"全国农机合作社示范社""江苏省五星级农机专业合作社"示范社等称号，其加工生产的大米荣获"全国优质大米争霸赛优质产品奖"。

5.3.2 不做总经理去当"鸡司令"——夏吉萍创业之路

毕业于南京航空航天大学工商管理专业的夏吉萍，放弃了留校工作的

机会,立志回乡创业发展。为了提升专业能力和创业能力,在毕业前夕,夏吉萍一边写毕业论文,一边赴泰山禽业科技职业培训学校,用 3 个月的时间专心学习养禽和禽病防治技术,并于当年拿到养禽与禽病防治专科毕业证。为了进一步提高实践技能,她应聘到青岛市一家公司做技术员,为养殖户服务,一边工作,一边写毕业论文,青岛市、南京市两边跑,在 7 月份顺利拿到南京航空航天大学的毕业证书。在青岛市工作期间,她凭借自己的专业和努力,很快从一名基层的技术员,升任了总裁助理、销售公司总经理的职位,管理几十人的团队。2010—2011 年,公司的兽药销量从 200 万元翻了一番,夏吉萍的年薪也达到了 10 万元。

此时的夏吉萍有着更大的梦想,希望回乡创业,开创属于自己的事业。2011 年 7 月,夏吉萍放弃了当时令人羡慕的 10 万元年薪的工作,毅然辞职回乡创业,凭借自己过硬的专业知识和多年来的实践经验,选择了现代化养鸡方向。夏吉萍立志改变传统模式,把外面的现代化的养鸡技术和管理模式带回去。为了给养鸡场找到一个最适宜的地方,夏吉萍用了近 2 年时间,跑遍了南京市、淮安市、扬州市等地,最终选址在盐城市的盐都区葛武街道,租赁 200 亩土地(其中生态水稻 150 亩、蛋鸡养殖 50 亩),鸡粪生产出有机肥,再充当水稻肥料。2013 年,绿岛家庭农场正式创办,一期标准化全自动蛋鸡养殖基地建成投产,当年实现纯利润 50 万元。现在绿岛家庭农场已经发展成为农业农村部蛋鸡标准化示范场、江苏省示范家庭农场,累计投入近 2 000 万元,存栏蛋鸡 10 万只,小鸡 5 万只,年产商品鲜鸡蛋 1 800 吨、有机肥 3 000 吨、生态稻米 90 吨,有机大米、鸡蛋及有机肥注册了"绿智岛"商标,走上了品牌化建设之路。

在创业发展过程中,夏吉萍深知要改造传统农业,必须要依靠科技手段和先进的管理方法,职业培训激发创新发展。夏吉萍始终坚持给自己充电学习,多次参加国家级、省级新型职业农民职业培训班,学习新的理念和专业知识。尤其是通过参加江苏农牧科技职业学院举办的现代青年农场主培训,学习了"发展种养结合模式,发展绿色循环农业"及"畜禽废弃物无害化处理技术"等课程,触发了将鸡粪变废为宝的灵感。在该院老师的指导和帮助下,她先后引进两台进口封闭式发酵大罐,将鸡粪便快速发酵腐熟,产出优质的有机肥产品,再将有机肥用来种植生态水稻,形成了一个种养生态循环系统。如今的她,不仅解决了鸡粪污染的老大难问题,还种植出了美味可口、安全放心的无公害大米,收益比普通水稻高出一倍。夏吉萍实行的生态种养殖成为当地的通过示范"样板"后,又开始采用合作农户的方式为当地农户开辟了致富之路。合作农户按照"绿智岛"生态大米种植标准,种出的水稻由绿智岛合作社统一收购,种植合作基地已达 500 多亩。近几年,带动当地农民增收 3 万多元,有 30 多名农户从中受益。夏吉萍在创业致富发展之路上收获了许多荣誉,先后被评为江苏省"首批青年农民创业之星""江苏省百名巾帼科技创新典型人物""盐城市十佳新型职业农民""盐城市十大女杰""盐城市盐都区党代表"等。从上述新型职业农民个人发展案例不难看出,知识和技术发挥了核心作用,从改变传统农业方式到现代农业发展模式,离不开观念的转变,更离不开现代农业知识的作用,通过积极参加各类职业教育与培训,丰富了现代农业发展的知识,提高了生产实践技能,也提高了现代农业经营管理能力,化解在创业发展中遇到的各种难题,在坚持不懈学习和实践中,开辟了一条自我发展之路,也为地方现代农业发展作出了积极贡献,为乡村振兴注入了激情和活力。

5.3.3　高校毕业生下乡成为大闸蟹养殖大户——徐炯其创业之路

2011 年,江苏省苏州市相城区阳澄湖镇阳鲜记水产家庭农场(简称阳鲜记水产)负责人徐炯其从苏州经贸职业技术学院毕业,完成南京财经大学的自学本科后选择了回家创业,经营 10 余年,阳鲜记水产拥有了 60 亩湖区围网、210 亩高标准池塘,可实现湖区年产大闸蟹约 1.2 万斤(1 斤＝0.5 千克),高标准池塘年产大闸蟹 4 万～5 万斤、青虾 4 000～5 000 斤,湖区围网产值约 200 万元、高标准池塘产值约 300 万元。阳鲜记水产荣获了苏州市市级示范家庭农场、科技示范户等荣誉称号。

作为水产养殖领域少有的"80 后",徐炯其也曾经历过创业的艰辛。2011 年是中国网络购物爆发式增长的一年,网络销售快速增长,网络购物的便捷性和价格优势凸显,"身边的人都开始在淘宝、天猫等网络平台买东西,来自天南海北的各式各样的商品都有。"同为网购者,徐炯其真实感受到了网络销售在打破地域限制上的巨大优势,作为一名土生土长的阳澄湖人,他萌生了一个念头:通过网店宣传家乡特产,让外地人也能买到真正的阳澄湖大闸蟹。

2011年，徐炯其注册了公司，开通了网络销售渠道，"只要产品货真价实，就一定能得到消费者的信赖和欢迎。"但现实很快给了他重重一击：运营一段时间后，徐炯其发现有商家打起了价格战，大闸蟹售价越来越低，竟然出现了"九块九包邮"的阳澄湖大闸蟹。当然，消费者收到的货和店铺展示的商品大相径庭，更有不良商家，收了预付款后就销声匿迹了，消费者维权十分艰难。"不良商家引发的诚信危机，让诚信经营的商家一度难以为继。"无序的竞争环境让本就缺乏经商经验的徐炯其陷入困境。

未来的路究竟怎么走？徐炯其决定暂时放下利润，回归养殖，"先养好螃蟹，把控好品质，然后做好自己的产品，打造自己品牌，用品质和诚信赢得客户。"养殖并非徐炯其的专业，当他走进田间地头，撑起竹篙，养起螃蟹，才发现这条路并不容易。大部分螃蟹养殖户年龄在60岁以上，普遍缺乏现代养殖技术和理念，像徐炯其这样从事螃蟹养殖的"80后"凤毛麟角。因此，在创业初期，亲朋好友的反对和沉重的体力活让他倍感压力。

"对于资金、技术、人才都很匮乏的个体户来说，想要凭一己之力闯出个名堂来，很不容易，政策的扶持就显得尤为重要。"2017年，苏州市政府大力推进"三农"发展，徐炯其也等来了政策支持。"政府将原先不连片、不规范、道路不通畅的养殖场改建成集中的、现代化的、高标准的蟹塘后公开招标，中标经营户与政府重新签订养殖租赁合同。"徐炯其是这批中标者中年轻且学历高的养殖大户，得到了当地农业农村局的关注。"当地农业农村局指导我以家庭农场的名义进行注册，帮我们省去了很多复杂程序，同时明确了经营主体，这样一来，我们就更方便获得有关部门发展农村农业的专项资金扶持，还可以参加职业农民培训、技能培训、各种交流会，进一步了解和熟悉农村农业发展相关政策。"这两年，通过不同渠道，徐炯其了解到，政府对个体工商户的优惠扶持政策越来越多，尤其是《促进个体工商户发展条例》出台后，苏州市连续发布了很多政策措施，既包括促进个体工商户高质量发展的28条举措，也包括社保、金融、税收等领域的扶持政策，这些都让徐炯其受益匪浅。

徐炯其感受到了国家对个体户发展的重视，通过系统的培训学习、与外界交流养殖经验以及自身持续实践，徐炯其不断改善养殖环境、提升养殖技术、升级养殖设备,利用科技手段养殖品质更优的阳澄湖大闸蟹,养殖思路和理念得到了行业前辈们的赞同和认可。徐炯其让很多商家意识到只有提升产品品质和服务、维护消费者利益、打造良好销售环境,才能实现商家和消费者共赢。

创业 10 余年,徐炯其还有一些发愁的事。虽说养殖技术已经较以前有所提升,但水产养殖业终究是个靠天吃饭的行业,特别是处暑和白露两个节气,对水产养殖户来说是个考验,"这两个节气正是螃蟹脱壳的时候,死亡率较高,目前还无法解决这个问题。希望有机构或行业协会加强对养殖技术的研究,提升经营户养殖水平,增加经营户收入。"此外,水产养殖要跟饲料、水质监测、捕捞等鸡毛蒜皮的小事情打交道,很多年轻人不愿涉足。

当前的以产养殖行业的特色是,老人养殖,年轻人通过电商销售,很多养殖者后继无人。行业想要持续发展,还需要更多新鲜力量。徐炯其表示希望可以出台一些针对性的人才培养和招用政策,以支持阳澄湖大闸蟹行业的发展。"这几年,电商发展迅速,传统养殖户也在积极拥抱新业态,但在一些销售平台,只允许企业挂'销售大闸蟹活体'的相关链接,个体工商户无法直接参与。"徐炯其说,今年,大闸蟹的开捕时间是 9 月底,个体养殖户都在积极准备,希望有好收成,也希望有好销量。"既要养好蟹也要卖好蟹。"经过多年经营,徐炯其的思路逐渐从"养蟹好"向"养好蟹"转变,从"求生存"向"求发展"转变,把"打造属于自己的品牌""用品质和诚信经营"当成当前和未来的主要目标。

5.3.4 新生代农民工返乡助力农业发展——吴志军创业之路

1978 年出生于湖北省石首市桃花山镇吴家垱村的吴志军,初中毕业后没能继续上高中,辍学在家后,在当地驾校报名学习汽车驾驶,考完驾照后当了一名长途货运的司机,开始了外出跑长途运输,家里有两个小孩子需要上学,随着家庭开支的增加,靠一个人跑长途运输的收入难以给家里足够的经济保障。在跑了一段时间的长途运输后,夫妻俩选择了去外地打工,小孩子则交由家里父母带养。这种年轻夫妻外出打工,靠打工收入维持农村家里一家老小的生活,成了 20 世纪 90 年代中后期的农村典型生活状态。

吴志军夫妇进了广东沿海城市的工厂打工,在最初的几年里,收入基本维持了家里的开支,但难以过上富裕的生活,随着家庭开支的增加,两人开始尝试在当地摆摊创业,选在了在工厂附近人流密集的商贸区域,租下一个小门面开始做地摊烧烤,创业虽然艰难,也很辛苦,但夫妻俩靠着勤劳的双手,有了比进厂打工更多的收入,改善了家里的经济条件。

随着家里老人年龄增长,孩子读书也进入中学,恰逢乡村振兴战略实施,国家大力支持乡村发展,吴志军夫妇开始回家寻找创业发展机会。依靠打工到初期创业阶段积累的一定财富,回到老家后,吴志军夫妇开始了农业生产方面的创业之路。吴志军夫妇不断加强自身学习,多次参加地方组织的新型职业农民培训,通过培训和交流,增长了见识,提高了技能,开阔了眼界,从最初卖农药、化肥和种子扩大到了无人植保机等服务,全方位为农业生产提供服务。随着业务量的不断增加,吴志军夫妇由创业个体户发展到了公司运营,公司年经营额突破百万。

5.4 典型案例总结

通过总结国内外典型案例以及分析农村创业的个案可知,政策、环境、资金、人才等因素是农村创业创新的必要因素,这些因素能够优化农村创业模式、缓解农村资源约束,从而推动农村创业创新。

5.4.1 政策要素

一个地区是否具备积极、浓厚的创业氛围,在很大程度上取决于当地政府所采取的政策导向,这一点不容忽视。返乡创业政策是政府为促进农村经济发展、促进农民工、大学生等人群就业创业而制定的一系列支持政策和措施。近年来,随着我国城乡发展不平衡问题日益突出,返乡创业政策逐渐成为解决这一问题的重要途径之一。针对大学生的返乡创业政策包括为大学生提供创业启动资金和贷款担保;投资建设创业孵化园区,提供场地和基础设施,吸引大学生创业团队入驻;开展创业培训和指导,提供商业计划书编制、市场营销等方面的培训服务,提升创业者的管理能力和市场竞争力等。针对农民工的返乡创业政策包括政府通过发放创业贷款、小额信用贷款等方式,为农民工提供资金支持,帮助其开展创业活动;放开农村土地流转政策,鼓励农民工利用闲置土地开展农业生产或发展特色产业等。可以看出,政策导向机制在推动区域经济发展中发挥了重要作用。地方政府应主导推进政策导向机制的形成,通过实施一系列优惠政策和政府行为,例如提供创业项目补贴、降低税收、扩大企业融资渠道、引进专业技术人员、完善基础设施等,以降低创业者的门槛并优化创业环境。建立政策导向机制有利于促进农村经济结构转型升级,加速城乡一体化进程,实现我国经济社会又好又快发展目标。建立政策导向机制,有助于激发创业者的热情和信心,吸引更多的人加入创业者的队伍,推动"大众创业、万众创新"的浪潮。因此,要充分发挥政策导向机制在促进我国农村经济持续健康发展中的作用,必须制定相应的扶持政策。

随着一系列优惠政策的实施和基础设施的不断完善,创业者可以在一个优越的外部环境中进行创业。政府要在扶持资金、税收、金融信贷、公共服务、信息平台建设方面给予倾斜和保障。借助政策引导,促进农村创业企业有序发展,积极培育新型农业经营主体。通过经营权流转、股份合作、代耕代种、土地托管等多种方式,加速推进土地流转型、服务带动型等多元化的创业经营形式。目前,国家对创业扶持力度不断加大,各地政府纷纷制定并实施了各种政策措施来激发社会资本参与农村创业活动的热情,以解决"三农"问题,实现城乡协调发展。推动农村创业企业与脱贫攻坚相互融合,以促进贫困农民实现稳定脱贫。近年来,国家先后出台一系列扶持创业的优惠政策,"互联网+""双创"等新概念不断出现在公众视野中。目前,我国已有不少地方制定或颁布了相关政策措施来支持创业活动。自十八大以来,我国陆续发布了多项与农村创业直接相关的文件,包括《国务院办公厅关于支持农民工等人员返乡创业的意见》和《国务院办公厅关于支持返乡下乡人员创业创新促进农村一二三产业融合发展的意见》等,各部委也从自身职能出发,采取切实有效的措施,积极促进农村创业形成燎原之势。现有政策仍需进一步完善,因为在金融借贷、土地租赁、产品销售、人才和技术等方面,一些地区和环节存在着不完善、不协调和不实施等问题,这些问题对农村创业产生了一定的限制。

5.4.2 环境要素

在创业过程中,无论是返乡大学生,还是返乡农民工等群体,都必须面对并利用各种外部因素的综合作用,这些因素构成了创业环境的要素。创业环境的好坏直接关系到农村创业者能否获得持续成功,影响到创业者是否能够实现自身价值。农村创业的生态环境因素主要包括两个方面。一是软环境因素,包括农民素质、科技教育、创新意识和创业能力等。农村创业生态系统实际上是农村创业、经济社会发展等多方面相互作用、协同发展状态的综合体现,包括区域文化、经济发展水平、社会资本、服务水平以及市场化程度等多个方面。为此,必须在健全政府主导的多元投资体系基础上,积极拓展社会资本参与农村创业的渠道,形成多元化的资金投入格局。二是硬环境因素,包括基础设施(例如水、电、路、网络等)以及公共服务保障(例如文化、教育、卫生等),这些因素共同构成了创业所需的坚实基础。要加强政府引导,发挥财政资金在创业中的杠杆作用。多项研究和实践均表明,创业环境的优劣对于一个地区的整体创业形势和业绩效益具有至关重要的影响。创业环境是创业活动产生、发展和壮大的基础和前提。政府可在财政上给予一定比例的转移支付以弥补创业者的资金缺口。相较于城市创业,农村创业所处的外部环境更为脆弱,因此需要加大对基础设施、公共服务和配套条件等硬件方面的投入力度,以构建一个良好的创业硬环境。应通过政策宣讲、正面引导、强化农村基础教育、宣传介绍创业典型与经验、发展农村产业、强化市场和法治观念等多种方式,切实采取措施,创造出一个优越的创业软环境。同时要加快完善相关法律体系,健全信用评价体系,促进社会资本参与创业活动。

5.4.3 资金要素

在农村创业中,资金要素的缺乏和融资困难一直是一个广泛存在的难题。此外,要加强征信系统建设,完善征信信息共享平台,实现社会大众与金融机构之间的数据共享。为确保农村创业者的创业成功,必须建立一套完善的资金支持机制,以消除他们的后顾之忧。培育资金扶持机制可以从多个角度入手。首先,为了缓解创业者的资金压力,政府应加大财政支持力度,推出税收优惠、科技创新项目补贴、设备采购补贴等政策措施;鼓励金融机构积极运用互联网技术,为创业者提供诸如支付结算和保险等金融服务,以促进金融市场发展。其次,为拓宽融资渠道,建立专门的评审机制,对符合条件的企业或创业项目适当降低贷款条件,降低创业门槛,同时鼓励无抵押贷款、小额贷款等贷款形式,扩大企业贷款渠道,推进信用创业企业建设,并开通龙头企业专项贷款渠道。最后,积极推进金融中介机构的培育,进一步简化审批流程,大力提升注册登记的便捷性水平,为各类市场主体的发展创造良好的环境,建立信用担保制度,解决因缺乏抵押物品而无法获得贷款的实际问题,积极引导金融中介机构不断提高诚信意识和经营管理水平。

5.4.4 人才要素

在农村创业中,人才是创业实施的核心要素,加强创业人才培养是促进农村创业发展的必然要求。因此,要加快农村创新创业人才体系建设,必须建立相应的创业人才培养制度。由于历史和地理位置等多重因素的影响,广大农村地区的创业人才稀缺,这对农村创业的发展构成了严重的障碍。

根据个案展示情况来看,一方面,大学生,包括高职院校学生返乡创业是当前农村创业环境中的一个显著趋势,具有重要的实践意义和发展潜力。这种现象不仅反映了就业市场的变化,也代表了新生代创业者对于个人发展和地方经济建设的追求。首先,大学生返乡创业得以增长的主要原因之一是地方政府对于创业者的政策支持。近年来,为了促进地方经济发展和人才流动,许多地方政府纷纷出台了一系列扶持政策,包括创业补贴、税收优惠、创业孵化基地建设等。这些政策吸引了更多大学生和高职院校学生回到家乡创业,成为地方经济发展的重要力量。其次,返乡创业为年轻人提供了更广阔的发展空间和机会。相比于一线城市的激烈竞争和高昂生活成本,许多年轻人更愿意回到家乡创业,发掘当地的资源优势,选择适合自己发展的项目。在家乡创业,他们可以借助熟悉的社会关系网络和地域优势,更快速地实现事业的发展,并在经济上获得更大的回报。此外,大学生返乡创业对地方经济发展具有重要的推动作用。他们带来了先进的知识、技术和管理经验,推动了当地产业的升级和转型。通过创业活动,他们提供了更多的本地就业机会,促进了消费和投资增长,为地方经济带来了新的活力和动力。然而,返乡创业也面临一些挑战和难题。一些地方的创业环境和基础设施相对薄弱,缺乏吸引人才和投资的条件。部分大学生对创业的实际操作和市场情况了解不足,需要更多的培训和指导。此外,由于市场竞争激烈,部分创业项目难以持续营利,导致创业者面临着资金压力和经营困境。针对这些挑战,地方政府和社会应采取一系列措施,支持大学生的返乡创业。政府应加强创业政策的宣传和落实,提供更多的资金支持和税收优惠;建设创业孵化基地和技术服务平台,为创业者提供资源共享和专业指导;加强创业教育,提升创业者的实战能力和市场适应性。

另一方面,新型职业农民创业是当前农业发展的重要方向之一,也是农村振兴的重要组成部分。新型职业农民是指具备一定科技和管理能力,以农业生产经营为主要职业的农民群体。他们通过创业活动,推动了农业现代化进程,促进了农村经济的多元发展和农民收入的提升,具有重要的实践意义和社会价值。首先,新型职业农民创业推动了农业生产方式的转变和现代化进程。传统农业长期以来存在着劳动密集、低效益、生产方式落后的问题,而新型职业农民的涌现引入了现代化的农业技术和管理理念。他们通过引进先进的种植、养殖、农机等技术,实施科学化、智能化的农业生产,提高了生产效率和产品质量,推动了农业向智能化、绿色化发展,为农业现代化注入了新的活力。其次,新型职业农民创业促进了农村经济的多元发展和农民收入的增加。传统农业经济主要依靠农产品生产和销售,收入来源单一,难以满足农民的多样化需求。新型职业农民通过创业活动,开展农产品加工、乡村旅游、农业科技服务等多元化经营,拓展了农村经济的发展领域。新型职业农民将农产品进行深加工,开展农业观光和休闲农业,提供农业科技服务等,为农民增加了收入来源,改善了农民的生活水平。此外,新型职业农民创业有助于推动农村社会的发展和农民生活质量的提升。随着城市化进程的加快,农村劳动力向城市流动,留守儿童和老年人增多,农村社会面临着诸多问题。新型职业农民的创业活动吸引了更多年轻人回乡创业,带动了农村发展。他们引进先进的管理经验和服务理念,改善了农村基础设施建设,提高了社会福利,丰富了文化活动,提升了农民的生活品质和幸福感。为了促进新型职业农民创业的持续发展,需要采取一系列措施。应加大对新型职业农民创业的政策支持力度,包括财税优惠、创业补贴、土地流转支持等;完善农业产业链条,提升农产品加工、物流和销售体系,拓展市场空间;加强新型职业农民的技术培训和管理能力建设,提升其竞争力和可持续发展能力。

6

发达地区农村创业发展的经验与启示——
以江苏省为例

伴随着乡村振兴战略的全面实施,江苏省充分认识到乡村发展的重要性,在推动城市发展的同时,毫不懈怠地致力于推动农村创业发展。通过政府与人民紧密合作,共同推动农村土地整治,改善基础设施,提升生活环境,乡村焕发出勃勃生机,为农民创业创造了更加宽广的舞台。

6.1 江苏省农村创业的整体情况

6.1.1 江苏省农村创业发展的政策支持

近年来,江苏省各地将推动农村创业作为落实"六稳""六保"任务的重要举措,积极应对变化,开创新局,厚植创业创新人才沃土。江苏省政府陆续出台了《省政府关于促进乡村产业振兴推动农村一二三产业融合发展走在前列的意见》《关于加快推进乡村人才振兴的实施意见》等一系列政策文件。这些政策聚焦江苏乡村产业特点,强化重大项目、重点主体、重要品牌、重点平台、重要支撑五大抓手,在政策"含金量"上下足功夫,打出"钱、地、人"组合拳,吸引各类返乡留乡人才在"家门口"创业发展。农村电商、直播带货、休闲旅游、精深加工、乡村文创等新业态蓬勃发展,成为"新鱼米之乡"一道亮丽的风景线。

6.1.1.1 江苏省政府加强顶层设计与政策指导

为支持农民工、中高等院校毕业生、退役士兵和科技人员等返乡下乡人员到农村创业,推进农业供给侧结构性改革,推动农村一、二、三产业融合发展,促进农民就业增收,江苏省根据《国务院办公厅关于支持返乡下乡人员创业创新促进农村一二三产业融合发展的意见》,于 2017 年 2 月印发《省政府办公厅关于支持返乡下乡人员创业创新促进农村一二三产业融合发展的实施意见》。该意见以加快农村创业为核心任务,提出了推动农村创业的重点领域、发展方向、政策措施、组织领导等,为江苏省支持返乡下乡人员创业促进农村一、二、三产业融合发展提供重要的指导和遵循。

2021 年 11 月,为了深入落实国家发展改革委等 19 部委《关于推动返乡入乡创业高质量发展的意见》部署,全面贯彻国家发展改革委等 14 部委《关于依托现有各类园区加强返乡入乡创业园建设的意见》精神,江苏省发展改革委印发《省发展改革委关于进一步支持返乡入乡创业的通知》,将推动返乡入乡创业作为新发展阶段促进高质量就业、实现共同富裕的重要举措。该通知要求各地要以现有各类园区为依托,加强多元要素保障,优化创新创业环境,构建系统完备的返乡入乡创业平台支撑体系,实现资源集约高效利用和共建共享,促进返乡入乡创业高质量发展,具体内容包括强化财政税收金融支持、健全生产经营用地保障、提升人力资源开发水平、依托园区促进创业就业等方面。

2021年11月,中共江苏省委办公厅印发了《关于加快推进乡村人才振兴的实施意见》。该意见贯彻落实了中共中央办公厅、国务院办公厅《关于加快推进乡村人才振兴的意见》,促进各类人才投身乡村建设。该意见要求深入实施农村创业带头人培育行动,组建农村创业导师队伍。加快培养农村一、二、三产业融合发展人才,鼓励人才返乡入乡创办新型农业经营主体,发展农村新产业新业态。加强农村电商人才、乡村建设工匠等培育,培育壮大乡村企业家队伍,鼓励有条件地方支持合作社聘请农业经理人。

2022年1月,为了进一步加快发展以二、三产业为重点的乡村产业,加快构建江苏现代乡村产业体系,根据《国务院关于促进乡村产业振兴的指导意见》《全国乡村产业发展规划(2020—2025年)》《江苏省国民经济和社会发展第十四个五年规划和二〇三五年远景目标纲要》《中共江苏省委江苏省人民政府关于全面推进乡村振兴加快农业农村现代化建设的实施意见》《省政府关于促进乡村产业振兴推动农村一二三产业融合发展走在前列的意见》和《江苏省“十四五”全面推进乡村振兴加快农业农村现代化规划》等系列政策文件,江苏省农业农村厅发布了《江苏省“十四五”乡村产业发展规划》,明确未来五年全省乡村产业发展的总体思路、发展目标和重点任务,涵盖乡村特色产业、农产品加工业、乡村休闲旅游农业、乡村新型服务业、产业融合发展以及农村创业等领域。其中,关于农村创业单设一章,对相关制度措施做进一步明确和细化,要求从多个方面做活农村创业。原文如下:

第八章　做活农村创业

创业就业是民生之本,一头连着千家万户,一头连着宏观经济。把农村创业创新作为乡村产业振兴的重要动能,优化创业环境,激发创业热情,形成以创新带创业、以创业带就业、以就业促增收的格局,活跃繁荣农村经济。

第一节　培育创业创新主体

强化引导,加大扶持,培育一批扎根乡村、服务农业、带动农民的农村创业创新群体。

聚焦创业创新重点人群。突出农民工、大学生、退役军人、妇女"四支队伍",培育扎根乡村、创办乡产、带动乡亲的创业就业主体,2025年,培育创业就业主体超过60万人。引导有资金积累、技术专长、市场信息和经营头脑的返乡下乡人员,推动农村一二三产业融合,加快培育一批"田秀才""土专家""乡创客"等乡土人才,以及乡村工匠、文化能人、手工艺人等能工巧匠,促进创业就业。

突出创业创新重点领域。鼓励和引导返乡下乡人员结合自身优势和特长,根据市场需求和当地资源禀赋,利用新理念、新技术和新渠道,开发农业农村资源。紧扣产业链条,围绕生产、加工、流通、销售、服务于一体的全产业链拓展空间。紧扣产业融合,利用"农业+",创办新产业新业态,从卖产品向"卖风景""卖服务""卖体验"转变;紧扣特色产业,用新工艺、新理念、新渠道来嫁接特色产业,实现老树开新枝;紧扣数字经济,创办农村电商、网络直播等,把手机当作新农具。

第二节　搭建创业创新平台

推动政府搭建平台、平台聚集资源、资源服务创业,建设各类创业创新园区和孵化实训基地。

建设农村创业创新典型县。注重政策环境良好、工作机制完善、服务体系健全、创业业态丰富的典型县培育,总结做法经验,推广典型案例,建设一批农村创业创新典型县。

建设农村创业创新园区。依托现有农业产业园、农产品加工集中区、高新技术园、物流园等园区,以及专业市场、农民合作社,休闲观光农业、农村电子商务、农村信息化应用示范基地、农业规模种养基地等,整合创建一批资源要素集聚、基础设施齐全、服务功能完善、创业创新活跃的返乡入乡创业园。

建设孵化实训基地。依托各类园区、大中型企业、知名村镇、大中专院校等平台主体,采取众创空间、创新工厂等模式,建设一批"生产+加工+科技+营销+品牌+体验"于一体、"预孵化+孵化器+加速器+稳定器"全链条的农村创业创新孵化实训基地。

第三节　优化创业创新环境

强化业务指导,优化服务环境,加强创业培训,为返乡下乡人员创业创新提供保障。

建设农村创业导师队伍。引导大专院校、科研院所等理论造诣深厚、实践经验丰富的科研人才、政策专家、会计师、设计师、律师等,为农村创业人员提供创业项目、技术要点等指导服务。引导新型农业经营主体中有经营理念、市场眼光的乡村企业家,为农村创业人员提供政策运用、市场拓展等指导服务。培育农村创业创新带头人,为农村创业人员提供经验分享等指导服务。探索"平台＋导师＋创客"服务模式,提供"一带一""一带多""师带徒"的指导。

健全指导服务机制。推动各地建立开放式服务窗口,积极开展面向返乡下乡人员的政策咨询、市场信息等公共服务。推进农村社区综合服务设施和信息平台建设,依托现有的各类公益性农产品市场和园区(基地),为返乡下乡人员创业创新提供高效便捷服务。做好返乡下乡人员创业创新的土地流转、项目选择、科技推广等方面专业服务。

强化创业培训。结合农民工等人员返乡创业培训、高素质农民培育工程、农村青年创业致富"领头雁"计划等,开展农村创业创新培训,让有创业和培训意愿的返乡下乡人员都能接受培训。采取线上学习与线下培训、自主学习与教师传授相结合的方式,开辟培训新渠道。鼓励涉农科研教学单位积极组织科技人员进村入户,及时开展技术指导和跟踪服务。

打造展示平台。举办农村创业创新项目创意大赛,吸引更多人讲述创业故事、展示创业风采。注重返乡创业就业经验做法和典型模式总结体验,讲好励志故事,营造激情创业、就业奔富良好氛围。

2023年2月,江苏省委发布一号文件,在"支持农民稳岗就业"的板块中,专门对于推进农村创业作出了重要部署:创新落实稳企纾困政策,促进返乡下乡农民工、农村新增劳动力充分就业。启动优化提升标准化"家门口"就业服务站三年行动计划,2023年优化提升300个服务站。维护好超龄农民工就业权益。针对智能制造、健康照护等用工矛盾突出的行业产业,突出网约配送、直播销售等新业态,加强优质技能培训资源供给,提高农民工转岗就业能力。打造50个省级劳务品牌。支持农民工多渠道灵活就业和自主创业,制定实施平台经济促进就业政策措施。发挥公共投资和重大项目带动就业作用,加大重点工程建设中实施以工代赈力度,促进就近就业。2017—2023年江苏省农村创业相关政策见表6-1。

表 6-1　2017—2023 年江苏省农村创业相关政策

时间	发布机构	政策文件	核心内容
2017 年	江苏省人民政府办公厅	《省政府办公厅关于支持返乡下乡人员创业创新促进农村一二三产业融合发展的实施意见》	1. 重点领域和发展方向,包括突出重点领域、丰富创业创新方式、推进农村产业融合等 2. 政策措施,包括简化市场准入、改善金融服务、加大财政支持力度、落实用地用电支持措施、开展创业培训、完善社会保障政策、强化信息技术支撑、创建创业园区(基地)等 3. 组织领导,包括健全组织领导机制、提升公共服务能力、加强宣传引导等
2021 年	江苏省发展改革委	《省发展改革委关于进一步支持返乡入乡创业的通知》	1. 强化财政税收金融支持,包括加强财政资金支持、加大税费减免力度、发挥金融支持作用等 2. 健全生产经营用地保障,包括优先保障创业用地、完善土地利用方式、盘活存量土地资源等 3. 提升人力资源开发水平,包括加强创业技能培训、大力培养本土人才、积极引进专业人才等 4. 依托园区促进创业就业,包括促进资源集聚整合、着力培育产业集群、加强创业平台建设等
2021 年	中共江苏省委办公厅	《关于加快推进乡村人才振兴的实施意见》	1. 加快培养乡村产业人才。深入实施农村创业创新带头人培育行动,组建农村创业创新导师队伍。加快培养农村一二三产业融合发展人才,鼓励人才返乡入乡创办领办新型农业经营主体,发展农村新产业新业态 2. 创新渠道引才。引导老党员、老干部、人大代表、经济文化能人等扎根乡村,鼓励企业家、专家学者、规划师、离退休人员等以投资兴业、援建项目等多种方式投入乡村振兴,吸引农民工、大学生、退伍军人等返乡入乡创业 3. 加大创新创业扶持力度。开辟乡村创业创新政策咨询、注册登记、税费减免、金融服务"绿色通道",按规定落实富民创业担保贷款、税收优惠、创业补贴等政策

表6-1(续)

时间	发布机构	政策文件	核心内容
2022年	江苏省农业农村厅	《江苏省"十四五"乡村产业发展规划》	开展农村创业创新培育工程。加强创业创新导师队伍建设,从企业家、投资者、专业人才、科技特派员和返乡下乡创业创新带头人中遴选一批导师。利用涉农院校、大学生创业示范基地等各类培训资源参与返乡下乡人员培训,支持各类园区、星创天地、农民合作社、乡村旅游创客基地、中高等院校、农业企业等建立创业创新实训基地。采取线上学习与线下培训、自主学习与教师传授相结合的方式,开辟培训新渠道。突出创业技能、市场营销、品牌培育等培训,培育一批有资金积累、技术专长、市场信息和经营头脑的返乡下乡人员。"十四五"期间,每年培训高素质农民15万人
2023年	中共江苏省委、江苏省人民政府	《中共江苏省委江苏省人民政府关于做好二〇二三年全面推进乡村振兴重点工作的实施意见》	1. 拓展农民增收致富渠道。支持农村创业创新,加强返乡入乡创业园、农村创业孵化实训基地等建设。强化农村改革成果集成运用,让农民更多分享改革红利 2. 支持农民稳岗就业。打造50个省级劳务品牌。支持农民工多渠道灵活就业和自主创业,制定实施平台经济促进就业政策措施

6.1.1.2 各地级市大力实施农村创业促进行动

除了省级政府部分外,各地地级市有关部门不断出台关于农村创业的相关专项文件,大力实施农村创业促进行动,以此为抓手推动乡村振兴。

1. 南京市

围绕乡村振兴总体要求,不断优化政策环境,引导返乡下乡在乡人员创业创新,活跃繁荣农村经济,开展创新联合体试点工作。对于农村初始创业补助项目,鼓励工商登记注册后正常经营6个月以上,包括低收入农户、返乡农民工、大学生、复退军人、赋闲在家适龄妇女等各类返乡下乡在乡初始创业者积极申报,并根据相关条件对符合条件的农村初始创业者每个给予最高10 000元奖补。对于农村创业示范基地项目,提供全产业链、全过程、一站式创业服务,吸引大学生、农民工、退伍军人、家庭妇女、城市精英等各类返乡下乡人员创业,并通过扶持各类主体创业带动更多农民就业的农民专业合作社、农业龙头企业等法人主体,对于符合条件的主体给予 10 万~30 万元不等的一次性奖补。举办 2023 年南京市农村创业大赛,培育一批农村创业导师队伍;通过大赛平台,邀请创业导师辅导培训,宣传农村双创政策和优秀创业创新典型,大力营造农村创业的良好氛围。

2. 苏州市

突出示范引领,推动乡村人才创业创新、健全创业创新工作机制。立足苏州市都市生态农业定位,依托美丽乡村建设成果,聚焦乡村产业振兴,鼓励支持各类乡村人才返乡下乡创业创新。从县级农村创业大赛的预赛,到市级创业创新大赛的决赛,苏州市建立了上下联动、整体互动的大赛机制。持续认定"十佳典型项目",开展农村创业"十佳"典型带头人评选,并对获奖选手予以奖补。苏州市注重创业创新载体打造,将全市 62 个市级以上现代农业产业园区和一批农业龙头企业等新型经营主体,列为返乡下乡人员创业创新的首选阵地,推进技术技能的自主独立孵化、研发、培育。依托"一村一品""一镇一业"等区域优势农业产业,建成一批"创客空间""星创天地"等创业创新平台,切实推进集群创业、集聚发展、创新驱动。苏州市强化创业创新典型培育,以大赛为契机,树立创业创新典型,推荐优秀项目参评第四批全国农村创业优秀带头人典型案例,推荐张家港市参评第三批全国农村创业创新典型县。

3. 无锡市

全面推进城镇就业创业政策向农村延伸、公共就业服务体系向农村覆盖、乡村特色产业在农村蓬勃发展,巩固提升农村整体就业水平。大力开展农村劳动力在岗、转岗和技能提升培训,积极培育高素质农民队伍。引导农民在文化、旅游、生态等乡村特色产业领域创业,把更多的农民培育成为创业致富能手。鼓励热爱农村的高学历高素质年轻人在农村创业,推动乡贤回归农村创业。加大对农民创业的财政支持力度,扩大创业补贴和税费减免政策覆盖范围。健全政府、金融机构和农民共担共赢合作机制,创新信贷产品,加大对农民创业的金融支持。深入开展创业型乡镇和行政村建设,重点打造一批集创业孵化、政策咨询、开业指导、融资服务、跟踪扶持于一体的新型农民创业载体。适当放宽农村创业园用电用水用地标准,吸引更多农民入园创业。把提高财产性收入作为促进农民增收的重点,因地制宜发展各类合作经济,积极引导农民以土地、资产、劳动力等生产要素参与和投入,有效增加租金、股息、红利等方面的收益。

4. 宿迁市

出台《关于印发宿迁市"创赢宿迁"返乡创业三年行动方案(2022—2024年)的通知》,通过实施"七大行动",培育返乡创业项目,优化返乡创业环境,以返乡创业促进家门口就业,打响"创赢宿迁"品牌。① 培训培育"增活力"。实施创业培训领航行动,开发一批特色示范培训课程、提供创业服务资源对接、推动创业培训线上线下融合发展,提升返乡人员创业能力;实施创业人才培育行动,对返乡创业乡土人才,根据其带领技艺传承、带强产业发展、带动群众致富的业绩贡献,直接考核认定初、中级职称,优先推荐高级职称认定,择优纳入乡土人才项目评审专家库,激发创业活力。② 厚植载体"提效力"。实施创业载体聚力行动,加强返乡创业园等各类创业基地建设,鼓励政府投资开发的创业载体安排 30% 左右的场地免费向返乡创业者提供。实施政策扶持保障行动,对返乡人员创办的创业实体带动其他劳动者就业的,给予创业实体最高 2 万元一次性创业补贴、最高 10 万元一次性创业带动就业补贴。③ 优化服务"聚合力"。实施创业服务提质行动,面向返乡创业人员实施"送政策、送培训、送服务"精准扶持。选聘"创赢宿迁"创业指导专家团,开展创业服务"基地行""企业行""高校行"等主题活动。

5. 淮安市

围绕乡村振兴、富民增收,积极落实农村公共就业服务四项制度,优化公共就业市场招聘服务,开展政府补贴职业技能培训等行动,为农民工就业创业提供有力的政策引导和扶持。通过建设扶贫载体、开发公益性岗位、扶持劳务基地、完善送工制度等措施,积极开展岗位开发工作,对吸纳建档立卡低收入农户劳动力就业创业的培训基地、创业基地和公益性岗位给予资金扶持,对成功介绍就业的非公益性人力资源服务机构给予就业创业服务补助。实施抓党建促乡村振兴"头雁"培育七大行动,对村干部、能人大户、乡土人才、新型职业农民等"头雁"创新创业给予政策、资金等多维度支持。对符合条件的创业农民和小微企业,申请"富民创业担保贷款"额度分别提高到 50 万元和 300 万元,按规定给予财政贴息。落实推进职业技能提升三年行动计划,将农村转移就业劳动者、城乡"两后生"、登记失业人员等重点群体纳入培训补贴范围,动态发布淮安市职业技能培训补贴目录,明确100余个政府补贴工种,最高培训补贴 4 000 元/人。各地级市农村创业相关政策分析见表 6-2。

表 6-2　各地级市农村创业相关政策分析

地区	政策文件	核心政策内容
南京市	《关于做好 2022 年农村创业创新项目的通知》	1. 补助对象:在江北新区、江宁区、浦口区、六合区、溧水区、高淳区、栖霞区、雨花台区创业,经工商登记注册后正常经营 6 个月以上,包括低收入农户、返乡农民工、大学生、复退军人、赋闲在家适龄妇女等各类返乡下乡初始创业主体 2. 补助条件:初始创业主体必须同时符合以下三个条件:① 2019 年 4 月 1 日—2022 年 3 月 31 日经工商注册登记且经营在江北新区、江宁区、浦口区、六合区、溧水区、高淳区、栖霞区、雨花台区,其间未享受过市级同项创业资金补助;② 带动 10 个以上农户增收;③ 参加过创业或相关业务培训 3. 补助标准:对符合条件的初始创业主体每个给予最高 10 000 元奖补
苏州市	《加强乡村人才振兴促进农业农村现代化——苏州乡村人才振兴的创新举措和经验启示》	1. 健全创业创新工作机制。立足苏州市都市生态农业定位,依托美丽乡村建设成果,聚焦乡村产业振兴,鼓励支持各类乡村人才返乡下乡创业创新。从县级农村创业创新大赛的预赛到市级创业创新大赛的决赛,苏州市建立了上下联动、整体互动的大赛机制。持续认定"十佳典型项目",开展农村创业创新"十佳"典型带头人评选,并对获奖选手予以奖补 2. 注重创业创新载体打造。将苏州市 62 个市级以上现代农业产业园区和一批农业龙头企业等新型经营主体,列为返乡下乡人员创业创新的首选阵地,推进技术技能的自主独立孵化、研发、培育。依托"一村一品""一镇一业"等区域优势农业产业,建成一批"创客空间""星创天地"等创业创新平台,切实推进集群创业、集聚发展、创新驱动 3. 强化创业创新典型培育。2020 年,苏州市在第四届全省农村创业创新大赛中获得一、二、三等奖各一项,成为全省唯一实现获奖等次全覆盖的市;在全国农村创业创新大赛中获二等奖一项;在长三角生态绿色一体化示范区创业创新大赛中获一、二、三等奖各一项。苏州市以大赛为契机,树立创业创新典型,推荐 4 个项目参评第四批全国农村创业创新优秀带头人典型案例,推荐张家港市参评第三批全国农村创新创业典型县

表6-2(续)

地区	政策文件	核心政策内容
无锡市	《无锡市"十四五"农业农村现代化规划》	1. 加强农民创业就业服务。开展农村"双创"活动,紧扣乡村区域特色和农民创业意向,开展内容丰富、针对性强的创业培训,推动优质培训资源城乡共享。加快培训一批农村创新创业导师,推出一批农村创新创业带头人 2. 培育壮大多元化乡村人才队伍。深入实施农村创新创业带头人培育行动,引导大中专毕业生、退役军人、科技人员和工商业主等入乡创业,培育一批"田秀才""土专家""乡创客"等乡土人才
常州市	《常州市"十四五"乡村产业发展规划》	1. 完善现代农业产业技术体系。激发农业人才创新创业活力,做好产业技术体系集成创新与示范推广应用工作,推进产业技术进步与转型升级 2. 建设乡村创业创新园区。按照"政府搭建平台、平台聚集资源、资源服务创业"的要求,将现有各类农业园区建设成为"园中园"式的乡村创业创新园区,集聚土地、资金、科技、人才、信息等资源要素,创建一批重点面向初创期"种子培育"的孵化基地
镇江市	《镇江市农民收入十年倍增计划实施方案》	1. 培育创业创新主体。积极培育农村双创人才,鼓励返乡入乡创业创新,突出农民工、大学生、退役军人、农村妇女、残疾人等主体,培育"田秀才""土专家""乡创客";深化"新农菁英"培育发展计划,支持青年扎根乡村创业创新 2. 搭建创业创新平台。依托农村科技服务超市服务体系,支持其利用线下孵化载体和线上网络平台,聚焦创新资源和创业要素,开展农业科技成果推广、科学技术咨询、科技人才培训等服务,促进农业科技成果转化与产业化 3. 优化创业创新环境。持续开展"创响镇江"等主题活动,举办农村创业创新大赛。建立农村创业导师队伍,探索"平台+导师+创客"模式。推进入选全国农村创业创新园区(基地)目录的农村双创园区规范化建设,提高双创园区的承载、孵化、培育能力

表6-2(续)

地区	政策文件	核心政策内容
南通市	《中共南通市委 南通市人民政府关于做好 2022 年全面推进乡村振兴重点工作的实施意见》	支持农民就地就近就业创业。建立就业帮扶长效机制,加强本地脱贫劳动力跟踪服务和动态管理,帮助已脱贫劳动力就地就近稳定就业,筑牢返贫致贫防线。大力开发保洁保绿、治安协管等乡村公益性岗位,借助各级公共服务机构,送招聘进基层、送岗位入户。对农村就业困难人员开展常住地认定服务,建立"精准识别、精准服务、精准管理"的就业援助工作机制,帮助提高就业的稳定性。实施农民工职业技能培训,重点开展新业态、物流、家政相关职业工种培训
扬州市	《扬州市促进高质量充分就业总体方案（2023—2025 年）》	1. 培育支持自主创业。落实创业担保贷款政策,由风险补偿基金承担部分不良贷款风险损失;免收借款人担保费,担保机构工作经费由财政奖补。力争 2023 年发放创业担保贷款不低于 3.6 亿元,2024 年不低于 3.8 亿元,2025 年不低于 4 亿元。加大政策宣传力度,主动为符合条件的创业者发放创业补贴 2. 推动创业孵化载体建设。持续推进省级创业示范基地建设,指导各级基地完善相关创业扶持政策。2023 年,发放市级创业示范基地运营补贴 15 家,通过补贴鼓励基地提高创业服务能力。2024 年,对已认定的省级创业示范基地进行动态管理,根据省级基地要求,对基地进行考核,并积极申报省级创业示范基地,充分发挥省级基地的示范引领作用。2025 年,持续完善市级和省级创业示范基地管理工作,通过市级和省级补贴提升基地创业孵化的积极性
泰州市	《泰州市农业全产业链高质量发展行动方案（2023—2025 年）》	深入发展农村电子商务。实施"互联网＋"农产品出村进城工程,推动建立长期稳定的产销对接关系。强化农村电商人才培训,采取集中培训、入村指导和网络教育等多种形式,提升参训人员从业技能,促进农村电商领域创业就业,培育壮大更多电商主体。加强与大型电商平台合作,鼓励开展营销促销和直播带货等活动,以销售端带动生产端和加工端

表6-2(续)

地区	政策文件	核心政策内容
淮安市	《淮安市"十四五"全面实施乡村振兴战略推进农业农村现代化规划》	1. 培育农村创业创新优秀带头人。开展"创赢淮安""创响淮安"主题系列活动和创业导师进乡村活动,加强农村双创人员和双创导师培育,从企业家、职业经理人、电商辅导员、科技特派员、返乡创业带头人中选拔一批创业就业导师,通过培大育强创业主体,选树优秀创业就业典型 2. 搭建农民创业就业平台。推进全国创新创业典型县、农村双创园区、农村"双创"孵化实训基地建设,积极搭建农民创业就业平台。推广"全国农村创新创业典型县"的先进经验,加强政策创设、强化主体培育、提供指导服务、推动经验交流。加快建设双创孵化基地,支持农业园区、大型企业采取众创空间、创新工厂等模式,创建一批重点面向初创期"种子培育"的孵化实训基地 3. 强化农民创业就业服务。健全创业就业信息服务,加强就业岗位配送,实行培训与就业"一站式"服务,推动就地就近创业就业。实施乡村创业促进行动,将各类财政创业补贴和税费减免政策全面覆盖到符合条件的创业农民工
宿迁市	《宿迁市"创赢宿迁"返乡创业三年行动方案（2022—2024年)》	1. 实施创业培训领航行动。将有创业意愿和培训需求的返乡劳动者纳入创业培训范围,大力推进返乡人员创业培训计划,提升返乡人员创业能力 2. 实施乡土创业人才培育行动。完善乡土创业人才培育评价机制,激发乡土人才创业活力,为乡村振兴提供更多人才支撑和智力支持 3. 实施创业载体聚力行动。加强返乡创业园等各类创业基地建设,推动打造一批高质量、可持续发展的创业载体,为返乡创业提供更有力的载体支撑 4. 实施富民创业贷圆梦行动。完善部门联动工作机制,加大信用贷款支持力度,进一步优化支持返乡创业的融资环境 5. 实施政策扶持保障行动。加大创业实体支持力度,降低返乡创业成本,对返乡人员创办的创业实体带动其他劳动者就业符合条件的,按规定给予各类补贴补助 6. 实施创业服务提质行动。完善一体化、专业化、多层次、覆盖城乡的创业服务体系,公共服务和市场化服务协同发展,面向返乡创业人员实施"送政策、送培训、送服务"精准扶持 7. 实施创业典型引领行动。选树一批返乡创业典型和优秀创业项目,形成示范带动效应,持续营造鼓励、支持返乡创业的浓厚氛围

表6-2(续)

地区	政策文件	核心政策内容
连云港市	《连云港市促进返乡创业就业若干政策措施》	1. 营造宽松便捷准入环境。深化商事制度改革,全面落实国务院和省政府关于进一步放宽市场主体经营场所登记条件有关文件精神,规范基层环保政策执行,推行返乡创业企业开办、变更、备案、注销等登记事项"全市通办",为返乡创业提供便利、激发活力 2. 落实创业就业税费减免。符合条件的返乡人员从事个体经营的,自办理个体工商户登记当月起,在3年(36个月)内按规定限额依次扣减其当年实际应缴纳的增值税、城市维护建设税、教育费附加、地方教育附加税和个人所得税 3. 加大信贷支持创业力度。对符合条件的返乡创业者给予不超过50万元的富民创业担保贷款,贷款期限不超过3年,累计次数不超过3次,按规定给予财政贴息支持 4. 大力支持返乡初创主体。符合条件的返乡人员首次从事个体经营,正常经营6个月以上,带动其他劳动者就业并依法申报纳税的,给予5 000元的一次性创业补贴 5. 加强返乡创业载体建设。鼓励支持社会资本、创业孵化团队和企业参与返乡创业载体的投资、建设、管理,搭建创业平台
徐州市	《徐州市精准帮扶农村劳动力转移就业试点实施方案》	1. 启动实施好每年的"春风行动",开展线上线下有机结合的系列活动,办出活动声势,办出徐州特色 2. 常态化开展本地企业调研活动,充分采集、梳理用人单位岗位需求。对采集的岗位信息,借助媒体平台进行线上推送,或在集镇赶集日、流动市场等地举办小型精品专场招聘会,或利用乡镇大篷车等形式巡回广播招聘信息,或邀请知名企业做客抖音直播室开展"返乡就业"带岗直播,或开通返乡就业大巴车、组织求职者参观企业园区,或结合我市三乡工程"能人下乡"行动计划开展人才政策推介活动,或利用"徐州市精准帮扶农村劳动力转移就业试点"项目数据库向符合条件的农民工提供优质岗位信息发送服务 3. 提供专项扶持政策,鼓励各类人力资源服务机构帮助企业招引徐州籍在外务工人员回乡就业

表6-2(续)

地区	政策文件	核心政策内容
盐城市	《盐城市"十四五"全面推进乡村振兴加快农业农村现代化规划》	1. 搭建农民创业就业平台。推进全国创新创业典型县、农村双创园区、农村"双创"孵化实训基地建设,积极搭建农民创业就业平台 2. 培育优秀创业就业带头人。加强农村双创人员和双创导师培育,从企业家、职业经理人、电商辅导员、科技特派员、返乡创业带头人中选拔一批创业就业导师,通过培大育强创业主体,选树优秀创业就业典型 3. 强化创业就业服务。健全创业就业信息服务,加强就业岗位配送,实行培训与就业"一站式"服务,推动就地就近创业就业。实施乡村创业促进行动,将各类财政创业补贴和税费减免政策全面覆盖到符合条件的返乡创业农民工

6.1.2 江苏省推动农村创业的重点领域、发展方向及主要方式

江苏省紧密结合本地实际,明确了推动江苏农村创业发展的重点领域,推动农村创业发展的方向以及主要方式。

6.1.2.1 重点领域

江苏省在推动农村创业发展的过程中,通过鼓励和引导返乡下乡人员结合自身优势和特长,充分发挥市场需求和当地资源禀赋的优势,以创新的理念、前沿的技术和多样的渠道,积极参与农业农村资源的开发与利用,致力于培育和发展优势特色产业,从而为江苏省农村经济的繁荣注入新动力。江苏着眼于实现乡村振兴战略的目标,重点关注以下领域的发展:规模种养业、特色农业、设施农业、定制农业、林下经济、庭院经济、农产品加工业、生产性服务业、休闲农业和乡村旅游、创意农业等。

1. 规模种养业

乡村规模种养业作为农村创业的重要领域,在江苏省推动农村创业发展的过程中具有巨大发展潜力和积极作用。规模种养业是一种将现代农业技术与大规模农业生产相结合的模式,通过引入先进种养技术、管理经验和市场营销策略,实现农业生产效益最大化。

在发展潜力上,首先,随着消费者对安全、健康、高品质食品的需求不断

增加,特色、有机、绿色的农产品受到热捧。规模种养业可以满足市场对新鲜、高品质农产品的需求,为农村经济增加市场竞争力。其次,现代农业技术发展为规模种养业提供了技术支持,例如智能养殖、精准施肥、病虫害监测等技术的应用,提高了农产品的生产效率和质量。最后,规模种养业需要专业化的管理和运营,培养了一大批从事农业技术和管理的专业人才,为农村产业结构升级注入新动力。

在作用与影响上,第一,乡村规模种养业能够实现大规模生产,提高农产品产量和质量,创造更多的经济效益,从而带动农民创业者收入的增加。第二,规模种养业的发展需要现代农业技术和管理模式,这促进了农村产业的升级和转型。农业从传统的小农经济逐步转向规模化、集约化发展,提高了农村经济效益。第三,规模种养业的兴起为农村创造了更多就业机会,包括养殖技术人员、管理人员、销售人员等。这有助于减轻农村的就业压力,吸引外出务工人员返乡就业。第四,规模种养业的发展能够丰富农村经济的内涵,将农村经济从单一的传统农业转向多元化的发展,提高了农村经济的韧性。

江苏省乡村规模种养业正成为农村经济创新的重要方向。充分发挥现代农业技术的优势,推动规模种养业的创新发展,有助于提高农产品供给质量,增加农民收入,实现农村创业的可持续发展,为乡村振兴战略的实施作出积极贡献。

2. 特色农业

乡村特色农业是农村创业的又一重要领域,在推动经济发展、增加农民收入以及促进农村社会进步方面具有重要意义。特色农业强调结合地域资源、文化传统和市场需求,培育具有地方特色的农产品,通过品牌建设和市场推广,实现农村经济的升级转型。

在发展潜力上,首先,江苏省地域广阔,具有丰富的自然资源和农业生产条件。山水田园、水乡古镇等独特景观为特色农业的发展提供了丰富的资源基础。其次,江苏省拥有悠久的历史文化传统,各地有着丰富的民俗风情、传统手工艺等,这些传统文化元素可以与特色农业相结合,形成独具特色的农产品。最后,随着消费者对绿色、有机、健康农产品的需求增加,特色农产品逐渐受到市场青睐。特色农产品的独特性和品质优势,能够满足市场的多元化需求。

在作用与影响上，第一，特色农业通过培育具有地方特色的农产品，提高产品的附加值和市场竞争力，推动了农民增收致富。第二，特色农业的发展促使农村产业向特色化、差异化方向发展，提高农村产业的升级转型水平。第三，特色农业强调地域文化的传承与创新，有助于激发农村文化活力，推动传统文化传承与发展。第四，特色农业强调地域文化的传承与创新，有助于激发农村文化的活力，推动传统文化传承与发展。第四，特色农业的发展强调农村生活方式的传承，推动农村社会的发展现代化和传统文化的融合。

江苏省乡村特色农业的兴起成为推动农村经济创新的关键动力。借助丰富的地域资源和深厚的文化传统，培育独具特色的农产品品牌，驱动特色农业的创新壮大，从而提升农产品附加值，助推农村经济可持续蓬勃发展，这一发展势头成为农村创业发展的积极力量。

3. 设施农业

乡村设施农业在江苏省农村创业中展现出巨大的发展潜力和多重积极作用。作为现代农业的重要组成部分，设施农业借助先进的设备和技术手段，在有限的空间内实现了农产品的高产高质，为创业者提供了创新的机遇。

在发展潜力上，首先，设施农业通过控制环境因素，例如温度、湿度、光照等创造了更适宜的生长环境，从而大大提升了农产品的生长速度和产量。这种高效率的生产模式具有巨大的发展潜力，有望为农村创业者带来更大的经济效益。其次，设施农业能够更好地利用有限的土地、水资源，实现农业的集约化和资源的最优化配置。尤其在江苏省这样的人口密集地区，设施农业为农村创业提供了有效的解决方案。最后，在设施农业环境下，创业者可以种植各类农产品，不受季节和气候的限制。这为农村创新创业提供了更多的选择，使得创业者能够根据市场需求灵活调整产品结构。

在作用与影响上，第一，设施农业可"控制"环境的特点，使得农产品的生产受到季节和气候影响较小，能够提供更稳定的农产品供应，满足市场需求。第二，在设施农业中，创业者可以培育高品质、有机、绿色等特色产品，从而获得更高的产品附加值，为农村创业带来更丰厚的利润。第三，设施农业的发展需要先进的技术支持，这有助于推动农村技术创新。从设备制造到环境控制，各个领域的技术创新都为农村创新创业提供了新契机。第四，设施农业中的自动化设备和数据采集系统有助于实现数字化管理,提高生产效率,为农村数字化发展注入新动力。第五,设施农业的发展需要与农业科技、农产品加工等产业紧密结合,能够促进农村产业链升级,增加了农村经济的附加值。

乡村设施农业在江苏省农村创业中具有广阔的前景。通过技术创新和高效管理,设施农业不仅有望提升农产品产量和品质,为农村创业带来更多机遇的同时,还能够为农村经济创新发展注入新的活力。

4. 定制农业

乡村定制农业在江苏省农村创业中展现出独特的优势和广阔的发展前景。作为满足个性化需求的创新模式,定制农业结合了消费者偏好和农产品生产,为创业者提供了灵活多样的创业机会。

在发展潜力上,首先,随着人们对个性化消费的追求,定制农业为消费者提供了根据个人口味和需求定制农产品的机会。这种模式能够更好地满足消费者对特色、健康、绿色产品的需求。其次,定制农业不受传统农业季节和品种的限制,创业者可以根据市场需求种植不同种类的农产品,实现农产品的多样性生产。最后,定制农业将农产品与创新的市场模式相结合,通过线上预订、送货上门等方式,拓展了农产品的销售渠道,为农村创业带来了新的市场机遇。

在作用与影响上,第一,定制农业将农产品与个性化需求相匹配,为产品赋予了独特的价值。通过定制化生产和包装,农产品的附加值得以提升。第二,定制农业为创业者提供了更多灵活性,能够根据市场反馈和消费者需求及时调整产品种类和规模,降低了创业风险。第三,定制农业的发展涉及生产、包装、销售等多个环节,创造了更多的就业机会,吸引了农村青年返乡创业。

乡村定制农业在江苏省农村创业中具有广阔的前景。通过满足个性化需求、提升农产品附加值、促进创新和数字化发展等方面的作用,定制农业为创业者提供了多样化的发展机会。

5. 林下经济

林下经济作为农村创业的一种重要方式,在江苏省农业农村振兴战略中展现出显著的生态效益、经济效益和社会效益,为推动农村创业发展提供了新的路径。林下经济利用林地资源,将农业、养殖、观光旅游等多种产业巧妙融合,为创业者提供了创新的机会。

在发展潜力上,一方面,林下经济不仅涵盖了传统的农作物种植,还包括了养殖、旅游观光等产业。这种多元化的产业模式为创业者提供了多样化的创业选择,有助于降低创业风险。另一方面,林下经济注重生态环保,通过合理的农林互作模式,实现了资源的高效利用和环境的改善,更为符合现代社会对绿色、可持续发展的要求,具有较强的市场竞争力。

在作用与影响上,第一,林下经济模式将农业与其他产业紧密结合,推动农村产业升级。例如,将农产品与观光旅游相结合,带动了农村旅游产业的发展,提升了整个产业链的附加值。第二,林下经济要求创业者充分发挥创意,将不同产业进行有机融合,形成新的商业模式。这种创新模式不仅丰富了农村产业,还有助于提升整个地区的发展水平。第三,林下经济模式注重生态环保,通过保护林地、合理规划农作物和养殖方式等,有助于改善农村生态环境,促进农业的可持续发展。第四,林下经济模式将农业与其他产业紧密结合,推动农村产业升级。例如,将农产品与观光旅游相结合,带动了农村旅游产业的发展,提升了整个产业链的附加值。

林下经济作为一种创新的发展模式,为江苏省农村创业带来了新的发展动力。通过多元化产业、生态环保、创新模式等方面的作用,林下经济有望推动农村产业的升级,提升农产品附加值,促进农村可持续发展。

6. 庭院经济

庭院经济作为一种在江苏省农村创业中具有巨大发展潜力的模式,通过充分利用农村居民的家庭院落,实现农产品种植、养殖、休闲旅游等多种产业融合,为创业者提供了独特的发展机遇。庭院经济不仅有助于提升农产品附加值,还为农村经济增添了新的活力。

在发展潜力上,首先,庭院经济充分利用农村居民家庭的庭院和空地,将这些零散的土地资源进行整合,形成多元化的农业产业。这种模式有助于最大限度发挥土地资源的效益。其次,庭院经济注重个性化需求,通过定制化种植、养殖,满足消费者对绿色、有机、特色产品的需求,从而提高农产品的附加值。最后,庭院经济要求创业者充分发挥创意,将农产品种植、养殖与休闲、旅游等元素融合,形成独特的经营模式,这种创新有助于提升农产品在市场上的竞争力。

在作用与影响上,第一,庭院经济充分利用家庭庭院资源,创业门槛较低,适合更多的农村居民参与创业,有助于扩大农村创业群体,促进农村创业的蓬勃发展。第二,庭院经济的发展吸引了更多的农村青年和农村外来人口参与,促进了社会融合,增强了农村社区的凝聚力和活力。第三,庭院经济的多元化产业模式涵盖了休闲、观光等元素,有助于推动农村休闲旅游的发展,提升了农村旅游的吸引力。第四,庭院经济模式中的信息化技术应用,例如电子商务、社交媒体推广等,推动了农村数字化发展,提升了产业的智能化水平。

庭院经济在江苏省农村创业中具有广阔的前景。通过充分利用家庭院落,结合多元化产业,庭院经济模式能够在提升农产品附加值、推动农村产业升级、改善农村生态环境、促进农村文化传承等多方面发挥重要作用。

7. 农产品加工业

农产品加工业是农村创业的关键领域,在江苏省农业农村振兴战略中显示出广阔的发展前景,并发挥了多方面的积极作用。通过对农产品进行深加工,可以提高产品附加值,延长产品的保鲜期,拓展产品的销售渠道,为创业者带来了新的商机。

在发展潜力上,首先,江苏省拥有丰富的农产品资源,涵盖了谷物、蔬菜、水果、畜禽产品等多个品类,这为农产品加工业提供了丰富的原材料基础。其次,随着消费升级和人们对食品安全的更高要求,农产品加工业可以满足不同消费者的多样化需求。从有机食品到特色食品,都有巨大的市场潜力。最后,农产品加工业通过对农产品进行深加工,将其加工为成品食品或半成品原料,从而赋予产品更高的附加值,进而提高农产品的市场竞争力。

在作用与影响上,第一,农产品加工业为创业者提供了多样的创业机会。创业者可以根据自身兴趣和技能,选择不同的加工方向,比如水果蔬菜加工、畜禽产品加工等。第二,农产品加工业不仅可以将农产品延伸为成品,还能够促进农村产业链升级。通过深加工,农村可以从原材料供应端延伸到产品销售端,实现产业链的完整连接。第三,经过加工后的农产品更易于储存和运输,可以扩展产品的销售范围,促进农产品的远销,助于拓展农村的市场空间。第四,农产品加工业的数字化管理和物联网应用有助于提高生产效率、产品质量和供应链可追溯性,推动农村数字化发展。第五,农产品加工业可以将季节性产品加工成非季节性产品,降低受季节和气候变化的影响,增强农产品的市场抗风险能力。

江苏省的农产品加工业在农村创业中展现出巨大的发展潜力。通过提升农产品附加值、推动农村产业升级、促进农产品远销等方面的作用,农产品加工业为创业者提供了无限的商机。

8. 生产性服务业

生产性服务业在农村创业中扮演着重要角色,在推动江苏省农村创业发展中发挥着多方面的促进作用。生产性服务业涵盖了农资配送、农田托管、农机作业服务、农产品流通、农业废弃物处理等多个领域,为创业者提供了新的商机。

在发展潜力上,首先,随着农业现代化进程的推进,农业生产对各类专业性服务的需求越来越大。生产性服务业能够满足现代农业高效、精细化管理的需求。其次,农业技术不断进步,生产性服务业为创业者提供了专业的技术支持,包括农业咨询、病虫害防治等,帮助农户提高产量和质量。最后,生产性服务业通过集中采购、农田托管等方式,降低了农业生产成本,为创业者提供了更具竞争力的价格。

在作用与影响上,第一,生产性服务业的数字化管理和物联网应用有助于提高服务效率和质量,推动农村数字化发展,提升农村生产的智能化水平。第二,生产性服务业的发展促进了农村产业融合,将农业生产与服务相结合,形成产业链条,促进农村产业升级。第三,生产性服务业参与农产品流通环节,有助于拓展农产品销售渠道,促进农产品的市场流通。第四,生产性服务业通过技术支持和专业指导,帮助农户改善农业生产管理,提高农产品的质量和安全标准。

生产性服务业在江苏省农村创业过程中大有可为。通过提供专业技术支持、降低农业生产成本、推动数字化发展等方面的作用,生产性服务业丰富了创业者的创业方式。

9. 休闲农业和乡村旅游

农村创业的重要方向包括休闲农业和乡村旅游,该创业方式在江苏省农村创业活动中展现出了巨大的发展潜力。这一领域通过将农村与旅游相结合,为创业者提供了丰富的商机,同时也促进了农村经济的发展和农民收入的增加。

在发展潜力上,首先,江苏省拥有丰富的自然资源和乡村景观,适合发展休闲农业和乡村旅游。山水田园、古村落等元素为创造独特的旅游体验提供了基础。其次,休闲农业和乡村旅游可以涵盖休闲观光、采摘体验、农家乐、农村民宿等多种项目,满足不同游客的需求,具备多元化的发展潜力。最后,随着城市生活节奏的加快,人们对休闲度假、田园体验的需求逐渐增加。休闲农业和乡村旅游能够满足都市人寻求放松、亲近自然的愿望。

在作用与影响上,第一,休闲农业和乡村旅游带动了农村经济的多元化发展,促进了农产品的销售、农家乐的兴起等,增加了农民的收入。第二,休闲农业和乡村旅游将古村落、农耕文化等融入旅游体验,有助于传承和保护农村的传统文化,弘扬地方特色。第三,为了满足游客需求,农产品加工、农家乐服务等推动了农村产业结构升级。第四,休闲农业和乡村旅游吸引了不同地域的游客,促进了城乡之间的文化交流,丰富了农村的文化内涵。

休闲农业和乡村旅游在江苏省农村创业中具备广阔的发展前景,通过创造多样化的旅游体验、促进农村经济发展、保护农村文化等方面的作用,休闲农业和乡村旅游为创业者提供了新的创业方式,同时也为乡村振兴战略的实施作出了积极贡献。

10. 创意农业

创意农业作为农村创业的新兴领域,在江苏省农村创业的发展过程中,发挥着越来越重要的作用。创意农业将创新理念、新技术与农业相结合,通过独特的创意和设计,为创业者提供了全新的创业方向。同时,创意农业也有助于推动农村产业升级、促进农村文化传承等。

在发展潜力上,首先,创意农业将创新理念融入农业生产,通过独特的创意和设计,为传统农业注入了新的活力,为创业者带来了新的商机。其次,创意农业涵盖农艺创意、设计创意、产品创意等多个领域,为创业者提供了多样化的发展方向,拓展了农村产业结构。最后,随着人们对生活品质的要求提高,创意农业满足了消费者对独特、个性化农产品的需求,从而具备了广泛的市场潜力。

在作用与影响上,第一,创意农业涵盖了农产品设计、创意农庄、农艺体验等多个领域,为创业者提供了多样的创业机会。第二,创意农业为贫困地区提供了创新发展路径,帮助农民提高收入,促进农村精准扶贫工作。第三,创意农业引入创新的生活方式和体验,丰富了农村居民的生活,改变了传统的生活模式。

创意农业在江苏省农村创业中具备较大的发展潜力。通过创新创意驱动、多元化的产业形态等方面的作用,创意农业为创业者提供了丰富的商机,同时也为农村经济发展、文化传承等方面作出了积极贡献。

6.1.2.2　发展方向

江苏省鼓励并引导返乡下乡人员遵循法律法规和政策规定,通过多样化的方式(例如,承包、租赁、入股、合作等)积极投身于农村创业。这些多元化的举措为他们创办领办家庭农场、畜禽规模养殖场、农民合作社、农业企业、农业社会化服务组织等新型农业经营主体提供了广阔的平台。同时,江苏省通过推动聘用管理技术人才,形成专业化创业团队并与其他经营主体的合作,包括现代企业、企业集团或产业联盟共建,实现了农村创业领域的资源整合与优势互补。此外,通过加快推动实施"互联网+"现代农业行动,利用互联网思维和技术,积极发展农业农村电子商务,开展网上创业。

1. 创办新型农业经营主体

创办新型农业经营主体在江苏省农村创业发展中具有重要意义。这一举措不仅为返乡下乡人员提供了创业机会,同时也为农村经济的可持续发展注入了新的活力。第一,创办新型农业经营主体有助于提升农村产业的现代化水平。传统的小农经济模式在逐渐失去竞争力的同时,新型农业经营主体以其规模化、专业化、市场化的特点,能够更好地整合资源,提高生产效率,推动农村产业升级。通过引进先进的农业技术、管理理念和市场营销手段,新型农业经营主体能够为农产品增加附加值,提高农村创业的竞争力。第二,创办新型农业经营主体有助于农民增收致富。伴随城市化的进程,越来越多的人选择进城工作,这导致农村劳动力短缺。以返乡下乡人员为主要对象,培育一批新型农业经营主体,不仅可以填补劳动力缺口,还可以为农民提供就业机会,提高农民的收入水平。此外,新型经营主体的规模效益和市场优势也能够确保农民获得更加稳定和可观的收益。第三,创办新型农业经营主体有助于推动农村农业的创新发展。新型农业经营主体在生产、管理、营销等方面注重技术创新和管理创新,从而推动农村农业实现从传统到现代的转型升级。以上举措不仅有助于提高农产品的质量和安全标准,还能够开发出更多的优质特色农产品,满足多样化的市场需求。

2. 组建管理技术人才创业团队

管理技术人才组建创业团队有助于推动农村创业的发展。这一举措不仅有助于提升创业团队的整体素质和竞争力,还能够推动农村经济的可持续发展。第一,管理技术人才能够为创业团队提供专业的管理支持。在农村创业过程中,除了需要农业技术的支持,还需要科学合理的管理策略来保障项目的顺利进行。管理技术人才能够帮助创业团队建立科学的组织架构、运营流程和管理体系,有效提高团队的运营效率和管理水平。第二,管理技术人才能够为创业团队提供市场营销支持。在竞争激烈的市场环境下,农产品的推广和销售至关重要。管理技术人才具备市场调研、品牌推广、销售渠道拓展等方面的专业知识,能够帮助创业团队制定有效的市场营销策略,提升农产品的市场竞争力。第三,管理技术人才能够推动创业团队实现规模化经营。在农村创业中,通过规模化经营能够降低成本、提高效益。管理技术人才可以帮助创业团队优化生产流程,提高资源利用效率,实现农产品的大规模生产,从而为农村经济的可持续发展创造更有利的条件。

3. 组建现代企业和产业联盟

现代企业和产业联盟的组建在农村创业中也发挥着重要作用。这一举措不仅可以整合资源、优势互补,还能够推动农村经济的协同发展。第一,现代企业的组建有助于资源整合和优势互补。在农村创业中,单打独斗难以发挥最大效益。现代企业的组建可以将不同企业的资源、技术、人才等进行整合,形成更大的产业集群。通过优势互补,各企业可以共同发挥各自的特长,实现资源优势最大化,从而推动农村产业的快速发展。第二,现代企业的组建可以提高经济效益。通过规模化生产和经济效益的提高,现代企业能够降低生产成本,提高产品质量,从而在市场上获得更大的竞争优势。同时,现代企业能够引入先进的管理理念和技术手段,提升生产效率,实现农产品附加值的提升。第三,产业联盟的组建有助于形成合作共赢的格局。产业联盟汇集了不同领域的企业,通过共同的利益目标和合作机制,能够实现资源共享、风险分担、市场扩展等方面的合作。这种合作共赢的格局可以为每个成员企业带来更多的发展机会,同时也有助于推动整个农村经济的协同发展。

4. 强化农村科技服务建设

农村科技服务建设的强化在多个方面促进着农村创业发展。农村科技服务建设的强化不仅可以提升农村科技水平,还能够促进农村经济的发展和乡村振兴战略的实施。第一,农村科技服务建设的强化可以提升农村创业的科技支撑。随着农业技术的不断发展,农村创业者可以借助先进的科技手段,提高生产效率和产品质量。农村科技服务机构可以提供技术培训、咨询指导等服务,帮助创业者了解最新的农业技术和管理方法,从而在创业过程中更加得心应手。第二,农村科技服务的强化有助于解决农业生产中的实际问题。农村创业者在农业生产中常常面临各种问题,例如病虫害防治、灾害防范等。科技服务机构可以提供针对性的解决方案,为创业者排忧解难,保障农业生产的稳定进行。第三,农村科技服务的强化可以促进农村产业升级。通过引入新的农业技术和生产模式,农村创业者能够生产出更具附加值和市场竞争力的农产品。科技服务机构可以帮助创业者掌握这些先进技术,推动农村产业从传统农业向现代农业升级。

5. 发展农业农村电子商务

在数字经济时代,农业农村电子商务在农村创业中扮演着重要的角色。电子商务的发展,不仅促进了农村经济的转型升级,而且有效提升了农产品的附加值。第一,农业农村电子商务的发展有助于突破地域限制,拓展市场空间。传统的农村经济往往受制于地理位置和销售渠道的限制,导致农产品流通受阻。电子商务平台可以突破地域限制,将农产品推向全国市场甚至全球市场,为农村创业者创造更广阔的市场空间。第二,农业农村电子商务的发展能够提升农产品的附加值。通过电子商务平台,农产品可以进行品牌推广和精细加工,从而增加产品的附加值。创业者可以利用电子商务渠道直接与消费者进行交流,了解市场需求,推出更加符合消费者需求的产品,从而提高产品的市场竞争力和附加值。第三,农业农村电子商务的发展有助于减少中间环节降低成本。传统的农产品流通中存在着多个中间环节,使得农产品的价格被逐步推高,农民获得的收益相对较低。通过电子商务平台,农产品可以直接从生产者销售给消费者,减少了中间环节,从而降低了成本,让农民获得更多的收益。

6. 培育创业创新共同体

创业创新共同体的培育对于农村创业具有重要的支撑作用,能够促进资源整合,降低创业风险,促进创业者的成长和学习。第一,创业创新共同体可以实现资源共享和优势互补。不同的创业者在技术、人才、资金等方面存在差异,创业创新共同体可以将这些资源进行整合,使每个成员都能够共享其他成员的资源。通过资源共享和优势互补,创业者可以更好地发挥自身优势,实现合作共赢。第二,创业创新共同体有助于降低创业风险。创业过程中存在风险和不确定性,但在共同体中,成员可以共同分担风险,减轻创业者的压力。共同体成员之间的互助和合作可以提供经验交流和信息共享平台,帮助创业者更好地应对挑战。第三,创业创新共同体可以促进创业者的成长和学习。共同体成员之间可以进行经验分享、技术交流、合作探讨等,创业者的专业知识和技能能够得以提升。创业者还可以从其他成员的成功案例或失败经验中借鉴经验或吸取教训,不断完善自己的创业计划和策略。

7. 实施"互联网＋"现代农业行动

在农村创业的背景下,实施"互联网＋"现代农业行动具备独特而重要的价值。这项举措融合了互联网科技与农业产业,不仅有助于提高农业生产效率和农产品附加值,同时能够为农村经济的发展提供有力的推动力,为农村创业发展注入新的活力。第一,实施"互联网＋"现代农业行动有助于信息化升级。互联网技术的应用可以让农业生产、管理、营销等各个环节实现信息化,提高生产效率和管理水平。通过智能化的农业设备和传感器,农民可以实时监控农田的土壤湿度、温度等信息,从而作出更精准的决策,优化农作物的种植和管理。第二,实施"互联网＋"现代农业行动有助于推动农业产业升级。利用互联网技术,农业可以实现从传统农业向现代农业的转变。例如,通过农业大数据分析,可以为农民提供种植、施肥、灌溉等方面的精准指导,从而提高农作物的产量和质量。第三,实施"互联网＋"现代农业行动可以培育新的业态和商机。创业者可以利用互联网平台开发农产品电商、农村旅游、农业生态体验等创新业务,为农村创业提供更多可能性,带动农业就业和农民增收。

8. 打造高水平创业创新平台

在农村创业中,打造高水平创业创新平台具有重要的意义和作用。这样的平台不仅能够提供资源整合、创新驱动和合作机会,还能够推动农村创业向更高层次发展。第一,打造高水平创业创新平台可以将不同领域的资源进行整合,汇集创业者、投资者、专家学者等多方力量,为创业者提供丰富的资源支持。在农村创业中,平台可以提供土地、资金、技术等各类资源,帮助创业者克服创业初期的资金和资源瓶颈,从而推动农业农村创新的落地和发展。第二,高水平创业创新平台可以成为技术创新和产业升级的重要平台。农业农村领域面临着许多挑战,例如农业生产的低效率、传统种植模式滞后以及农产品质量安全等问题。通过平台,创业者可以获得最新的农业科技和技术支持,推动农业技术的升级和创新,提高农产品的产量和质量。第三,高水平创业创新平台能够激发创业者的热情和创新动力。平台上的创业成功案例、优秀创业者的故事等可以激励更多的人参与创业创新,促进创新氛围的营造。在农村创业中,这种激励作用尤为重要,可以吸引更多农村人才投身农业创新,推动农村经济的转型和发展。

6.1.2.3 主要方式

在推动农村创业过程中,江苏省积极鼓励和引导返乡下乡人员,采用全产业链、全价值链的现代产业组织方式,展开创业创新。这种方式不仅有助于建立更加紧密的利益联结机制,也能够推动农村的一、二、三产业融合发展,使农民真正分享到二、三产业增值的红利。此外,江苏省以农牧(农林、农渔)结合、循环发展为导向,推动高质量、高效益、环保的绿色农业蓬勃发展。在农产品加工业和农业生产性服务业方面,江苏省大力发展,并倡导产加销一体化运作,将农产品的生产、加工和销售环节紧密结合,延伸农业产业链条,实现更多附加值的创造。同时,江苏省还积极推进农业与农业农村电子商务、旅游、教育、文化、健康养老等产业的深度融合,从而提升整个农业价值链。在产业布局方面,江苏省进一步优化,培育产业集群和农村产业融合发展的先导区。江苏省鼓励返乡下乡人员融入特色小城镇和产业园区,开展创业创新,这不仅有助于促进创业者之间的互动与合作,还能够在更有利的环境中实现创新发展。

一是全产业链、全价值链的现代产业组织方式。全产业链、全价值链的现代产业组织方式对于农村创业发展具有重要的意义和作用。这种方式不仅能够促进农业农村产业的升级和发展,还能够为创业者提供更多的机会和平台。首先,全产业链、全价值链的现代产业组织方式能够将各个环节有机地连接起来,实现资源的高效整合。创业者可以在这样的组织模式下,将生产、加工、销售等环节进行紧密结合,从而降低了成本,提高了农产品的附加值。这种整合能够使农业产品更具市场竞争力,创造更多的商业价值。其次,在全产业链、全价值链的组织方式下,创业者需要在多个环节进行协调和合作,例如在农业生产、加工、营销等各个环节可以寻找创新点。通过产业链多节点的协调与合作带动技术的不断创新,提升农产品的技术含量和品质。最后,全产业链、全价值链的现代产业组织方式使创业者能够在多个环节中寻找机会,实现多元化发展。多元化的发展有助于帮助农村创业者分散风险,避免过于依赖单一产业。例如,创业者可以在农产品种植的同时,开展加工、销售等多个业务,从而降低了可能的经营风险。

二是构建合理稳定的利益联结机制。构建合理稳定的利益联结机制具有重要的意义,不仅可以激励创业者更积极地投身农村创业,还能够促进资源的优化配置、增强农村经济的活力。首先,利益联结机制有助于不同产业环节之间的协同发展。在现代农业中,种植、加工、销售等环节相互关联,利益的合理联结可以促使各环节更加协调合作,从而推动整个产业的协同发展,实现农业产业链的优化。其次,合理稳定的利益联结机制可以分担创业风险,降低创业者的经济压力。在合作伙伴之间建立利益共享和风险共担的机制,可以使创业者在面对不确定性时更加有信心,从而鼓励更多人参与农村创业。最后,利益联结机制能够将不同环节的利益相关者紧密联系起来,促使资源得以更合理地配置。例如,农产品生产者、加工商、销售渠道等各个环节之间的协作,可以使资源在不同环节之间流动,从而实现资源的最优配置。这有助于提高农产品的生产效率和品质。

三是推动农村一、二、三产业融合发展。推动农村一、二、三产业融合发展,不仅可以促进农业产业的升级和创新,还能够创造更多的创业机会。首先,农村一、二、三产业融合发展可以将农产品的生产、加工、销售等环节有机地结合起来。通过深加工,农产品的附加值得以提升,农产品更具市场竞争力。创业者可以在融合发展中寻找创新点,提供更多高品质、高附加值的农产品。其次,农村一、二、三产业融合发展为创业者提供了更广阔的创业领域。创业者不仅可以在传统的农业领域创业，还可以涉足涵盖农产品加工、流通、销售等多个环节的创业项目。多元化的创业机会能够吸引更多人投身农村创业，推动创新的不断涌现。最后，农村一、二、三产业融合发展能够推动农村经济的升级。通过将传统的农业产业与现代产业有机结合，农村创业模式从传统的生产型向加工、服务型转变，实现产业升级。

四是加快农业与其他产业深度融合。加快农业与其他产业的深度融合对于推进农村创业具有多方面的积极意义，在开拓创业机会的同时，还可以促进资源的共享和创新。首先，农业与其他产业的深度融合为创业者创造了更多多元化的创业机会。通过将农业与旅游、文化、教育、健康养老等产业相结合，创业者可以探索出新的创业领域。这种多元化的机会吸引着更多人投身到农村创业中。其次，农业与其他产业的深度融合能够催生新的创新模式。在产业融合中，创业者可以寻找新的商业模式、运营模式，通过跨界合作创造出更具创新性的产品和服务。这种创新模式的涌现有助于推动农村创业向前发展。最后，农业与其他产业深度融合能够促进资源的共享和整合。不同产业之间可以通过合作、协作的方式，实现资源的互补和优势互补。例如，农产品可以与旅游、文化等资源相结合，实现资源的共享与整合，从而提升综合价值。

五是强化产业布局优化和产业集群培育。在乡村振兴的背景下，加强产业布局的优化和培育产业集群的举措不仅有助于激发创业者的活力，还能够促进资源的高效利用和创新的推动。通过将不同领域的产业相互融合，能够创造出更加协同、高效的生态系统，从而为农村创业营造更为有利的环境。首先，产业布局优化和产业集群培育有助于促进技术创新。在产业集群中，不同企业和创业者可以共享技术资源，进行技术创新的合作。这种合作有助于加速创新成果的转化和应用，推动农村创业的发展。其次，产业布局优化和产业集群培育为创新创业模式的探索提供了平台。在产业集群中，不同领域的企业和创业者可以形成紧密的合作关系，共同创造新的商业模式、运营模式。这种创新有助于推动农村创业的不断深化。最后，强化产业布局优化和产业集群培育为创业者创造了多元化的创业机会。不同的地域特点和资源禀赋可以为创业者提供创业基础。通过将农业与文化、旅游、科技等产业进行布局优化和集群培育，创业者可以发掘新的创业领域。

通过上述这些重点领域的积极探索和创新，返乡下乡人员可以发挥自身优势,充分利用市场机会和地方资源,推动江苏农村的创业创新,为农村经济的繁荣和乡村振兴作出积极贡献。这样不仅能实现个人的创业梦想,还可以为家乡的发展注入新的活力,共同实现美丽乡村的愿景。

6.1.3 江苏省农村创业的总体进展

6.1.3.1 整体水平全国领先

江苏省持续推进农村创业,连续多年举办全省新农民新业态创业创新大会,并在全国农村创业项目创意大赛中取得优异成绩。先后创建全国农村创业典型县 12 个、全国农村双创园区 87 个、全国农村双创孵化实训基地 9 个,推介 17 个全国农村创业优秀带头人典型案例。针对部分返乡下乡人员缺乏现代农业生产、加工、管理等知识技能,通过每年组织开展技能培训,涌现出返乡入乡农民工、退伍转业军人、大学生等一批农村创业人才,2020 年全省农村创业人数达到 47 万人。

为了体现对农村创业的高度重视,总结农村创业的模式,农业农村部办公厅推介农村创业的典型案例,用鲜活的事例激励人,用拼搏的精神鼓舞人,用创意的点子启迪人,引导各类人员返乡入乡创业,汇聚起乡村产业振兴的磅礴力量,助力全面推进乡村振兴和农业农村现代化。在农业农村部办公厅推介的第五批全国农村创业创新优秀带头人典型案例中,江苏省 10 位创业者入选农村创业创新优秀带头人,位居全国地区第一,北京市、山西省、黑龙江省、安徽省、山东省,湖南省等六个地区并列第二。为了紧扣乡村产业振兴目标,江苏省大力推进农村创业,通过涌现出一大批农村创业典型县,建设了一批农村创业园区和孵化实训基地,为乡村产业振兴注入了强大动力,农业农村部公布了第三批 100 个县为全国农村创业示范县,200 个区为国家农村创业园区。在公布的具体示范县名单中,位于前列的地区为江苏省、安徽省、河南省、山东省、湖南省、四川省,云南省。在国家农村创业园区名单中,位于前列的地区依次为云南省、湖南省、安徽省、吉林省、河南省、山东省、四川省、江苏省。因此,在涉及农村创业的相关评比中,江苏省走在全国前列,在推动农村创业的工作中发挥着重要的示范引领作用。

6.1.3.2 新农人引领迸发出创新创业活力

江苏连续四年承办全国"双新双创"大会,为创新创业搭建了坚实的舞台,推动了一系列项目的落地,培养了大批农村产业带头人才。这一举措催生了一股强大的力量,为乡村产业振兴注入了活力。目前,全省有超过40万名返乡下乡人员,他们创建了2.5万个不同类型的主体,这一创新浪潮带动了近50万人就业创业,成为助推乡村产业振兴的重要力量。以新农人身份激发创业创新的案例比比皆是,以下为几个典型的案例。

"渔管家"陆超平是一位杰出的创业者。2014年,怀揣着农业科技创业的梦想,南京农业大学博士毕业生陆超平辞去了公务员职位,前往南京市溧水区白马国家现代农业园创办了南京渔管家物联网科技有限公司。他运用云端技术和物联网,让农户能够实现"穿着西装养鱼",从而轻松而优雅地经营养殖业。陆超平的努力累计帮助245户农民实现了产业致富,养殖面积扩大了3万余亩。他还开发了循环流水智能养殖设备和技术,使鱼类的发病率和药品使用量分别降低了10%和30%,单位土地的产出也提高了1倍。①

另一位杰出的创业者是被当地人尊称为"月季姐姐"的郑萍。郑萍毕业于南京林业大学,获得园艺学博士学位后,她决心扎根泗阳农村,以创新推动创业。她创建了江苏新境界花卉有限公司,从植物组培技术研发中心到无菌冷库,从温室玻璃花房到1 500亩室外花卉苗圃,她将一片片叶片培育成上万株健康美丽的花苗。郑萍的公司不仅培育鲜花、切花、永生花,还开发了与鲜花相关的工艺制品、食品、化妆品,带动了泗阳县村民一起参与种植、欣赏和销售花卉。②

还有一位杰出的"追梦人"是葛忠奎。他曾在建材行业工作,但因为他在农村长大,对农业有着深厚的情感。2010年,他决定离开城市,回到乡下。他发现农户分散种植粮食,导致品质无法保证,价格也不稳定。于是,他创立了扬州中月米业有限公司,与周边的种植大户签订订单合同,根据市场需求生产高质量的大米,并打造相关品牌。此外,他联合其他农业企业、合作社和家庭农场,成立了"优质食味稻联合体",提供统一购买农资等"五统一"

---

① 新业态开新局 农村创业创新在江苏蔚然成风[EB/OL].(2020-09-23)[2024-02-02].https://www.sohu.com/a/420218374_115402.

② 仲茜,郑芮.用花卉"快繁"技术建起一座鲜花小镇 博士"月季姐姐"扎根苏北[EB/OL].(2020-09-21)[2024-02-02].https://jsnews.jschina.com.cn/hxms/202009/t20200921_2632475.shtml.

服务,降低了农户的种植成本,保障了粮食的品质。①

"渔管家"陆超平、"月季姐姐"郑萍和"追梦人"葛忠奎,都为江苏省的农村创业发展作出了卓越的贡献。他们的创新和创业精神不仅改善了农村居民的生活质量,还为全省乡村经济的发展注入了新的动力,体现了"双新双创"政策的成功实施和丰硕成果。以上这些成功典型鼓舞着更多的人投身到农村创业的发展中,共同创造更美好的未来。

6.1.3.3　以新业态激活了乡村内生发展动力

江苏省一直以来以农村创业为手段,大力推动新业态衍生,积极推动农业产业结构升级,特别是着力发展出休闲农业和农产品电子商务等 8 个产值超千亿元的优势特色产业。这些举措在全省范围内取得了显著成效,为农村经济的蓬勃发展和乡村振兴提供了强大动力。截至 2019 年年底,江苏全省通过推动农村创业,已经孕育出 160 个产值超过 10 亿元的县域优势特色产业,全国"一村一品"示范村镇总数达到了 144 个。此外,江苏省还累计创建了 20 个全国休闲农业示范县、38 个中国美丽休闲乡村以及 279 个全国休闲农业与乡村旅游星级示范企业和园区。江苏省新建了 100 个省级农业电商示范基地,形成了一批农村电商的典型模式,例如"沙集模式"和"沐阳模式"等。

一个典型的成功案例是金坛区的"福地仙居"仙姑村。该村位于茅山旅游度假区核心地带,自然风景优美,历史文化底蕴深厚,文旅资源丰富。自 2018 年以来,仙姑村与常州景尚旅业集团展开合作,共同打造了茅山仙姑村休闲旅游农业项目。他们整合了仙姑村民的闲置房屋,发展了农家乐,推出了精品民宿"仙姑十八房",并发展了 23 家农家乐。

另一个案例是江苏花名堂农业科技发展有限公司。该公司位于被誉为"花木之乡"的如皋市。该公司针对传统盆景存在的问题,例如体积较大、不便运输和价格较高,积极发展微型盆景,在产品创新方面取得了不少成就,获得了 2 项发明专利和 6 项实用新型专利。该公司的产品从盆栽发展到微型盆景、礼品盆景,再到无土栽培盆景。通过 O2O 模式开拓市场,线下与大型商场、超市以及花店合作,线上依托淘宝等电商平台,开发了小微盆景

---

① 高霞."跨行"新农人葛忠奎:不断探索经营模式,我想培养出一批农民老板[EB/OL]. (2020-09-21)[2024-02-02]. http://www.xdkb.net/p1/js/20200917/119022.html.

App,架起了农户和消费者之间的桥梁。

还有一个成功案例是连云港市赣榆区的海头镇,被誉为中国海鲜电商第一镇。自 2016 年以来,该镇积极发展海鲜电商,渔民们纷纷参与互联网销售,通过快手、抖音、淘宝等短视频和电商平台成功实现了"互联兴镇"的小目标,成为赣榆区首家中国淘宝镇。2018 年,该镇更以 165 亿次点击量成为快手播放量第一的镇。目前,全镇的电商年销售额已经达到 50 亿元,有超过 3 000 名网红,30 户拥有百万粉丝的网红,全镇每天的发货量达到了 15 万以上,为 1 万多人提供了就业机会。

这些令人振奋的事例表明,江苏省通过持续推动农村创业,培育和发展出休闲农业、电子商务等优势特色产业,在农村产业振兴方面取得了显著的成果。聚焦于新业态的创业模式不仅提升了农民的生活质量,创造了更多的就业机会,还为乡村和农村地区带来了更多的机遇和希望。以上成功案例为其他地区创业发展提供了有益的借鉴和启发。

6.1.3.4　创建出推动创业的孵化载体

江苏省一直积极开展"万企联万村、共走振兴路"行动,旨在推动农业农村重大项目建设,为创业和创新者提供平台和机会,推动农村产业升级和乡村振兴。全省范围内积极打造创业创新园区,为农村创业提供了关键的孵化载体。

在创业创新园区创建方面,江苏省建立了创业创新园区,为创业者提供了必要的场地和资源,还鼓励创新,推动了一批新兴产业的发展;在农村"双创"典型县创建上,全省创建了 7 个全国农村"双创"典型县,这些县区通过政策扶持和项目引导,积极培育农村创新和创业文化氛围。在农村"双创"园区创建上,2020 年江苏省建立了 87 个全国农村"双创"园区,这些园区成了创新企业的孵化地,为创业者提供了必要的支持和资源。在农村"双创"孵化实训基地创建上,全省共设立了 9 个全国农村"双创"孵化实训基地,为年轻创业者提供了实际操作和培训的机会。在农村三产融合试点县创建上,江苏省设立了 26 个国家农村三产融合试点县,通过促进农村一、二、三产业的融合发展,推动了乡村经济的多元化;在农业产业强镇和农产品加工集中区创建上,全省设立了 43 个国家农业产业强镇和 45 个省级以上农村产业融合先导区,这些地区成了农村产业振兴的重要支撑。

泰兴市农产品加工园区是一个杰出的例子,成立于 2009 年。园区规划面积达到了 22.8 平方公里,核心区域占地 8 平方公里,吸引了 56 家企业入驻。该园区形成了以粮食加工、畜禽加工、果蔬加工为主体的食品工业产业特色,荣获了多个荣誉称号。例如,"全国农产品加工业示范基地"和"国家农业产业化示范基地",并成功创建了"国家农村产业融合发展示范园"。

洪泽电子商务产业园是另一个杰出的示范园区,提供了电子商务产业集聚、创业孵化、仓储物流、技术成果转化等多功能支持。该园区拥有数百家企业,包括电子商务企业、生产加工型企业、仓储企业和物流企业。园区吸引了大量 40 岁以下的创业青年,为他们提供了发展的机会。早在 2019 年,该园区的企业交易额就达到了 15.3 亿元,其中农副产品交易额达到了 1.5 亿元,成功带动了超过 1 万人的创业和就业机会。

总之,江苏省在创业方面取得了卓越成就,各种政策和项目为农村地区提供了关键的支持和机会,促进了乡村振兴,提高了农村居民的生活水平,为经济发展注入了新动力。这些成功经验为其他地区推进农村创业提供了重要的参考。

6.1.3.5　各地市农村创业均取得显著成效

江苏省各地在农村创业方面取得了显著成效,为乡村振兴注入了新的活力。通过积极实施政策支持和项目引导,不仅提供了良好的创业环境,还营造了鼓励农村创新和创业的文化氛围。

比如邳州市农业产业特色鲜明,形成了"一棵树的风景""一块板的家居""一头蒜的保健""一朵花的美丽"四大主导产业。每年划拨乡村振兴资金 1 亿元用于园区、加工集中区、产业集群、农业产业化示范基地等建设,为返乡下乡人员创新创业搭建服务平台。邳州市拥有多个省级以上农村创业园区(基地),包括双创园区、双创孵化实训基地等。

苏州市相城区是全国农村创业典型县,全区拥有全国农村创业园区(基地)、全国农村创新创业孵化实训基地、国家农民合作社示范社,建有企业院士工作站和国家博士后科研工作站、国家级星创天地、省博士后创新实践基地,拥有"姑苏创新创业领军人才计划"数名,先后获评江苏省农村电子商务十强县、首批全国新型职业农民培育示范基地、国家级文化创意产业园。

盐城市盐都区突出政策驱动、平台赋能、人才引培、服务保障,全力打造农村"双创"新高地。大力实施"创业乡村"行动计划,培育了一批特色产业拉动、返乡能人带动、双创园区推动、产业融合创新驱动的农村创客群体,拥有双创园区、中小企业创业园、科技型小微企业园等各类创新创业孵化载体,农业产业化龙头企业、农民合作社、家庭农场等企业组织。

江苏省各地市在农村创业方面的积极努力,为乡村振兴注入了新的活力,为农村经济的多元化和现代化发展开辟了广阔道路。这些成功实践不仅提高了农民的生活水平,还为其他地区提供了宝贵的经验和启示,有望在全国范围内推动农村产业的升级和乡村振兴的持续推进。以上这些努力体现了江苏省在推动农村创业,加快农村经济发展方面的坚定决心和创新精神,为未来乡村振兴事业的发展提供了强大的动力。

6.2 江苏省农村创业的发展经验与启示

农村创业作为产业振兴的重要组成部分,需要充分调动各种要素资源,推动产业发展。在选择产业时,应深入研究当地的资源禀赋、市场需求和产业发展趋势以及乡村的特色和文化传统。江苏省作为一个城市化水平较高、区域发展差异明显的地区,提供了丰富的农村创业发展样本,值得其他地区借鉴。通过学习江苏省的发展经验,探索适合自身产业发展的道路,有助于推动其他地区农村创业的发展。本部分总结江苏省农村创业模式及经验。

除了前述特色产业拉动型、产业融合创新驱动型、返乡下乡能人带动型等五种农村创业模式,江苏省还具有独特的党建引领型农村创业模式。党建引领型农村创业模式是指在农村经济发展和创业活动中,党组织、领导和服务发挥核心引领作用的模式。江苏省在推行党建引领型农村创业模式过程中取得了显著成效,这得益于党组织的领导作用、党员的带头作用、党建服务的提供以及党群联动的合作等多个方面的努力,该模式为江苏省农村创业的发展注入了新的活力和动力。党建引领型农村创业模式的特点有三个。一是党组织的领导作用。党组织在江苏省的农村创业中发挥着核心领导作用。党的政策指导、组织动员和决策部署,为农村创业提供了强大的政治支持和组织保障。例如,盐城市射阳县人民政府印发了《射阳县"十四五"全面推进乡村振兴加快农业农村现代化规划(2021—2025)》,明确了农村创业的发展方向和重点领域,为全县农村创业活动提供了明确的指引和政策支持。二是党员的带头作用。党员作为先进分子和模范带头人,在江苏省的农村创业中起到了重要的示范和引领作用。例如,南京市江宁区组织了一批党员带头成立农业合作社,引导农民开展现代农业种植和养殖业,提高农业生产效益和农民收入水平。通过党员的积极参与和示范带动,促进了农村创业的蓬勃发展。三是党建服务的提供。党组织在江苏省的农村创业中提供了全方位的服务支持。例如,苏州市吴中区党委成立了"党建＋"服务队伍,为农村创业者提供创业指导、技术培训、法律咨询等全方位服务,帮助他们解决创业过程中的难题,提高创业成功率。江苏省农村创业实践,为全国其他地区农村创业发展提供了宝贵经验与启示。

6.2.1 合理适度引入社会资本

农村创业离不开资金的支持,单靠财政资金投入往往会面临资金不足和经营专业性不强的问题。充分利用社会资本,能够提高产业的运营效率,完善乡村基础设施,创造就业机会,造福当地居民。社会资本可以推动基础设施建设,提升乡村的可达性和连通性,为农村创业的发展奠定基础。例如,万科在兴化市东罗村投资的碧水东罗项目,对桥梁道路、绿化、村史馆和村民服务中心进行了大量投资,改善了当地的生活环境;南京金陵饭店集团有限公司在盱眙天泉湖建设了污水处理厂和燃气站等设施,提升了当地的基础设施水平。社会资本出于对回报率的重视,能够主动打造与当地资源禀赋相结合的产业。比如,龙城集团投资建设东方盐湖城项目,为周边村民提供了就业机会;南京金陵饭店集团有限公司与盱眙县政府合作,发展高端养老旅游业,带动了周边居民在家门口创业;镇江市丁庄村利用闲置的土地和房屋,引入工商资本建设精品民宿项目,并吸引社会资本投资葡萄深加工,生产葡萄酵素。社会资本的引入有助于提升农村创业产业的品牌知名度,提高生产效率,拓宽销售渠道。例如,常州市仙姑村与"壹号农场"创业团队合作,推动了该村有机农业的发展;泰州市东罗村与万科合作,由万科引进管理人员和厨师,进行品牌包装和销售渠道整合,促进农村现代化发展。

需要注意的是,必须处理好农民收入提升与社会资本回报之间的关系。农民生活富裕是农村创业的根本目标,有效提升农民收入是增强人民群众获得感与幸福感的前提。在引入社会资本建立产业体系的过程中,既要让投资主体按照市场规则获得合理回报,也要确保当地农民从发展中获益。在充分激活农村要素资源的同时,要通过提高农民的家庭经营收入、工资性收入、财产性收入、转移性收入和农村贫困人口收入等多种途径,切实帮助农民增收致富。

6.2.2　合理培养并引进各类创新创业人才

人才对于农村创业的重要性不言而喻,直接关系到农村经济的发展、产业升级以及农民收入的增加。人才是推动创业和创新的主要力量。培养并引进各类人才能够为农村创业注入新的活力和动力。不同类型的人才拥有不同的专业技能和经验,能够为农村产业发展提供新思路、新理念和新方法,带来新的商机和发展机遇。合理培养并引进人才可以推动农村产业结构的升级和优化。随着科技和经济的发展,农村需要更多高素质的专业人才来参与现代农业、农村旅游、特色农产品加工等领域的发展,从而提升农村产业的附加值和竞争力。因此,合理培养并引进各类人才对农村创业至关重要。

首先,江苏省注重培育新型职业农民,以满足新时代农村经营主体的需求,拓宽农民的收入来源。例如,扬州市四庄村积极开展村民的多方面培训,包括种植、餐饮和物业服务等领域,为村内或周边成熟项目提供劳务支持,促进了当地农村经济的多元化发展。其次,江苏省挖掘传统文化人才,发展传统文化产业。例如,南京市溧水区李巷村和徐州市马庄村通过发展剪纸、泥塑等传统文化产业,带动了村民就业和增收。这不仅有助于传承和保护传统文化,而且为农村经济的发展注入了新的动力。此外,江苏省还积极引进科技人才,推动农村产业的升级和转型。科技人才能够帮助农村提升农产品的附加值,实现农产品的绿色化、科技化和标准化。例如,南京市后圩村邀请具有农科院背景的技术人员专门研究龙虾养殖,使龙虾肉质更加紧致、口感更佳,满足高端市场的需求;镇江市李塔村陈庄自然村依托中科院的相关科研计划,教授农民种植有机蔬菜,发展起了高附加值的农业产业。

6.2.3 构建农村创业发展的政策支持体系

制度在农村创业中具有不可忽视的重要性,直接影响着创业环境、机制运行和创业者的行为。制度的建立和完善能够规范农村创业者的经营行为,确保其在法律法规允许的范围内开展经营活动。一个成熟的农村创业发展政策支持体系包括注册登记、税收缴纳、劳动用工、环境保护等方面的规定,能使创业者在经营过程中明确自己的权利和义务,有助于维护市场秩序的稳定和公平。健全的制度可以降低农村创业的风险。例如,完善的土地流转、产权保护和信用体系建设等制度,可以减少创业者面临的不确定性和法律风险,增强信心和勇气。制度为农村创业提供了政策支持和法律保障。政府可以通过各种创业扶持政策、金融支持措施和创业孵化器等制度性安排,为农村创业者提供启动资金、技术培训和市场推广等方面的支持,促进创业活动顺利进行。因此,没有合理的制度,农村创业无法顺利开展。

通过党建引领,发挥管理人才的作用,对于调动农村创业的生产积极性至关重要。在农村基层党组织的领导下,党员们作为模范和先锋,积极参与农村创业,发挥着重要的示范作用。例如,徐州市马庄村充分发挥党员的模范带头作用,落实党员联系群众制度,保障了乡村产业发展的和谐稳定。徐州市东风村采取了"党员＋电商大户＋贫困户"的结对帮扶模式,帮助低收入村民实现脱贫致富的目标。在南京市后圩村,村干部们带头与农民工一起劳作,激发了农民投身创业的热情。另一方面,打造农业合作联社也是让农民整体获益的有效途径。这些合作联社能够统一技术服务、质量标准和宣传销售,提升产品的组织化程度和规模化水平,让村民共同分享产业发展带来的利益。例如,泰州市姜堰区的小杨社区家庭农场服务联盟、镇江市丁庄村的万亩葡萄合作联社,以及徐州市马庄村的香包合作社等,都为当地村民带来了整体收益的提高。此外,激发农民创业积极性,鼓励他们自主创业非常重要。许多地方通过引入民宿经济等新兴产业,让有条件的村民自发改造闲置民宅,发展多功能民宿,创造更多的就业机会。地方政府也可以制定资金扶持政策,鼓励和支持农民自主创业。例如,徐州市东风村政府为促进农村电商业的发展,设立了电子商务发展专项扶持资金,并允许开设电商交易支付记录的免担保、免抵押贷款业务,为农村创业者提供了更多的支持和便利。

7

欠发达地区农村创业发展的
现实困境与发展策略

近些年,农村创业在不发达地区逐渐增多,解决了中西部地区承接产业梯度转移向"末梢"发展的问题。尽管欠发达地区农村创业发展势头良好,但面临的困难和问题也不容忽视,与发达地区的农村创业发展水平相比,仍存在不小差距。

7.1　欠发达地区农村创业发展受阻的现实案例

近年来,我国欠发达地区农村创业蓬勃发展,其发展模式也逐步转型,通过提升质量和改革经营管理模式,正发挥着越来越重要的作用。然而,尽管农村创业取得了一定的进展,但也面临着多种现实困境,这些困境反映出部分地区仍然存在着发展受阻的案例。

安康龙头村位于陕鄂渝交界处,优越的自然条件为其发展旅游业提供了良好的基础。在地方政府的主导下,该村以乡村旅游为主要形式进行农村创业,迅速兴建了仿古街区、秦楚农耕文化园、观光茶园等特色景观,大大改善了基础设施和生活条件。初看之下,徽派民居建筑群的"白墙、青瓦、马头墙、格子窗"与周围青山绿水的自然景观相得益彰。然而,游客稀少,旅店和餐馆生意惨淡,最初建成的酿酒作坊、豆腐作坊等 10 个当地特色作坊中有的已经倒闭,仿古街区两侧的商铺也大多闲置。

尽管龙头村距离县城只有 5 公里,离省会西安市车程大约五六个小时,当地却多为单一农业创业发展模式。龙头村在推动农村创业发展的过程中,未充分考虑客观实际情况,将乡村旅游视为农村创业发展的唯一出路,投资开发项目时缺乏科学论证和全面规划,忽视了交通便利性、食宿条件、民俗文化、产业结构和村民的利益等重要因素,结果导致投资项目并未有效推动农村创业。

龙潭水乡位于成都市成华区龙潭总部经济城核心区域,作为成都市的"清明上河图",它的规模和庄周古镇相媲美,是龙潭总部经济城最大的配套项目。龙潭水乡融合了江南水乡和川西民居的建筑风格,既有南方建筑的精致之处,又有川西建筑的豪迈气息。项目引入都江堰的水资源,由 3 个岛屿组成,21 座不同风格的拱桥连接 3 个岛屿,各式游船在水面上航行,营造出成都平原独特的旅游景观。龙潭水乡通过多元化商业街区的复合业态,促进了当地农民的创新创业。在试营业期间,超过 13 万游客涌入参观游览,一度形成火爆场面。然而,这种开业初期的火爆并没有持续很长时间。游客普遍反映,龙潭水乡交通不便,缺乏文化内涵。从 2014 年开始,龙潭水乡的游客数量开始明显下降。

龙潭水乡在推动农村创业过程中忽视了业态的多样性和融合性,没有能够充分融入当地的特色,也未能与当地的产业形成密切联系。此外,农村创业不能简单依赖某一景观或建筑来发展旅游业,推动农村创业的必经之路是通过提升游客体验,满足各类休闲旅游消费需求。

白鹿原民俗文化村位于陕西蓝田县境内。该文化村依据关中民居和村落特色,按地势修建了五六排砖瓦结构的平房等设施,内设民俗小吃店、非遗作坊、茶文化广场等。白鹿原民俗文化村依托电视剧《白鹿原》带来的热潮,以"旅游小镇"为核心,试图推动当地农村创业活动。然而,在短短两年内,附近陆续聚集了白鹿原影视城、白鹿仓、白鹿原景观农业园等多个文旅项目,而且还有其他大大小小的乡村旅游项目。推动农村创业发展的项目密集扎堆,缺乏科学规划和引导,商业化程度过高,缺乏文化内涵,这些都是白鹿原民俗文化村未能发展起来的原因。以"文旅热"带动农村创业发展需要全面考虑区域内的资源条件,对相关项目进行科学指导。需要深入思考项目的核心内涵是什么,创新吸引客流的独特之处在哪里,如何具体形成带动农村创业的机制以及如何合理分配创业者的利益。只有这样,才能真正以文旅推动农村创业发展,找到切实有效的发展路径。

7.2 欠发达地区农村创业与发达地区农村创业的差距

欠发达地区农业农村建设取得了良好的进展,但与全面推动农业农村高质量发展实现乡村振兴的目标之间还存在明显的差距。农村创业是在农村地区由创业创新主体参与的活动,同时也离不开国家相关政策的支持。

7.2.1 创业农民能力有待提高

创业能力作为促进新创企业成长的关键性因素,是在开展农村创业的工作中获得的广泛共识。欠发达地区的农民对于农村开展创业创新表现出热情不高,在创业不同阶段面临着不同的能力需求困境。

一是创业构思阶段机会识别能力不足。在欠发达地区,农民在创业构思阶段需要具备辨别机会的能力,这包括通过学习探索、研究环境、搜索信息等多个途径来发现创业机会。农民的机会辨识能力主要体现在信息搜索、信息筛选和商业构思能力上。尽管在互联网时代,农民通过电脑、手机等数字设备可以轻松获取海量信息,但欠发达地区农民在创业构思阶段仍面临机会辨识能力困境。

首先是信息筛选能力较弱。尽管农民能够从多个渠道获取大量信息，但由于缺乏对信息的甄选和判断能力，往往不知道如何筛选出相关的创业信息，难以有效整理和利用这些信息。这一问题的根源在于欠发达地区农民接触的职业培训较为有限，未能涵盖新时代下的创业思维，视野相对狭窄，缺乏有效的信息筛选能力。其次是商业化构思能力不足。欠发达地区的农民缺乏创新思维，对现有的创新创业方式过于依赖，不愿意跳出传统的创业经营形式，更倾向于模仿他人的创业方式。因此，他们往往集中在某些传统的创业模式上，难以摆脱低水平创业的"陷阱"。在广大中西部农村地区，传统的小农思想根深蒂固，限制了农民的思维和行动，表现为保守的观念、不愿尝试新事物、较为单一的思维模式等。

二是创业存活阶段价值创造能力不足。在欠发达地区，创业农民在创业存活阶段需要具备创造价值的能力，即有效获取资源并将各生产要素进行组合，以确保创业能够度过存活阶段。具体来说，这种能力包括资源获取能力、精细化生产能力和差异化能力。在资源获取方面，创业农民可以通过政策支持和线上渠道等手段获取资金、土地等创业所需资源。例如，越来越多的创业农民利用数字金融手段获取创业资金，这已经成为一种普遍现象。尽管数字技术例如互联网已经能够满足创业农民获取资源的需求，但精细化生产能力和差异化能力仍然存在不足的困境。

首先，精细化生产能力不足表现为投入与产出不匹配、成本高而品质低、消耗大而效率低等问题。这是因为大多数农民创业活动仍停留在传统的农业产业链上，继续使用粗放式的经营管理模式，无论是经营理念还是行动都无法满足精细化生产的需求。其次，精细化生产要求对生产数据进行记录、分析，并根据环境和市场变化进行相应调整。然而，由于资金、传统思维、个人素养等方面的限制，农民创业者对新技术的应用程度不高，难以实时记录和分析生产数据，难以精细化调整生产要素的投入，从而导致精细化生产能力不足。最后，创业农民的差异化能力不足。目前，许多农民创业选择的项目门槛较低，且经营方式、技术和产品或服务提供相对类似，缺乏足够的差异化。这种同质化竞争让创业农民面临困难。这主要是因为在气候、市场等不确定因素的影响下，农业领域的创业活动面临高风险，农民的创业新生弱势性使其难以承受市场风险，也不愿意轻易改变现有的产品或服务组合状态以实现差异化经营。

三是创业成熟阶段价值实现能力不足。在创业活动度过最艰难的存活阶段后,创业农民进入成熟阶段,需要发挥价值实现能力,包括渠道能力、市场开拓能力和品牌化能力。尽管在"数商兴农"战略的推动下,特别是在农村电商的发展过程中,欠发达地区的创业农民的渠道能力得到了显著提升,但仍然面临市场开拓能力和品牌化能力不足的问题,严重制约了创业价值的实现。

首先,创业农民的产品在市场上竞争力不足,难以寻找并开发新市场。这主要是因为他们生产的产品或提供的服务技术含量较低,大部分产品处于初级加工阶段,附加值不高,缺乏特色和强大的竞争力。此外,由于缺乏良好的经营记录和市场声誉,即使通过网络渠道进行营销,也难以吸引客户的关注和购买。其次,创业农民的品牌化能力不足。具体表现为品牌建设投入不足、品牌影响力弱、品牌的溢价效应有限。这主要源于两个方面:一方面,在形成品牌后,需要持续提升品牌在市场上的知名度和认可度,而创业农民通常是分散经营,组织化程度较低,缺乏足够的时间和资金投入来推广和维护品牌;另一方面,消费者对品牌的认知和信任需要时间的积累,但由于产品的标准化生产较为困难,溯源体系建设不完善,创业农民难以及时有效地处理存在的问题,从而导致品牌影响力受损,市场份额减少。

7.2.2 创业资源获取较难

创业资源在新创事业持续发展,创造价值的过程中起着极其重要的作用,尤其对于农村创业而言,劳动力、资金、土地等资源对于创业结果起着重要作用。但是,相较于城市,在欠发达地区,农村的资源获取难度较大,难以满足开展创业创新活动所需资源。一是创业创新所需资源量不足。比如,在农村创业的农民,面临着创业资源不足的困境。处于农村创业的农民面临创业资源不足是因农民自身收入低、存款少且农村基础设施覆盖不全面,农村资源相对缺乏。二是创业创新所需资源获取渠道缺乏。在农村开展的创业创新活动,面临获取资源渠道缺乏的困境。资源多数集中在城市,农村配套的设施和服务与城市差别大,再加之创业创新主体面临农村经济相对落后、科技水平相对低、信息流通相对不畅等问题,以致创业者需要花费较多的时间、精力、资金来获得技术、资金、人力等资源。目前而言,劳动力、资金和土地资源是农村创业最为缺乏的资源。

一是农村创业所需劳动力供给不足。对于劳动力而言,欠发达地区的劳动力在教育和家庭生命周期推动下大量外流,留在农村的适龄儿童和青壮年人口持续减少,使得村庄老龄化给村庄整体人力资源水平带来的负面后果进一步加剧。

首先,在城乡劳动力户籍身份的二元性下,劳动力被划分为城乡身份,即市民和农民两大群体,且对于户籍身份的转变有着明确的规定。随着乡村产业发展,农村土地价值不断升高,拥有农村户籍身份决定了农民关于土地承包权、宅基地使用权、集体收益分配权等一系列的权益。对于劳动力的乡村流入而言,农村户籍身份不仅可以带来收益,还能减少其生产经营活动中的成本。然而,当前城市劳动力要入户农村的条件较为严苛,无法落户就难以获取土地等资源,这导致一批有情怀、有才干、有意愿的城市人才无法扎根乡村开展创业创新活动。

其次,城乡就业岗位二元下,城乡为劳动力所提供的就业岗位并不均等,农村就业机会较少。劳动力的流动不单单由劳动力价格决定,还需要将要素主体的未来预期考虑在内。在城市化进程中,现代工业生产为主的城市在单位面积区域所需的劳动力数量大大增加,创造出了大量的就业机会,劳动力进入城市能够较为容易获得就业岗位,城市对于农村劳动力形成虹吸效应。例如,在欠发达地区绝大多数农村,产业仍以传统农业为主,而传统农业具有季节性、周期性,不能为劳动力提供稳定、可靠的就业岗位。由于劳动者会考虑在城乡的就业概率,当前农村区域内分工程度低,就业机会较少,未能给劳动力大量返乡提供充足、稳定的就业岗位,即使农村工资不断上涨,农村劳动力依旧流出大于流入。

最后,城乡公共服务存在二元性,城市对于劳动力的公共服务保障更为充分,而劳动力的流动是基于理性的考虑,除了经济收入外,还会考虑自身及家庭成员所享受的医疗、教育等公共服务。城市中的劳动者,其工作的合法权益保障、子女入学、基本医疗、社会保障等公共服务均优于农村。在子女教育上,城市学校具有优质的教育资源,农村学校则在师资力量、办学条件、仪器设备上与城市有着巨大差距;在公共卫生资源上,我国医疗卫生资源多集中于城市,而农村卫生资源结构和布局有待优化,具体表现为卫生资源少、服务质量不高,服务能力和水平低,对于劳动力提供的保障水平还处于低水平;在社会保障上,已为劳动者建立起完善的社会保险以及各项保险项目,社会福利和社会救助也在趋于完善,而农村地区享受到的保险项目较少。除此之外,在城乡公共服务政策不统一情况下,城市劳动力如果选择流入乡村,那么放弃城市的就业机会就意味着放弃相关的养老、医疗等多种社会保障服务而选择没有保障的生活。

二是农村创业所需资金获取较难。对于欠发达地区农村的资金获取,目前获取较难主要表现在三个方面。第一,银行服务农村地区存在重存款轻贷款、重抵质押贷款缺信用贷款的现象,"三农"关键领域缺少资金支持。第二,银行对一般农户的小额普惠贷款发放较多,对小型农业合作社、家庭农场等新型农业经营主体的投放不足。第三,银行之间在服务乡村振兴方面各自出招,信贷投放较为分散,不能形成合力,一些需要大量资金支持的农村基础设施建设、乡村产业融合发展项目资金缺口较大,容易陷于推进不畅的境地等。

首先,在目前城乡金融机构发展的二元特征下,城乡主体资金要素获取难度不同,因此资金要素流入城乡的难度也不相同。具体而言,当前城市中已建立了多种类、多功能的金融机构,已初步形成中央银行、商业银行、证券机构等业务各有侧重、功能互补的支付体系,各系统间能够实现有效衔接。在金融机构较为完善的情况下,金融市场信息透明,大大降低了城市主体的信息搜寻成本,这些主体能够快速、便捷获取生产经营过程中所需的资金要素。而与之对比,农村金融机构发展较为滞后,具体表现为种类少、网点少、形式单一,面对乡村主体在生产经营中的资金要素需求,金融机构未能提供及时的支持性作用。此外,在政策性银行商业化改革中,这些银行的主要功能发生转变,其主要业务不再以向涉农企业和农户提供贷款为主,支农作用明显弱化,进一步削弱了金融机构对乡村主体的服务能力。

其次,城乡金融投向领域存在二元特征,城市资金要素大多进入城市中的二、三产业,农村资金要素则进入的大多是涉农产业。资金要素投入的产业不同,资金的边际收益率自然存在差距。在市场机制下,资金的逐利性将驱动其流向资金回报率较高的部门或行业,以达到要素的优化配置。具体而言,在大数据、人工智能等技术加持下,城市工业产品附加值快速增长。与城市相比,农村产业的边际收益率较低。一方面,农业先天存在内在弱质性,尽管在农业集约化经营下利润逐渐提升,但农产品价格上涨速度远低于农业生产资料上涨速度,农业成本总体而言是不断增加。另一方面,农产品具有生产周期长、产量调整滞后的特点,乡村主体对于市场信息缺乏了解,且在面对相对垄断的收购商时,市场议价能力较弱,导致农业生产的利润较低。

最后,城乡金融市场上的信贷主体特质不同也会影响到资金要素的流动方向。金融机构在考虑收益的同时,还会将信贷成本考虑在内,更愿意让资金要素流向风险低、偿还能力强的生产经营主体。对于城市信贷主体,其自身所具备的特征能够极大降低金融机构可能面临的道德风险,即使逾期金融机构也可以利用其抵押物减少损失。农村尚未建立起完善的信用体系,加之农村主体分散且信贷资质较低,缺乏抵押物,贷款后监督成本大,金融机构贷款面临较大的不确定性和风险。在涉农贷款交易成本高、风险大的情况下,农村金融机构为了规避风险,往往设置较高的贷款利率、较严格的资质审核,这也加大了农村金融市场上主体获取资金要素的难度。

三是农村创业所需土地获取较难。对于农村创业的关键资源,欠发达地区的农村建设用地获取较为困难,这与国家的土地政策密切相关。

首先,我国土地被划分为城市土地和农村土地,所有权分属国家和农村集体,以此为基础形成城乡土地制度的二元结构。产权理论强调产权内部权利的结构安排对资源配置效率的影响,城乡土地的不同制度下城市和农村土地权利不同,导致难以通过产权交易实现最优配置。具体而言,在不同的法律约束下,城乡土地形成了不同的权利体系,城市土地权能较为完整,农村土地权能相对残缺,这增加了城乡土地要素自由流动的难度。在土地发展权利上,作为农村土地所有者的农村集体并不享有与之对应的土地发展权,土地的发展权属于国家所有,农民集体无法根据农村发展需求对土地进行改造。在土地用益物权和担保物权上,农村集体所有宅基地使用权人只享有占有和使用的权利,无法出租、转让宅基地,不具有完整的用益物权属性,农民宅基地既不能担保抵押,又无法在本集体经济组织外部出租或转让。在土地流转权上,集体建设用地只有在依法取得建设用地的企业因破产、兼并等情形下才可以以出让、转让等形式用于非农业建设。城乡土地性质的不同,导致法律所规定的土地权能有所不同,城乡不同土地权利体系下,阻碍了农村土地要素的流动。

其次,在城市国有土地和农村集体土地的不同配置方式下,城乡土地未能在统一的市场体系下进行流动。城市土地能在较为完善的城市土地市场体系下进行交易,与之相比,大量农村土地产权交易受到限制,实现交易的方式大多通过政府实现用途上的"农转非"和所有制层面的"国有化"之后,才能进入城市建设用地市场进行使用权交易。即使国家在制度上不断完善农村集体建设用地权能,但在农村与城市建设用地尚未统一的配置方式下,城乡土地配置遭到区别对待,依旧难以在市场机制下轻易实现土地产权或者功能的转变,进而影响到了城乡土地要素的流动。

最后,在价格形成机制上,城乡土地价格形成机制不同,导致城市土地价格要远高于农村,不利于土地要素的乡村流入。城市土地价格在市场机制下由土地供需关系决定。城市化对土地产生巨大需求,土地作为不可再生资源供给却有限,供小于求的情况下城市土地价格"水涨船高"。

7.2.3 农村创业的政策支持有待加强

在推动农村创业以实现乡村振兴的过程中,政府的政策发挥着重要的作用。加大政策对农村创业活动的支持力度,可以帮助解决许多欠发达地区的农村面临的经济、社会和环境挑战,进而更好地实现乡村振兴的目标。

一是政策制定与基层实际存在脱节现象。在关于推动欠发达地区农村创业的政策中,一些政策存在"一刀切"的问题导致政策在欠发达地区的基层无法灵活应对不同的需求和变化,政策制定与基层实际情况的脱节问题。这一问题导致政策的制定和执行往往不能够有效地满足基层社区和创业者的需求,从而影响了政府的治理能力和政策的实施效果。

二是政策实施过程缺乏有效的监督。个别欠发达地区农村创业政策的实施过程中缺乏有效的监督机制,现实中呈现出多种表现形式。农村创业政策的实施过程中政府部门未能按照政策要求积极主动地对政策的贯彻执行过程进行有效监督,导致政策执行过程出现问题,难以真正、迅速、有效解决。此外,政策执行中可能存在监管不到位、责任不明确等问题,使得政策难以有效执行。相关农民创业政策实施过程中缺乏有效的监督可能导致政策调整不及时,无法满足实际需求,从而使政策无法达到预期的效果。一些创业创新项目可能因缺乏政府支持和指导而无法取得成功。

三是政策实施后评估工作开展不足。农村创业政策实施后的评估工作开展不足是一个涉及农村创业政策执行效果和可持续发展的重要问题。这一问题不仅会影响政府决策的科学性和政策的针对性,还可能导致资源浪费。目前,欠发达地区农村创业政策实施后评估工作开展不足主要表现为以下几个方面:第一,缺乏定期评估,使问题无法及时发现和解决;第二,数据不全面或不准确,这可能是监测体系不健全、数据采集不及时或数据质量差等造成的;第三,评估方法不科学,无法全面、客观地评估政策的实际效果。这可能包括忽略了一些关键变量或者没有考虑到政策的长期影响;第四,缺乏公众的参与可能导致评估结果的客观性受到质疑,也削弱了政策的可行性。

7.3 欠发达地区农村创业发展的整体思路

在乡村振兴战略背景下,影响农村创业的主要因素有政策、资源、人才、基础设施。面对当前复杂多变的内外部环境以及不断增加的经济下行压力,欠发达地区农村创业的发展应借鉴发达地区农村创业取得的成功经验,并结合当地实际情况,因地制宜,通过多要素核心驱动的方式全面推进农村地区实现高质量的创业新局面。

7.3.1 发挥政策的引领功能

农村创业的成功与否往往取决于内外部环境的良好与否。良好的外部环境包括政治经济的稳定、生态环境的良好、政府对农村创业的大力支持以及市场环境中城乡生产要素自由流动等情况。在政治经济方面,政府的稳健政策和良好的治理能力能够确保投资者和创业者的信心,提高农村创业的成功率。此外,优美的生态环境不仅能够提升农村居民的生活品质,还能吸引更多的游客和投资者前来发展农村旅游业、绿色产业等,为农村创业提供更多机会。政府的大力支持是农村创业环境的关键因素之一。政府可以通过制定鼓励农村创业的政策来发挥政策的引领作用,例如税收优惠、创业补贴、创业培训等,降低创业成本,提高创业成功率。同时,政府还可以建立创业孵化基地、科技创新中心等平台,为创业者提供更多支持和服务,解决创业过程中的困难和问题。

在内部环境方面,良好的内部环境是农村创业成功的基础。内部环境包括有利于资本、技术、人才等生产要素合理组合的运行机制以及对农产品标准化和品牌化的引导。农村创业者需要合理配置资源,制订科学的经营计划,发挥自身的创新能力和创业精神,才能在竞争激烈的市场中脱颖而出。此外,不断完善的网络营销服务市场也是推动农村创业发展的重要因素之一。随着互联网的发展,农村创业者可以利用互联网平台进行产品推广和销售,拓展销售渠道,提高产品知名度和竞争力。因此,为了创造良好的内外部环境,政府应当制定全面、长远的政策规划,加大对农村创业的扶持力度,完善创业服务体系,提升农村创业的成功率和可持续发展能力。同时,农村创业者也应不断提升自身的综合素质和创业能力,积极适应市场需求,加强与政府、企业、社会组织等各方面的合作,共同推动农村创业事业的蓬勃发展。只有在良好的内外部环境的支持下,农村创业才能够取得长足的进步,为农村经济的繁荣和社会的稳定作出更大的贡献。

7.3.2 发挥资源的保障功能

资金短缺和融资困难一直是限制农村创业发展的重要问题。为了解决这一难题,除了构建有效的投融资机制外,还应发挥资源的支撑作用。这意味着要充分利用当地的自然资源、人力资源和文化资源,为农村创业提供坚实的物质基础,从而提高农村经济的附加值和竞争力。首先,合理利用土地资源。欠发达地区的农村通常拥有丰富的土地资源,可以通过土地流转、土地整合等方式,为农村创业提供发展空间。这不仅包括农业生产,还可以发展现代农业、生态旅游等产业,为农村经济注入新的活力。其次,农产品的深加工是发挥资源支撑作用的重要手段。通过加工农产品,提高农产品附加值,可以为农民增加收入,促进农村经济的转型升级。例如,农产品加工成为特色食品、手工艺品等,不仅可以提高农产品附加值,还能打造具有地方特色的品牌,吸引更多消费者。传统手工艺的保护与传承也是发挥资源支撑作用的重要方面。许多农村地区拥有悠久的手工艺传统,例如染织、陶瓷、木雕等,可以通过保护和传承这些传统手工艺,挖掘出更多的文化价值,为农村创业提供新的发展机遇。再次,针对资金短缺和融资困难问题,建立农村创业投融资机制至关重要。应加大政府财政资金支持和创业扶持力度,通过税收减免、设备购置补贴等方式缓解创业者的资金压力。同时,利用国家对"三农"问题的重视,鼓励社会资本进入农村投资创业,为农村创业提供资金支持和服务保障。最后,大力培育和发展农民专业合作组织,建立集体信用担保机制,降低贷款门槛,简化贷款手续,为农村创业者提供更多融资渠道。地方政府应大力支持第三方电商平台建立农村金融生态系统,利用在线数据评估信用等级为农村创业者提供小额贷款依据,进一步解决融资难题。

发挥资源的支撑作用与建立有效的投融资机制相辅相成,共同促进农村创业的蓬勃发展。通过充分利用当地资源、建立完善的资金保障机制,可以为农村创业者创造更加有利的发展环境,推动农村经济持续健康发展。

7.3.3 发挥人才的带头作用

人才是农村创业的主体,发挥人才的带头作用对于农村创业发展至关重要。应鼓励和培育本地人才,激发其创业热情和创新能力。政府可以通过建立创业导师制度来邀请成功创业者或专业人士给予指导和支持,并加强创业教育和培训,提升农民创业的技能和素质。一些农村地区由于经济欠发达,青壮年劳动力外流,导致农村人才短缺,限制了农村创业的发展。为解决这一问题,建立农村创业人才培养机制格外重要。首先,积极推进职业院校教学改革。要进一步明确农业职业院校服务地方"三农"发展的办学宗旨,构建完善的职业技术教育体系,重点培养一批"懂农业、会电商"的农村创业人才。在人才培养模式和教学模式上不断创新,让学生走向企业、田间地头等实践场所,向企业精英、新型农业经营主体学习,培养高素质、懂技术、会管理的农村创业人才。其次,大力实施乡村人才振兴。通过开展农村电商培训和新型职业农民培训,快速培养一批农村实用型人才。通过组织精英讲座、技术培训等方式,将互联网思维和电商理念等互联网技术引入农村,培养创业者科技素养,提高创业能力。同时,要强化新型农业经营主体的创业意识,使其成为农村创业的主力军。最后,积极构建人才保障体系。需要营造一个重视人才的制度和社会环境,为外来"精英"投资农村创业活动和乡贤、返乡农民工农村创业提供一站式服务。在企业注册登记、审批和备案、贷款等方面提供便利,设立农村创业专项扶持基金,建设农村创业园、创业孵化基地等。

发挥人才的带头作用对于农村创业的发展至关重要。通过积极培育本地人才,推动职业院校教学改革,实施乡村人才振兴计划,构建完善的人才保障体系,可以为农村创业提供充足的人才支持,推动农村经济持续增长。

7.3.4　发挥基础设施的支撑性功能

发挥基础设施在农村创业发展中的支撑作用至关重要,这意味着必须完善农村基础设施建设,为创业活动提供便利条件。在农村创业进程中,基础设施的完善是创业活动兴起和壮大的前提和基础。首先,硬基础设施包括道路交通、水利设施、电力通信等的建设和改善至关重要。特别是在物流基础设施的需求方面,应逐步建立健全农村物流体系,以确保农村创业活动的顺利进行。地方政府可以在县级建设物流配送中心,在乡镇和村级设置农村电商服务点,积极寻求与第三方物流公司合作,降低农村物流成本,提升服务水平。其次,软基础设施包括文化教育、信息技术、经济发展水平等,例如电子商务平台建设。为了促进农村电商的发展,平台的信息流应当准确反映市场需求,通过互联网、智能手机等信息技术和智能终端设备,将市场需求信息传递到农村信息节点,保持信息传递的流畅性和稳定性。因此,需要加快农村信息化发展,引导各方共同推进信息进村入户,让农民能够利用互联网、电脑、智能手机等设备与外界联系。通过培训和宣传活动,提升农民的信息化意识,增强他们获取信息的能力。

发挥基础设施的支撑作用对于农村创业发展至关重要。通过不断完善硬基础设施和软基础设施,为农村创业提供良好的发展环境和便捷的服务条件,推动农村经济持续增长。

8

乡村振兴战略实施背景下农村创业发展的新机遇
——数字技术赋能

在新一轮科技革命和产业变革引领下,以 5G、移动互联网、云计算、大数据、人工智能、区块链等为代表的数字技术日益融入农业农村各个领域,数字经济发展正在深刻影响和改变广大农民的生产生活方式,数字化转型成为推动我国农村创业发展的助推器。

　　当前,在各行各业的发展中都可以看到数字技术的身影。在农村方面,实施数字乡村战略在 2018 年中央一号文件中被首次提出。2019 年,《政府工作报告》进一步提出加快农业科技改革创新的农村发展新要求,着力推进各行业各领域的"互联网+",加大对农村电商的政策支持力度。2019 年 2月,中共中央、国务院正式出台《中共中央 国务院关于坚持农业农村优先发展做好"三农"工作的若干意见》,提出实施数字乡村战略,引导农业形成数字化与智慧化发展的新方式。2019 年 5 月,中共中央、国务院《数字乡村发展战略纲要》正式出台,提出加快推进数字乡村建设,缩小城乡间的"数字鸿沟",这意味着数字经济将助力乡村发展。2020 年 3 月,中共中央、国务院发布《中共中央 国务院关于构建更加完善的要素市场化配置体制机制的意见》,明确将数据与土地、劳动力、资本、技术并列为五大核心要素,这意味着"数字"已成为未来经济社会发展的核心引擎。2022 年 5 月,全国政协召开的"推动数字经济持续健康发展"专题协商会提出"支持数字企业在国内外资本市场上市"的政策导向信息,明确了数字企业所需的成长环境及其对数字经济发展的重要性。那么,在数字技术赋能的大背景下,数字技术是如何赋能农村创业的呢? 具体又有哪些现实的赋能案例呢? 本部分将结合理论和实践,阐明数字技术赋能农村创业的可行性。

8.1　数字技术赋能农村创业的理论分析

　　创业与创新紧密相关,互为影响,通过创业能够推动创新,创新则会进一步提升创业活力。创新是开展创业的基础,只有创新才能产生新的机会,进而形成创业活动。数字技术创造了一种截然不同、前所未有的新型生产方式和经济模式,从效率的提升、新机遇的创造、新途径的优化全方位地实现了革新,对于农业生产与农村生活均产生了根本性变革,全方位推动了农村创业的发展。数字技术主要从价值创造、价值实现与价值增值三个方面对农村创业进行赋能从而形成新的创业方式,为农村创业的高效可持续发展提供了可能。

8.1.1　形成价值创造新方式

　　创业创新的本质是创造价值,是撬动农村金字塔底层财富的重要手段,是推动农业农村可持续发展的重要推动力。农村创业步入了商业主体"自下而上"追逐创业机会、政府"自上而下"赋权增能的相向耦合机遇期,更加强调商业主体要识别制度机会、底层需求,以可持续、创新的方式开发创业创新机会,在实现可持续创业创新的同时促进农村可持续发展。数字技术作为催化剂,创新了农业农村发展中在生产端的价值创造方式,对农村创业系统产生层层渗透的纵深影响。

8.1.1.1 实现生产可控

随着大数据、信息技术的快速发展,土地、水源、气候、劳动力等农业生产要素信息不断被收集整合并实现信息共享,成为评估农业生产条件及新的农业生产选址的重要依据。通过数字技术的应用,创业活动更容易实现统一的生产方式、提高加工环节的规范性,提升产品质量。首先,数字技术可以建立起统一的标准和格式,使不同生产环节的数据能够相互交流和共享。这有助于消除信息孤岛,提高生产各环节之间的协同效应。农民、供应商、加工商等各参与方可以共享数据,基于统一的数据标准形成高效的生产方式。在此基础上,数字技术可以提供标准化的培训和技术支持,帮助农民和从业人员掌握统一的生产技术和管理方法。通过在线培训平台、数字化手册等方式,可以传授统一的生产标准和操作规范。技术支持团队可以远程提供指导和咨询,确保生产方式的统一实施。其次,在加工环节,数字技术可以嵌入加工设备,实现自动化的控制和监测。通过传感器和智能控制系统,可以对加工过程中的温度、湿度、时间等关键参数进行实时监测和控制,确保每一批产品的加工过程符合标准。自动化控制可以减少人为操作的差异性,提高加工的一致性和标准化程度。最后,通过数字化的数据收集和分析,农业生产者能够获取全面、精确的最终产品信息,包括农产品的生长环境需求、抗病能力、产量稳定性等关键指标以及不同品种的关键特征和性状信息。在数字化驱动的品种改良、基因组学和生物技术应用的作用下,借助大数据分析和模型预测,农业科研机构和种植者能够进行更准确的品种筛选、配对和遗传改良。这些努力有助于优化品种选育过程,培育出更适应市场需求和生产环境的新品种,从而提升农产品的产量、品质和抗性能力。

8.1.1.2 解决资本约束

数字技术,以数据和科技为支撑,降低了传统金融机构服务的线下成本和地域限制,从而使更多客户受益。这一进展保障了有创业创新需求的群体能够以合理的价格获得有效的金融服务。同时,数字金融依靠信息搜索和处理能力,有效控制借贷风险,改善交易质量,减少了信息不对称问题。因此,数字金融进一步实现了金融服务的公平性、均衡性和共享性,有效缓解了创业创新过程中的信贷约束。此外,数字技术在农业生产中的广泛应用有助于推进农业生产模式的自动化运作,显著降低了物力和人力资源方面的投入成本。具体而言,农民利用大数据技术的实时监测和精准计算能力,可以精确规划和有效控制农业生产过程中各类资源的投入成本,从而保障了农业现代化转型的进程。这不仅有助于精准作业、节约用水用肥用药、降低植保成本,而且智能设备的广泛应用,如航空植保、智能农机等,在播种、灌溉、喷药、收割等农业生产过程中,显著降低了生产成本。在物资采购方面,电子商务和大数据技术的应用为农业经营主体提供了便捷的生产资料获取渠道,降低了搜寻成本、交通成本和仓储费用。同时,这些技术也解放了部分农村劳动力,从而节省了农业生产的劳动力成本和时间成本。通过互联网构建农业信息化分享平台,并利用直播平台进行线上产品发布和田间观摩等活动,农民可以分享各种农作物培植方案和新技术,有效解决了农民"不会种地"的问题,实现了农作物与农民双重提升。这种模式为农村地区提供了更多的就业机会,同时营造了积极的农村创业氛围。

8.1.1.3 降低自然风险

数字赋能能够提升创业者的自然风险防范意识,加强风险管理和提升灾后恢复能力。首先,数字技术能够为相关主体提供知识和培训资源,增强创业者对自然风险防范的意识和知识。通过在线培训和知识平台,相关主体可以学习自然风险的基本概念、识别方法和防范措施。这些资源有助于提高创业者对自然风险的认知水平,增强防范意识和应对能力。其次,数字技术能够帮助建立风险评估和预警系统,及时提醒创业者关注自然风险。通过数据分析和建模,可以提前识别潜在的风险因素,并建立起预警机制。这样,相关创业者可以在风险发生前得到警示,及时采取相应的风险管理和应对措施,有效减少损失和风险的可能性。数字技术依靠建立实时信息共享平台,将各个部门的数据和信息整合在一起。通过云平台或内部网络系统,不同部门可以实时共享自然风险相关数据、预警信息、应急计划等,促进部门之间的沟通和协作,使风险防范工作更加及时、协调;最后,数字技术可以帮助农业保险机构收集和评估农业风险相关的数据,通过利用历史数据、气象模型、作物模型等,预测和模拟农作物的生长情况和潜在风险。这些预测模型可以帮助保险机构更准确地评估风险,并根据预测结果定制个性化的保险产品,对其进行合理的定价。

8.1.2 形成价值实现新方式

农村创业离不开价值实现的新渠道,通过不断开拓市场,实现产品或服务在市场上的认知标准化、宣传标准化,进而才能实现深入推进创业的持续活力。农村创业的最终结果,或者说推动其形成良性循环的动力也正是体现在价值的实现上,这强调了最终成果的转化,满足社会需求并实现创业者经济、能力、社会价值的过程,因此价值实现与农村创业的关系是相辅相成、相互促进。数字时代下,数字技术作为一种新方式推动了创业创新过程的新价值实现方式,为农村创业的持续稳定发展提供动力。

8.1.2.1 改变经营模式

随着数字技术的不断迭代升级,对传统电商"人""货""场"进行了链路重构,相继衍生出直播带货、内容电商、社区电商等等新业务新模式,这在很大程度拓宽了创业最终成果的销售渠道,提升了销售的多样性。首先,在新的拓展渠道下,通过虚拟现实、增强现实、人工智能等技术形成了提升消费者沉浸式互动体验的直播电商。传统电商在展示产品信息的过程中,大多通过图文等形式,难以做到"面面俱到"地解答消费者的问题,不足以"一击即中",让消费者快速作出购买决策。直播电商模式利用数字技术的可视性、表达性和购物引导性,通过主播讲解示范、回答消费者问题等直接互动的形式,有效提升顾客的沉浸感、临场感。这种模式让消费者能够在购买前通过互动体验商品,感受到与销售人员现场互动相似的服务,从而降低了购前感知风险,提升了消费者的购买意愿。其次,社交平台例如微信、抖音、快手等,衍生出了社交电商的销售模式,通过嵌入产品销售广告和链接等,实现了社交电商的营销和销售功能。这种模式利用社交网络的强大影响力和用户互动性,使商品推广和销售更具有个性化和社交化特点,进一步激发了消费者的购买欲望。在传统电商模式中,虽然消费者也能够足不出户买到所需产品,功能性需求得到满足,但却缺少了"众乐乐"的社交体验。成长于互联网的消费群体一代,不仅仅因为使用价值而购买商品,还会追求信任、情感、价值观、社交、娱乐等多层面的体验。社交电商将社交互动、用户生成内容、拼购等方式,融入消费者购买过程,并基于人与人的互动、分享、传播来影响消费者的态度和决策,从而使消费行为社交化,推动"消费"从单一场景升级到"消费＋社交"多场景融合。最后,移动互联网、物联网等新型数字技术的发展和普及应用,使得基于位置进而提供服务的社区电商迅速落地并发展壮大,有效地解决了传统电商难以到达的"最后一公里"问题。同时利用数字技术可以缩短特色产品的流通时间,扩大流通范围和市场半径,拓展了对保存方式以及时效有严格要求的产品的可及市场范围,使其可以销售出去,并且提高了销售价格,缩短了销售周期,实现了资产向资本的快速转化。

8.1.2.2 挖掘市场潜力

在数字经济时代,数字赋能使得推动农村创业的宣传方式得以转变和创新,终端成果向市场推广带来了更多机遇和选择,通过充分利用数字化宣传方式,参与创业的主体可以与市场更直接地进行沟通,提高产品的竞争力和市场份额。首先,数字赋能下的宣传方式增多,推动了线下宣传到线上的转变,丰富了产品宣传方式,使得更多人能够了解到创业创新的整体情况。其次,数字技术大大提高了内容创造效率。数字工具的应用使得产品市场推广变得更为高效和迅速。无论是文字、图像、音频还是视频,都能通过数字工具快速生成。例如,利用图形设计软件可制作精美的产品广告海报,或者通过音视频编辑软件创作引人入胜的产品宣传视频。这种方式不再需要投入大量人力物力,可以在短时间内完成。数字技术赋能产品市场潜力的挖掘直接体现在精准的广告宣传上。数字技术可以对消费用户进行数据分析,深入理解客户群体的需求和偏好,从而精准定位和分析市场,实施有针对性的广告和推荐。这种精准营销不再是"广撒网"的方式,而是有的放矢,避免了消费者受到无用信息干扰。再次,数字技术能实现产品营销的重点化。根据"二八定律",少数重要客户通常创造了大部分的利润。因此,通过数字技术,企业可以抓住重点客户,有效集中资源,提高效率并节约成本。最后,数字技术为产品提供了个性化的营销和销售服务。通过大数据分析客户需求,可以定制个性化的销售策略,从而增加消费者的忠诚度和产品的销量。例如,通过动态更新的电子商务页面和数据库联系,可为消费者提供个性化和精准的服务,增强消费者对产品的黏性和忠诚度。

8.1.2.3 塑造追溯机制

数字技术赋能可以帮助产品建立追溯机制,进而增强消费者的信任感,更好地实现产品的价值。首先,利用互联网身份标识相关技术,通过溯源链追踪记录产品生产环节的信息。在区块链溯源系统中完成认证后,形成透明且安全的生产信息记录。这些记录可以帮助零售商管理不同店面产品的生产日期、上架日期和来源等关键信息。其次,消费者可以通过数字技术提供的分布式溯源应用,全面追溯产品从种植到购买的整个产业链信息。消费者可以便捷地查询到不可篡改的商品全产业链溯源信息,这些信息通过产业链可信联盟参与的基于数字信息技术的溯源系统来保障产品品牌和消费者利益,树立品牌信誉,确保消费者购买到安全、真实的品牌产品。最后,利用数字技术可以建立产品的云数据平台和产品"二维码"全程溯源体系。这种体系能够打通产品生产、物流、库存、销售等不同系统间的数据流通,集成产品的产地信息、生产环节信息、供应商信息、出入库信息、分销信息以及消费者反馈等多方面信息。通过数据产业链、记录完整、多方鉴证、不可篡改、数据脱敏和通道隔离等措施,实现全面的例行监测、二维码追溯、质量安全信用和诚信档案等制度。可定期发布质量检测信息,实现从消费端到生产端的信息溯源,打破数据孤岛现象,全方位、全过程提升产品质量。举例来说,江苏省徐州市丰县在乡村特色产业发展过程中,与江苏省农科院合作推进全国农产品全程质量控制技术体系试点建设,引入蚂蚁区块链技术和服务,成功建立了农产品质量溯源体系。这一举措使消费者能够购买到安全、真实的品牌产品,增强了消费者对产品的信任感和品牌的市场竞争力。

8.1.3 形成价值增值新方式

创业创新在经济层面的目标是推动农业农村经济活力,因此要更好地激发农村创业活力,就需要实现价值的增值,以持续实现最终的乡村经济增长目标。日本农业专家今村奈良臣提出六次产业化,其核心思想是将农业向二、三产业延伸,通过产业融合尽可能将第二产业和第三产业中与农业相关的生产或服务价值带回农业领域并留在农村。因此,通过提升创业创新过程中的收益,带动农村经济最终实现乡村振兴,既离不开农业这一基础产业,又要在农业基础上通过产业链各环节上的调整、优化,提升农业的附加值。在数字技术的支撑下,依托数字赋能新方式给以农业为基础的农村创业提供了新的思路和方向。

8.1.3.1　推动品牌建设

数字技术以数字化方式对创业创新的产品品牌进行塑造、培养和推广,从而更有效地提升产品的价值。首先,数字赋能品牌建设的一个显著优势是使品牌传播和推广更为便捷、高效和多元化。在数字时代,通过互联网等数字技术,品牌可以以低成本且广泛覆盖的方式传播到消费者身边。利用数字技术赋予的广泛、及时和跨界传播特性,品牌可以通过网络广告、搜索引擎营销、社交媒体等传播渠道,实现线上线下联动的品牌宣传,提升品牌的知名度和影响力,从而为产品增加额外的价值。例如,江苏省句容市的丁庄葡萄利用数字化媒体"两微一端"和抖音积极开展宣传,通过视频、音频、图片和推文等形式向消费者介绍产品,持续扩大产品的品牌影响力。其次,数字技术赋能创业创新者更容易了解消费者需求,有针对性地制定品牌策略以满足市场需求。随着产品品牌传播渠道的数字化,信息传输不再是单向的,而是双向互动的过程,使创业者能更深入地了解消费群体。通过大数据等数字技术,可以便捷地生成消费者"画像",包括消费习惯、行为特征和品牌忠诚度等指标,为制定精准的品牌策略提供依据。例如,随着市场趋向年轻化,创业者能够识别这一机遇,并通过互联网精准地将品牌活动推送给相匹配的消费群体,有效提升品牌价值。最后,数字赋能在很大程度上推动文化因素融入创业创新过程,提升品牌的差异性。数字技术能深入挖掘和记录乡村的历史文化、生产技艺、风土人情等特色,通过短视频、虚拟现实、增强现实、直播等数字媒体生动地展示乡村文化,从而打造具有独特品牌故事的产品。这种做法不仅提升了品牌的辨识度和影响力,也为消费者提供了更丰富的消费体验。例如,江苏省苏州市龙湖镇利用现代数字化手段,将文化元素融入乡村特色产业,创建了一个综合性示范园,集农业生产、体验教育和文化交流于一体,有效推广了地方文化,提升了品牌的文化内涵和市场竞争力。

8.1.3.2 延长产业链

数字技术赋能可以有效延长乡村产业链,通过补齐产业链上的短板,推进产业链现代化,为农村创业发展提供更多的增值机会和发展潜力。首先,数字赋能能够推动以种养为主的乡村产业逐渐向后延伸,涵盖更多的环节和价值链,有利于实现产业的增值。在初加工环节,传感器和监测设备实时监测和控制加工过程中的参数,数据驱动的决策支持和智能调节保证生产环境的稳定性和产品的一致性。数字技术还能通过促进人与机器的协作,人工智能助手和机器学习算法提供即时建议和反馈,优化加工流程,提高生产效率。在质检环节,利用大数据分析和人工智能技术,预测、优化和决策支持生产和管理过程,识别潜在问题并提高生产效率和产品质量。在副产品利用环节,通过区块链技术和物联网设备,除了追踪和记录副产品的去向和利用情况,还可以实现副产品的有效利用和循环利用。例如,将副产品转化为能源、肥料、饲料等有附加值的产品,用于能源生产、肥料制造、饲料加工等方面。在物流环节,数字技术将包装、物流等环节推向自动化和智能化的道路,通过数字化技术和自动化设备,产品加工的各个环节实现自动化,例如机器人分拣、包装和装运,提高生产效率和产品质量。其次,数字化技术还可以支持个性化定制服务,满足消费者个性化需求,提升产品的附加值和消费体验。具体而言,通过虚拟现实、增强现实等技术,可以创造出独特的产品展示和体验场景,促进了消费者的参与和互动。通过数字化平台和社交媒体的应用,消费者可以参与产品的设计过程,提供意见和建议,有效推动二产与销售环节的紧密衔接和协调发展,从而共同打造更符合消费者需求的定制化产品。最后,数字赋能可以在最终产品的运输方面发挥重要作用。一方面,利用数字技术,可以进行路线规划和运输路径优化。通过运输数据的分析和模拟,可以选择最优的运输路径、减少运输距离和时间,降低运输成本和能源消耗。同时,结合交通实时数据和智能导航系统,可以避开拥堵路段,提高运输效率。另一方面,数字化技术在冷链物流管理中发挥着重要作用。通过温湿度传感器、追溯系统和物流追踪平台等,可以实时监测冷链产品的温度、湿度和环境条件。这有助于保障产品质量和安全,在整个运输过程中有效控制冷链环境,降低货物损耗和质量问题。

8.1.3.3 加快产业升级

数字赋能作为产业升级的重要手段,是以数字赋能为主线,以价值增值为核心,对传统的乡村产业进行全方位、全角度、全链条改造,以推动乡村产业从低端向中高端的跃迁,实现产业的升级,进而提升农村创业创新活力。首先,通过数字技术可以了解并预测未来产业发展状况,推动经营者进行转型升级。由于路径依赖,在原产业正常发展情况下,经营者很难愿意投入时间、资本、技术并承担风险进行产业升级。在数字赋能下,经营者不仅能够通过数字平台与多元主体进行交流,改变其传统的产业发展思维,还能够通过数字技术被赋予的敏锐洞察力,突破地域限制了解市场上的变化,及时捕捉新技术、新趋势,更迅速地调整乡村特色产业的发展方向。在作出产业未来发展方向的决策时,传统的主观判断逐渐被数据支持的决策所取代,数字赋能提供了大量的数据来源和高效的数据分析工具,使经营者可以通过数据分析来了解市场趋势、消费者行为和竞争对手情况。在基于大数据对海量市场信息进行分析的情况下,经营者能够更准确地把握市场需求,以此调整产业未来发展的策略。其次,传统乡村产业要实现转型升级离不开先进的技术。物联网、大数据分析、人工智能、云计算等技术在技术层面的赋能,为产业转型升级提供了重要的技术支撑。对于产业转型升级的中高端生产环节,数字技术的应用可以实现智能化的生产和运营。通过自动化和智能化的设备和系统,可以实现人工难以达到的生产效率,还可以降低成本并优化资源利用。例如,自动化生产线、机器人和物联网技术可以实现生产过程的自动化和协同,提高生产效率和质量。智能供应链管理系统可以实现实时跟踪和管理供应链,提高物流运作的效率和可靠性。再次,随着产业的转型升级,员工需要进行培训以适应新的技能要求,虚拟现实和增强现实技术能够提升员工技能。通过虚拟现实和增强现实的模拟和训练,员工可以在虚拟环境中进行实践和体验,提高操作技能、解决问题的能力和工作效率。这种沉浸式的学习方式能够增加员工的参与度和记忆效果,帮助他们更好地学习和掌握新的技能。最后,数字赋能下有利于有效整合产业链上下游企业,提升产业链水平,进而推动乡村产业的转型升级。通过数字化平台和数据共享,各个环节的参与者能够实时沟通和协同工作,减少信息断层和时间延误。同时,数字技术的应用还可以优化生产和供应链管理,提高资源利用效率、降低成本,并加强质量控制和风险管理。

8.2 数字技术赋能农村创业的典型案例

在数字经济背景下,数字技术的不断发展与广泛应用加速了现代产业要素与传统产业的融合发展,已然成为推动农村创业发展的重要引擎。随着数字技术与各类技术发生广泛的连接,数字技术在乡村的应用场景不断丰富,能够为创业等诸多环节进行赋能,加快乡村振兴的进程。在实践层面,我国多地积极利用数字技术为农村创业赋能,取得了一系列成绩。

8.2.1 镇江润果农业:"智慧种植"引领生产环节的创新方向

8.2.1.1 基本情况

江苏润果农业发展有限公司成立于 2009 年,在江苏省拥有苏南苏北两个农场。其中,苏南镇江农场位于镇江市镇江姚桥现代农业产业园区,农场已通过无公害产地认证,实现集中连片机械化规模化种植,具有全国一流的智能温室大棚,将先进的物联网系统应用于现代农业,实现智慧农业,是苏南地区单体最大的水稻生产基地。该公司已形成集耕、种、管、收、烘干、仓储、加工、销售于一体的全产业链运营模式,同时为客户提供农业种植的全程社会化服务,推进以农业产业化落地为导向的智慧农业全程解决方案的运营服务。

8.2.1.2 具体模式介绍

自 2019 年开始,润果农业在全程机械化的基础上,将信息化、大数据、人工智能融入现代农业,形成农田管理智能化、农机调度自动化、仓储烘干智能化,创建智慧农业社会化服务平台,用科技的力量通过集约化经营,节本增效,解决种地难、效率低,利润低等问题。一是数字赋能标准化种植。该公司打造大田农业生产数字化管理模式,针对大田农业的主产粮食作物种植管理,提供基于数字化模型的分析能力,覆盖农业数据信息的采集、交换、共享、开发、服务等全过程,帮助种植过程准确把握时间节点,精细控制农时、农艺,为农业风险、生产异常提供智能化决策辅助,建立成体系、成系统的种植流程、业务标准。二是数字赋能实现对作物生产状况的监测。数字化技术主要涉及苗情灾情监测管理、墒情与供水监测管理、土壤肥力信息采集及可视化、智能农机系统、遥感服务与管理系统、智能肥料控制系统、智能烘干应用系统、智慧收获作业系统等。通过"3S"技术、物联网技术利用多样、多源遥感设备、智能监控录像设备和智能报警系统监测农产品生产环境和生长状况,利用科学智能的农业生产要素遥控设备实时遥控管理农产品生产状况,水肥药食自动投放管理,提高农产品品质、产量,降低生产成本。以智能农机为核心载体,综合利用传感器、遥感、无人农机、北斗导航、物联网、5G 技术,构建立体化农业运作体系,实现"耕、种、管、收"全程无人化/少人化作业。三是让数字说话,以数字为依据形成农业生产管理决策。以农业生产应用为出发点,形成一套数字农场规划方案,将数字农业技术和管理手段融入农场规划中,指导农场生产由传统管理模式向数字管理模式提升。

8.2.1.3 取得的成效

在农业生产成本方面,数字农业技术的应用为江苏润果节约肥料 20%,节约用药 20%,土地产出率亩产增加 15%,降低了田间工人的劳动强度,从原来的 50 亩/人提高至 300 亩/人。在农业面源污染方面,数字技术的应用使基地稻麦农田化肥施用量稳定下降,同比氮用量节约 20%,磷肥用量减少50%。在农产品产量方面,农田地力逐步得到提升,稻麦产量稳步增加,2021 年水稻平均亩产 1 300 斤,小麦平均亩产 850 斤,粮食总产比 2020 年同比增加 15%。在农产品品质方面,公司生产的大米成果申报"绿色食品"认证,绿色大米终端价格 13 800 元/吨,新增销售预计约 2 600 吨,销售额约3 588 万元,同比水稻销售额约 988 万元,增长近 3.63 倍,通过农产品产销一体化,实现该环节效益增长近 4 倍。①

8.2.2 宿迁沭阳:"电商＋花卉"塑造销售环节的创新方式

8.2.2.1 基本情况

江苏省沭阳县是全国闻名的花木电商大县,花木种植面积 60 万亩,花

---

① 【智慧种植】润果农业大田种植数字化[EB/OL]. (2022-12-13)[2024-02-02]. http://nynct. jiangsu. gov. cn/art/2022/12/13/art_12086_10705444. html.

木电商4万余家,集聚了淘宝、京东60％的花木类卖家,花卉直播销售额占全国1/3。经过多年培育发展,沭阳县已建立起全国最大的农产品淘宝村集群,荣获"全国休闲农业与乡村旅游示范县""全国县域数字农业农村发展水平先进县"等。

8.2.2.2 模式介绍

江苏省沭阳县立足全国"花木之乡"资源禀赋,以保持农村原有风貌为前提,在政府的合理引导下形成农村电商生态体系,实现"农民富、农业强、农村美"的"互联网＋'三农'"县域电商发展模式。一是"农业＋直播"助力乡村特色产业发展。通过政策引导、培训扶持等多种措施,做大做强特色产品电商产业,并在电商平台销售的基础上,转换销售思维、创新销售模式,组织开展直播带货活动,实现直播助力弯道超车,探索乡村特色农产品销售的新路径。二是线上线下品牌建设,打造宣传推广矩阵。开展重点产业品牌的升级与打造,建立区域公共品牌管理机制,发挥商务、农业农村等部门牵线搭桥的作用,帮助经营主体对接电商平台,组织企业在网络平台联动宣传,打造乡村特色产业产品营销矩阵,向全网推介产品。定期举办各类产品博览会、推介会,吸引全国各地的采购商、数字营销机构线上线下对接,不断扩大农村电商企业及产品知名度,实现全方位的线上线下营销推广,打造全域媒体宣传矩阵,提升产品知名度。三是建设乡村特色产业智慧供应链。利用数字信息技术,打造特色产品质量安全区块链追溯体系和产品质量认证体系建设。同时,建立乡村特色产业智慧供应链数字应用平台,引领消费,实现特色产品供应链信息共享、信息溯源追踪、产销精准对接,从而解决滞销难题。

8.2.2.3 取得成效

2022年,沭阳县花木销售额达240亿元,其中花木电商销售占据"半壁江山"。沭阳县依托电商产业积极打造区域服务业发展高地,经过多年培育发展,沭阳县已建立起全国最大的农产品淘宝村集群,"沭阳电商"涵盖104个淘宝村、16个淘宝镇,共有互联网企业、活跃网店5万余家,从业人员达35万人。沭阳县花木获评省特色农产品优势区,花木产业已迈入品牌发展"3.0时代"。先后建成休闲农业园区景点253个,年休闲旅游农业综合经营收入、农副产品销售收入均超10亿元,三产总产值168亿元,农村花木电商户年人均纯收入 4.5 万元。①

8.2.3　南京浦口:"数智引领"加快增值环节的创新进程

8.2.3.1　基本情况

南京市浦口区农村区域占比近 80%、农村人口占比超 50%、农业地区生产总值占比超过 10%。作为全市唯一、全省四家之一的试点区,2020 年 9 月,该区入选国家级数字乡村试点名单。② 近年来,数字乡村建设已经展现出广阔前景。浦口构建了以知识更新、技术创新、数据驱动为一体的乡村特色农业发展体系,通过打造多样的应用场景,延伸产业链条,创新产业形态。

8.2.3.2　模式介绍

南京市浦口区秉承"乡村振兴,数智引领"的理念,以智能化改造、数字化转型为抓手,立足于原有乡村特色产业,深入推进"智改数转",持续拓展数字化应用场景,涵盖了人工智能、智慧农业、大数据、区块链等多个产业细分领域,促进传统农业的转型升级。一是数字化基础设施的建设。浦口区累计投入专项财政资金 2200 万元以此推动数字乡村试点区的建设,其内容涵盖数字乡村大数据中心、"三农"服务平台、新型农村社区数字化平台搭建及智慧农业建设等工程,为数字赋能产业融合提供技术支撑。二是数字技术赋能下农业产业链延长。4 类典型农业应用场景全部引入智能化控制、精准化运行、科学化管理,有效推动传统农业向涉及二、三产业的高端数字化农业转型。比如,浦口区借助"互联网＋"农产品出村进城省级试点区的建设契机,以青虾、稻米为试点产品,用"一张网"有效组织起农产品生产、加工、流通、销售等多个环节。三是通过打造多样的应用场景,在原有乡村特色产业基础上,延伸产业链条,创新产业形态。在乡村旅游方面,深入挖掘丰富的旅游资源,成功搭建集市民吃、住、行、游、购、娱等六要素于一体的智

---

① 江苏省农业农村厅乡村产业发展处.县域优势特色产业典型案例宣传推介[EB/OL].(2021-12-29)[2024-02-02].https://mp.weixin.qq.com/s?__biz=MjM5OTIxOTY4OA==&mid=2668472083&idx=2&sn=8637e744853475e9bf4ae944cadd0743&chksm=bdc7df948ab05682a243e15c2349157bff0402f2bd63f7b8ff79733b951455f275673570e68f&scene=27.

② 高金军.南京浦口:"数字乡村"激发乡村振兴新动能 助推三农"弯道超车"[EB/OL].(2021-12-16)[2024-02-02].https://m.thepaper.cn/baijiahao_15869539.

慧旅游大数据中心,实现"一部手机游浦口"。平台以互联网、大数据系统为支撑,对外与"乐游浦口"微信小程序联通,对内与旅游集散中心及省市平台对接,实现数据"互通有无"。在休闲农业方面,抓住林下经济的现实效应和"亲子"产业的巨大潜力,开发了以生态、教育、娱乐为一体的松鼠部落假日公园,利用抖音、微博、微信等互联网平台造势推广。

8.2.3.3 取得成效

浦口区在国家数字乡村试点区建设的过程中积极探索、先行先试,在数字农业转型升级方面都取得了阶段性成效。2 000 亩数字渔场通过青虾养殖生产标准化、全产业链信息化覆盖,每亩虾塘每年电费节省 80 元,饲养密度提高 50%,产业园增收 200 万元。除了农业生产外,2021 年,全区休闲农业预计总接待游客 440 万人次,综合收入 15 亿元,均同比增长 10%。全区开展农产品电子商务的经营主体 170 余家,农业电商销售额预计超 11 亿元。[①]

8.3 数字技术赋能农村创业的发展方向

实践证明,数字技术在农村创业中具有可行性和有效性,能够为乡村振兴带来无限空间和广阔前景。面对产业数字化转型的历史关口,各地应该更好把握新一轮科技革命和产业变革新机遇,多措并举,利用数字技术赋能为农村创业增添活力,释放出数字技术对创业发展的放大和倍增作用,最终实现乡村振兴的目标。

8.3.1 增加数字要素投入

8.3.1.1 加快数字基础设施建设

对于推动农村创业发展而言,加快数字基础设施建设是赋能的首要条件。缺乏数字基础设施的支撑,数字技术很难发挥出赋能作用。首先,应制定明确的数字化发展战略和政策,将数字赋能乡村产业作为乡村振兴战略

---

① 高金军.南京浦口:"数字乡村"激发乡村振兴新动能 助推三农"弯道超车"[EB/OL].(2021-12-16)[2024-02-02].https://m.thepaper.cn/baijiahao_15869539.

的重要组成部分。这些战略和政策应明确乡村产业数字化的目标、重点领域和发展路径,从多个层面出发制定综合性的解决方案,通过政策引导和优惠措施,推动数字经济发展,为乡村产业的数字化转型提供政策支持和资金保障。其次,建设高速宽带网络。通过高速宽带网络建设将为农村创业提供数字化转型所需的关键基础,比如支持大规模数据传输、云计算、物联网等关键技术的应用,为乡村企业和农民提供更多机会利用数字技术进行生产、经营和市场拓展。此外,投资建设高速宽带网络覆盖乡村地区,确保可靠、高速的互联网连接,还需要详细规划和多方面的合作。应先进行网络设计,包括用户需求评估、地区覆盖和设备需求,在此基础上进行相关基础设施建设,例如铺设光纤和安装网络设备。完成硬件安装后,还要进行设备配置和调试,以确保网络正常运行。最后,提供物联网传感器和设备。通过支持乡村产业采用物联网传感器和设备,以实现数据采集、监测和控制。物联网技术使得农业、畜牧业、林业等领域的生产过程更加智能化和高效化。通过使用传感器和设备,农民可以实时监测土壤湿度、气温、养殖环境等,从而更好地管理农作物、畜牧养殖和林木种植。

8.3.1.2 推动传统基础设施数字化

除了新型数字基础设施建设,传统基础设施数字化有利于农村创业的发展。因此,要积极开展试点示范,探索 5G、人工智能、物联网等新一代信息技术在传统基础设施建设运营中的应用模式,持续推进深度融合,提升传统基础设施运行效率,实现高质量供给和服务。首先,应制定相关政策和法规,以支持和促进传统基础设施的数字化转型。这些政策包括制定数据安全和隐私保护法规,确保数字化基础设施的可靠性和安全性以及提供财政和税收激励,鼓励企业和组织投资于数字化技术和设备。此外,还可以设立专门的部门或机构,负责监督和协调传统基础设施的数字化转型的推进,确保政策的有效实施。其次,要加快推动供水供电、农田水利和乡村物流等传统基础设施的数字化和智能化转型。建设物联网基础设施,在传统基础设施基础上应用传感器和智能设备进行监测和管理,建立智能灌溉系统和追溯监测体系。例如,在种植业区和畜牧业区,实施精准施肥和畜牧饲喂,加强畜禽粪污监管治理。最后,深入挖掘传统基础设施的数字化应用场景。应将传统基础设施融入数字赋能的不同场景,提高其在农村创业发展过程中的应用水平。在生产端,将数字化后的供水供电、农田水利系统嵌入数字农场、数字牧场的发展过程,在降低产品成本的同时,增加附加值。在销售端,在原有乡村物流运输体系下,借助电商平台,深化物流体系与乡村特色产业的耦合。在增值端,加快推动农业加工生产体系与产业升级衔接,在数字赋能下实现更高的价值。

8.3.1.3 推动数字化平台搭建

数字化平台作为信息技术和互联网的核心架构,承载数字产品组件,实现数字赋能的共享性和通用性至关重要。首先,必须提供充足的资金和技术支持,以推动数字化平台的建设和发展。设立专项基金并投入资金用于数字化平台建设项目,同时推出补贴和奖励措施,激励相关机构和企业参与平台的开发与运营。此外,组织培训计划和技术指导,提升从业人员的技能与能力,促进数字化平台技术的应用和创新。其次,推动数据的共享与开放,为数字化平台提供丰富的数据资源。通过制定数据开放政策,鼓励机构和企业向公众和合作伙伴开放数据,并通过支持和奖励措施激励数据资源的广泛利用,促进跨领域的协同创新。同时,制定数据标准和互操作性指导,确保不同平台的数据能够互联互通,实现数据的集成和共享。最后,推动数字化平台的标准化和互操作性,以提升平台的互联互通和数据交换能力。积极推动与相关利益主体的合作,与机构、企业、学术界和社会组织等建立合作伙伴关系,共同制定统一的技术标准和规范,确保数字化平台之间的数据交互和协作顺畅进行。同时,促进数字化平台整合,实现不同平台间互联互通,为用户提供更全面、便捷的服务体验。这些举措将有助于加速数字化平台的发展,提升其在推动创新和经济发展中的关键作用。

8.3.2 推进数字化人才队伍建设

8.3.2.1 识别数字化人才需求

识别数字化人才需求是推进数字化人才队伍建设的关键一步。随着数字化转型的加速,农村创业的发展迫切需要一支强大的数字化人才队伍来适应快速变化的环境。首先,必须明确乡村特色产业数字化转型的战略目标,包括确定数字化转型的重点领域和关键项目。例如,可能涉及建立电子商务平台、实施大数据分析或者开发人工智能应用等。只有通过明确战略目标,才能够准确识别需要哪些数字化人才来支持这些项目和领域。其次,需要评估现有人才队伍在数字化能力方面的情况,包括对经营者的数字素养、技术技能和经验进行评估。通过进行内部调查、面谈和技能评估,了解当地乡村特色产业发展中,现有数字人才队伍在数字化领域的熟练程度和发展潜力。这有助于明确现有人才队伍的优势和短板,从而更好地规划数字化人才的需求。最后,还需考虑数字化人才的多样性。在数字赋能乡村特色产业的发展过程中,需要不同领域的专业知识和技能,例如数据科学、软件开发、用户体验设计等。通过寻求多样化的人才来源,可以更好地满足数字化农村创业过程中的多样化技能需求。

8.3.2.2 营造吸引数字化人才返乡环境

想要通过留住更多优秀人才,更好地推动数字赋能乡村特色产业的发展,就要"筑巢引凤",营造宜居宜业的人才成长环境。第一,激发人才返乡的热情。加强"乡情"宣传,定期向在外和返乡人才介绍家乡发展现状和优惠扶持政策。举办在外和返乡人才座谈会,与返乡人才共同探讨家乡的发展,引导和鼓励他们回乡创业。积极进行宣传推广工作,采取"走出去、请回来"等方式,邀请在外创业的企业家参加农业创业项目对接会、恳谈会,并通过新媒体渠道广泛宣传,让在外的乡贤人才关注家乡、了解家乡,增强返乡意愿。组织不同类型的在外人才前往农业托管示范项目、基层党建、乡村治理示范点参观,搭建与已经返乡的人才优秀代表交流的平台,激发他们回乡的热情和信心。第二,为返乡人才提供舒适的创业就业环境。充分利用返乡人才的资金、技术和地方资源优势,鼓励他们以数字技术为支撑发展乡村特色产业,推动返乡创业人才与有意向创业的党员群众结对帮扶,在示范发展产业的同时,带动周边农户积极参与。第三,做好返乡人才的政策服务工作。为返乡人才提供优质的政策服务,通过发放政策手册、与上级部门协调等方式,解决项目发展中遇到的问题,并提供经济扶持资金。将服务返乡创业就业视为关键任务,设立返乡人才创业就业服务专岗,并配备专职工作人员,为他们提供政策咨询、问题反馈等全面服务。

8.3.2.3 引进和培育数字化人才

根据不同类型的人才需求,需要从育才、引才和用才等多维度积极探索构建数字与科技人才反哺农村的长效机制,用长期性的制度性安排替代短期性的政策激励。在育才方面,多数农民对数字技术知识与现代农业技术了解有限。因此,农村地区应积极组织农民数字技术课程培训,通过理论与实践课程,提高农民对数字技术的理论知识和实际应用能力,推动农民自主运用数字技术,提高农产品生产效率。政府、高校和企业在农村数字人才培育方面应形成良好的互补作用。政府可以制定政策支持措施,推动农村居民数字素养的提升和农村数字人才的培养输送。高校,特别是职业类院校应专注于培养数字农业与农业科技综合型人才。农业科技企业可以重点培训农村电商等应用型人才。在引才方面,农村综合条件相对欠缺,人才流出问题严重。政府应出台相关政策,鼓励数字技术人才返乡就业,提升农业技术人才的待遇和生活条件,吸引更多优秀人才投身农村创业,实现个人与社会价值的有机结合。建立高等院校和科研机构等数字技术人员到乡村挂职和兼职制度,持续开展数字人才下乡活动,普及数字农业和农村发展相关知识。在用才方面,充分利用"大学生村官"、驻村第一书记等在网络、信息和技术领域的专业知识和资源优势,推动数字乡村建设进程。这些措施将有助于构建一个长效的数字与科技人才反哺农村的机制,从而有效推动乡村数字化转型和农村创新发展。

8.3.3 发挥数字金融优势

8.3.3.1 推进商业银行数字化转型

近年来,从PC端、局域网到互联网、移动互联、物联网、云计算、人工智能,商业银行正被数字化、智能化重新定义。数字金融不仅扩大了金融服务的广度,还提高了金融服务的深度。数字金融使许多中小微企业与银行机构建立联系,并通过长期稳定的机制增进中小微企业信用。商业银行应利用数字技术创新,主动适应农村创业过程中的金融需求导向,创新服务理念,加大对农村创业的普惠支持力度,使数字金融成为乡村产业价值提升的"局内人"和乡村振兴的重要带动力量。一是借助商业银行数字金融服务网络,为农村创业提供金融服务综合平台。二是结合农村创业者的金融需求,实施资产、负债、中间业务一体化营销,为农村创业提供有力的金融支持。三是利用数字技术,有效防范金融风险。各商业银行要不断提升数字技术水平,强化数字技术在分散风险中的作用,不断降低农村创业过程中的金融风险,提高各涉农商业银行的抗风险能力。

8.3.3.2 营造良好的农村创业金融生态

数字金融创新开拓了直接融资渠道。数字金融科技企业或平台通过 P2P、股权众筹等有效方式直接融资,减少了传统金融行为的中间环节,使资金供需双方直接对接,由此降低了融资成本。但与此同时,也存在客户征信和风险防范问题,为此,需要加快农村信用体系建设,努力规避风险,促进农村创业进程的健康发展。

首先,开展诚信教育,全面提升农村创业者的综合素养。诚信是一种重要的社会资本。在农村创业发展中,必须重视对农村创业者的诚信教育,使其充分认识到诚信对于经济社会发展的重要性,做到诚实劳动、合法经营,不断提高经营主体的整体素养。其次,完善征信信息服务平台,为农村创业发展营造良好的金融生态。加快农村信用信息服务平台建设,让更多信用服务机构进入市场,并对其信用信息进行有效整合,实现数据资源共享。要努力把农村创业发展中借贷主体在各平台的金融活动数据全部纳入征信数据库,使平台能够充分获取金融行为人各种数据参数,加强数字金融服务的客户身份识别。只有这样,才能够使金融机构获取正确的征信数据,对后续金融行为作出科学决策,不断提高风险识别能力,降低金融风险发生的可能。最后,应加大对金融行为人的奖惩力度,保护数字金融企业和金融机构的合法权益。建立健全农村信用的激励和惩戒机制是引导数字金融资源向乡村产业融合方向配置的关键。一方面,征信平台对具有良好信用的用户通过正向激励,放宽借贷政策,增加借贷额度,使农村创业发展能够获得更多优质的金融资源。要改变新增贷款必须提供抵质押物的惯性思维,对诚实守信、有正规产业融合项目的经营主体可通过加强实地走访、收集社会信息,判断借款人诚信度和还款能力,注重引入政府担保基金、农业保险等第三方机制解决担保难问题,对优质的产业融合项目可以尝试信用贷款。根据乡村产业融合的生产周期及产业融合主体经营特点,合理确定贷款期限,满足借款人的实际用款需求。对于产业融合生产周期较长的贷款,在风险可控的前提下,允许贷款到期后适当延期。另一方面,征信平台对具有不良信用的用户通过逆向惩戒,减少借贷额度,缩小贷款投放,降低借贷风险,有效保护数字金融企业和金融机构的合法权益。

8.3.3.3 重视数字金融监管

当前,国家政策的包容审慎和信息技术的爆发式增长为数字金融的发展提供了良好的机遇。数字金融的健康发展需要有效的监管机制。缺乏有效监管可能导致金融市场的混乱和风险增加。因此,政府需要建立严格的监管规则,确保数字金融科技企业在公平有序的竞争环境中运营,为客户提供安全可靠的数字金融产品。当前金融业正处于从分业经营向混业经营的转变阶段,金融服务跨行业和跨市场交叉并存。传统的分业监管模式已经无法有效防控这种交叉带来的金融风险,其弊端逐渐显露。因此,监管机构需要调整监管方式,强化功能监管和行为监管,以降低风险损失,推动金融业持续稳定发展,这也是银行业监管体制改革的路径。在农村创业发展中,针对数字金融在线上、跨界和数字化风控等方面的特点,必须重视功能监管和行为监管。功能监管要求监管部门全面跨越机构和市场进行监管,消除监管真空,提高监管效率,有效防范金融风险。行为监管需要强化对涉及数字金融活动的企业、机构和个人的监管力度,包括加强有牌照企业和机构的监管、完善信息披露制度,严厉打击无牌照从事金融活动的企业和机构,保护消费者利益,防范金融欺诈等不法行为的发生。

9

数字经济时代下农村创业发展的实现路径分析
——以数字金融为例

在乡村振兴战略背景下,农村创业作为推动乡村全面振兴的重要形式,不断为农村经济发展注入活力。农村创业不仅关系着农民的收入和生活质量,还能够有效激发农村经济发展的内生动力。高回报的创业活动也伴随着高风险,在城乡要素双向流动失衡、创业者自身素质偏低等因素的制约下,出现了创业要素获取成本高、创业者抵制风险能力弱等一系列问题,导致农村创业失败率较高。因此,创新农村创业的支持模式,应利用新方式对创业活动进行有效赋能。

伴着"万物互联"时代的到来,数字技术正在重塑传统行业,各产业间边界变得模糊,产业间融合进程不断加快。以互联网、大数据,人工智能为代表的数字技术代表了未来发展的新趋势,学者们开始将数字技术与赋能联系起来展开研究。在创业研究中,数字技术给创业活动带来了颠覆式的变化。其中,数字技术与金融服务模式的结合成为数字赋能创业活动最具典型性的代表。数字金融服务模式的创新不仅包括技术的应用,还包括商业模式的创新。例如,众筹平台通过互联网将创业者与投资者直接连接,减少了中介环节,提高了资金配置效率。微贷和 P2P 平台通过大数据风控和信用评分系统,帮助个体创业者获得发展所需的资金支持。我国"三农"的发展,长期以来受到农村金融供给不足的制约,对于创业而言,在传统金融体系运营模式的成本约束下,传统金融机构很难为高风险的创业活动提供物美价廉的金融服务。数字技术与传统金融模式结合下的数字金融能够有效解决信息不对称产生的逆向选择,降低信息收集和交易成本,同时增加创业者接受金融服务的积极性,为农村创业赋能。现实中,在对数字金融支持下的农村创业进行考察时,发现其赋能效果并不明显,主要体现在创业者对数字金融的利用率不高,积极性不强,参与度较差等方面,数字金融对创业活动影响并不显著。理论与现实的矛盾是什么原因导致的呢?基于此,首先对研究对象进行深度访谈分析,并对访谈记录及收集的资料进行梳理,通过扎根理论编码探索,分析数字金融有效赋能农村创业过程中的影响因素,以期对上述的矛盾提供有力解释。在此基础上,通过调研得到的相关案例,探索性地运用定性比较分析法从整体性研究视角出发,探究影响赋能效果的可能性因素组合,找出数字金融赋能农村创业的最佳路径。

9.1 研究设计

9.1.1 研究方法

扎根理论是质性研究的代表,它运用系统化的程序,针对某现象进行聚焦分析,在对文献和多渠道资料深度解剖的基础上,通过科学系统的逻辑、归纳、演绎、对比和分析,逐级提升概念及其关系的抽象层次,并通过概念之间的联系自下而上构建实质理论,解释社会现象。在当前农村创业中,数字金融赋能成效的研究处于初级阶段,并未产生成熟的理论,通过综述的方法不能全面、有效地囊括可能的影响因素。因此选取扎根理论的方法,针对访谈材料中影响赋能成效的因素进行编码,提取出定性比较分析法中的条件变量。定性比较分析法(QCA)是一种将案例研究和定量研究结合的方法,相较于传统定量方法,QCA 通过考察前因条件和结果之间的充分与必要关系,弥补定量分析中忽视变量共线性问题的不足,解释了自变量间的复杂因果关系。数字金融赋能成效并非受单一因素影响,其对农村创业的赋能成效是多因素相互作用的结果,基于中国农村创业的实践,在创造性地运用定性比较分析法的基础上,能够更为清晰地探究出有效赋能的路径,研究方法见图 9-1。

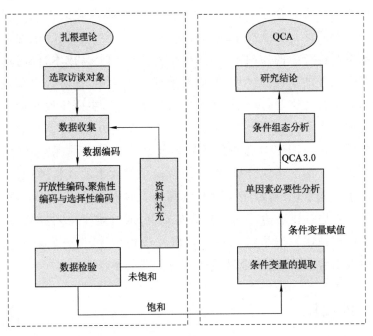

图 9-1 研究方法

9.1.2 数据收集

选取扎根理论应提取出 QCA 所需的条件变量,因此需要尽可能地获取反映赋能成效影响因素的第一手资料。首先,数字金融对农村创业的赋能并非受单一因素影响,多个因素相互作用的过程影响了最终的赋能成效。其次,仅凭已有文献不足以充分概括影响赋能成效的因素。最后,要提取全面的条件变量,仅靠对单一主体访谈难以完全消除访谈对象固有的刻板印象,不利于形成客观、严谨的结论。基于此,本书选取来自金融机构、创业者个体、政府部门的相关人员为研究对象。选取这些研究对象具有以下几点优势。① 典型性。数字金融赋能过程中,所涉及的主体包括金融机构、农村创业者及政府部门三方,能够为分析赋能成效的影响因素提供丰富素材。② 便捷性。笔者所在团队长期在村镇一级开展调研,频繁接触这三方主体,通过访谈所得数据、政府及金融部门提供的数据可以获得大量资料,为QCA条件变量的提取提供有力保障。可根据问题设计访谈提纲,对相关主体进行访谈并做好记录。考虑到数字金融在全国各区域间发展水平存在较大差异,数字金融的有效供给是开展研究的前提,访谈选取的人员来自数字金融发展较好的苏南地区,涵盖了 3 类主体共 18 人。在此基础上,对苏南地区数 10 个乡镇收集的农村创业案例开展定性比较分析。数字金融赋能农村创业影响因素的访谈记录见表 9-1。

表 9-1　数字金融赋能农村创业影响因素的访谈记录

时间	地点	人物	访谈内容
2021 年 5 月 19 日	扬中市新坝镇	银行及保险负责人 2 名、政府部门人员 2 名、经营主体 2 名	新坝镇数字金融业务开展的水平、政府的支持力度及创业者对于当前数字金融使用情况的看法等
2021 年 5 月 26 日	丹阳市珥陵镇	银行及保险负责人 2 名、政府部门人员 2 名、经营主体 2 名	当前数字金融开展的现状、困难及未来的发展方向等
2021 年 6 月 10 日	句容市天王镇	银行及保险负责人 2 名、政府部门人员 2 名、经营主体 2 名	银行及保险部门的业务种类、政府在数字环境的建设、创业者的金融需求等

9.2 基于扎根理论的影响因素分析

9.2.1 开放式编码

开放式编码是对访谈资料概念化和范畴化的过程,需要对资料进行分析和比较,提取其中的相关概念。这一阶段主要以访谈资料为主,其他途径获取的资料为辅,同时注意避免个人主观意愿干扰。① 对访谈转录的内容进行总结,凝练出能反映对赋能成效产生影响的原始文本语句。② 在凝练的语句的基础上,提炼出初始概念。③ 对初始概念进一步提炼得出初始范畴。根据以上步骤,把 18 位受访者的原话转录内容作为标签获得初始概念(其中 case1~case5 为对创业者的访谈内容,case6~case10 为对金融机构的访谈内容,case11~case15 为对政府人员的访谈内容,并选取剩余 3 段访谈记录用于理论饱和度检验),在此基础上精炼定义出初始范畴,最终获得描述数字金融赋能农村创业成效影响因素的 30 个初始范畴,见表 9-2。

表 9-2 数字金融赋能农村创业成效的影响因素开放式编码

访谈编号	记录摘抄	初始概念	初始范畴
case 1	种养殖业的收益周期较长,成果显现较慢,还款周期却不长	金融产品的灵活性不够,难以适用于不同创业情景	数字金融产品创新程度
	被授信过后,一般只能获得 5 万~10 万的贷款,对真正创业活动起不到太大的作用	授信后的贷款额度用于创业无法真正起到助力作用	创业可获贷款额度
case 2	农机等抵押物难以得到银行认可,而现在线上信用担保贷款过程太烦琐,很多老年人不会用	创业者不懂网络技术约束了赋能效果	创业者数字能力高低
	在村子里,缺少可以运行的合作社,个体线上贷款的额度很小,村委会不能作为贷款主体	大额贷款缺少承贷主体,个体贷款额度小	大额贷款涵盖的主体

表9-2(续)

访谈编号	记录摘抄	初始概念	初始范畴
case 3	每个镇产业发展情况,甚至每个创业者的情况都不一样,我们更需要不同种类的线上金融产品	创业者需要数字金融产品多元化,满足个性化需求	主体金融需求的多样化
	线上贷款过程要简洁高效,突发情况发生时要很快获得贷款,希望网上银行更加便捷高效	贷款需求出现时,能够通过数字金融产品迅速满足需求	金融需求得到满足的效率
case 4	农村创业特别容易受天气影响,贷款扩大规模后如果赔了怎么办,怕经营出问题还不上贷款	对创业扩张采取规避态度,不敢利用金融杠杆扩大规模	投资的谨慎程度
	像我们年纪大的人,不怎么会用智能手机,不懂申请流程,需要工作人员指导	中老年人接受新技术能力弱,不会使用智能手机	软件和硬件的支持水平
case 5	他们来家里授信,我们不懂这些产品,缺乏理解,就怕是骗子,怕在网上把钱给骗走了	中老年人比较怕承担风险,怕网络诈骗	风险规避的态度
	希望银行对我们农业经营主体,培育一些要素类的线上金融产品,例如山东工行的产业贷	贷款供给产品不足,难以满足不同主体的需求	产品供给与需求匹配度
case 6	我们给个体客户10万元的额度,核定后额度基本不变,信用担保利率6.09%,大额贷款需线下办理	授信额度小,不易变更,利率高,难以满足创业需求	政府财政补贴
	银行间因竞争缺乏信息共享,收集用户信息时会耗费很大的成本,希望在数据方面得到政府支持	创业信息获取不完整,缺乏共享机制,信息收集成本高	信息的不对称程度

表9-2(续)

访谈编号	记录摘抄	初始概念	初始范畴
case 7	用村里喇叭宣传金融政策,当前我们镇授信用户127户,总行目标是6月末达350户	金融产品、服务宣传方式较为传统,且效率不高	数字金融的宣传方式
	授信等级根据村干部对个人了解程度,但现在很多人在外打工后返乡,村干部对他们并不了解	授信等级的评定方式存在缺陷,无法实现供需对应	授信方式的完善
case 8	对于授信签约,村民普遍不积极,签约提供资金少,通过亲戚朋友可以获得所需资金	信用担保贷款额度小,村民同时趋向于规避风险	贷款积极性
	在收集个人征信数据过程中,我们不能调研到一些类似赌博、不良记录的信息	用户信息获取渠道窄,获取内容不全面	信息获取成本
case 9	我们银行更多通过对创业行业前景,发展方向方面的考察,确定线上贷款数额,充分进行风险控制	银行授信过程中,综合考虑多方面因素	授信额度的依据
	如果贷款人的信息能应用数字化技术,一输入就能查出来,就可以直接线上授信,会提升效率	在授信过程中,数字化技术能够提升工作效率	数字技术应用程度
case10	当前只涉及作物自然灾害方面的保险,关于农产品加工的险种目前还没有	农业保险险种较少,难以覆盖农产品全产业链	农业保险覆盖面
	对于保险产品,我们现在有大风摧毁大棚的保险,但理赔不涉及大棚里面的作物	农业保险覆盖面窄,难以规避部分经济作物种植的风险	农业险种的种类

表9-2(续)

访谈编号	记录摘抄	初始概念	初始范畴
case 11	对于地方的基础设施建设,包括数字乡村方面,我们想做但是缺乏资金	地方政府缺乏资金投入,难以持续完善数字基础设施	财政支持力度
	金融部门加大融资力度,线上贷款利息降低,为创业者减少成本,这样才能真正助力创业	数字金融产品的普惠性程度不够,赋能的成本较高	产品宣传效果
case 12	尽管采取整村授信,但是力度还是不够,授信方式效率太低	数字技术的应用程度不够,普及率不高	授信方式效率
	涉农贷会有补贴,但并不是每年都有,因为政策可能会发生变动	政策支持会发生变动,金融产品成本难以迅速下降	政府贴息力度
case 13	当前基础设施建设,在政策限制下地方政府更多依靠上级财政,难以通过金融机构获得贷款	地方政府获取资金途径有限,难以持续优化赋能环境	政府资金获取渠道
	银行有很多的涉农贷产品,但创业者并未关注,政府应加强宣传	地方政府与金融机构协调度不够,难以形成多方合力	部门间协调度不够
case 14	金融环境优化需要资金,村委会无法向金融机构贷款,各村镇数字乡村建设多依靠财政支持	金融环境的持续优化,需要上级政府的资金投入	赋能环境优化政策支持
	我们镇进行创业的多是从事种植养殖的外地人,金融机构难以获得全面的信息对其授信	信用信息不全面,授信成本过高	授信成本问题
case 15	多数创业者缺乏金融知识,需要钱但不知道从哪里获取,需要金融知识和政府的引导	创业者自身文化水平不高,金融知识储备不够	创业者金融知识的普及
	一些农村妇女反对丈夫贷款开展创业活动,怕家里背负债务,无法偿还	家庭因素影响,惧怕风险,尽可能避免贷款	家庭对风险的规避

9.2.2 主轴编码

主轴编码是在初始范畴基础上,根据"条件—行为—结果"的范式,辅以必要资料挖掘,对不同范畴进行归纳,构建出各个范畴间的联系,进一步凝练成"主范畴"。基于上述的 30 个初始范畴,通过对文本材料进行情景化的整合,形成 6 个主范畴。主轴编码结果见表 9-3。

表 9-3　主轴编码结果

对应的主体/产品	主范畴	初始范畴
数字金融产品	数字化的便捷程度	数字金融产品创新程度、数字金融的宣传方式、数字技术应用程度、金融需求得到满足的效率、授信方式效率、产品宣传效果
	可应用的场景	创业可获贷款额度、大额贷款涵盖的主体、主体金融需求的多样化、产品供给与需求的匹配度、农业险种的种类、农业保险覆盖面
创业者	创业者素质	创业者数字能力高低、创业者金融知识的普及
	创业者风险偏好	投资的谨慎程度、风险规避的态度、贷款积极性、家庭对风险的规避
政府部门	政策性支持	政府财政补贴、赋能环境优化的政策支持、政府资金获取渠道、政府贴息力度、财政支持力度、软件和硬件的支持水平
	金融信息平台建设	授信成本问题、部门间协调度不够、授信额度的依据、信息获取成本、授信方式的完善、信息的不对称程度

9.2.3 选择性编码

经过开放式编码和主轴式编码,得到对应的三个维度的 6 个主范畴。结合其他途径获取的文本资料,在扎根理论研究的基础上得出:数字金融在赋能农村创业过程中,数字技术应用和更新为赋能基础,具体表现为数字化的便捷程度和可应用的场景这两个因素的影响;创业者个体的特征为赋能关键,具体表现为创业者素质和创业者风险偏好的影响;政府的支持为赋能保障,具体表现为政策性支持和金融信息平台建设对赋能效果的影响。基于此,本部分构建出了数字技术赋能农村创业成效的影响因素模型见图 9-2。

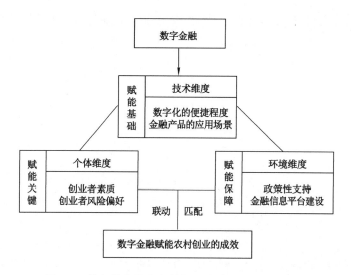

图 9-2   数字技术赋能农村创业成效的影响因素模型

9.2.4   数据检验

为了确保以上编码过程的可靠性,本部分需要通过检验理论饱和度与信度,共同对编码后的数据进行校对。首先,对三段访谈资料(case16、case17、case18)进行编码,并没有得到新的主题和维度,证明本书的编码已经达到理论饱和。在进行信度检验过程中,先邀请不参与本书研究但熟悉扎根理论的人员对扎根过程进行把握,指出编码过程中的问题。其次,各自进行单独选择性编码,对比后得出编码的一致性。经计算,不同编码者的一致程度达到 0.8,属于可接受的水平。因此,可认为本书研究形成的主范畴理论饱和度和信度较好。

9.3   基于 fsQCA 的赋能路径分析

9.3.1   变量确定及赋值

通过扎根理论获取了影响数字金融赋能农村创业成效的主要因素,将其作为组态分析的条件变量。32 个农村创业案例因分属不同的乡镇和领域,难以确定统一的参考标准。因此,本章根据客观情况及直接询问的方式对调研的案例进行判定,基于四分法对条件变量赋值。结果变量选取数字金融赋能农村创业的成效,因为案例的成效一般分为高低,可进行二元划分。案例变量赋值见表 9-4。

表 9-4　案例变量赋值

变量类型	细分变量	变量赋值
条件变量	数字化便捷程度(CD)	数字化便捷程度极低时,赋值为"0";数据便捷程度较低时,赋值为"0.33";数据便捷程度较高时,赋值为"0.67";数据便捷程度极高时,赋值为"1"
	应用场景拓展(ES)	应用场景拓展极窄时,赋值为"0";应用场景拓展较窄时,赋值为"0.33";应用场景拓展较宽时,赋值为"0.67";应用场景拓展极宽时,赋值为"1"
	创业者素质(EQ)	创业者素质极低时,赋值为"0";创业者素质较低时,赋值为"0.33";创业者素质较高时,赋值为"0.67";创业者素质极高时,赋值为"1"
	创业者风险偏好(RA)	创业者风险偏好极低时,赋值为"0";创业者风险偏好较低时,赋值为"0.33";创业者风险偏好较高时,赋值为"0.67";创业者风险偏好极高时,赋值为"1"
	政策性支持(PS)	政策性支持力度极小时,赋值为"0";政策支持力度较小时,赋值为"0.33";政策支持力度较大时,赋值为"0.67";政策支持力度极大时,赋值为"1"
	金融信息平台建设(PC)	金融信息平台建设极不完备时,赋值为"0";金融信息平台建设较不完备时,赋值为"0.33";金融信息平台建设较完备时,赋值为"0.67";金融信息平台建设极完备时,赋值为"1"
结果变量	数字金融赋能农村创业成效(DE)	赋能成效不显著时,赋值为"0";赋能成效显著时,赋值为"1"

9.3.2　单因素必要性分析

对组态条件进行分析前,为了检验单一因素是否是影响赋能成效的必要条件,需要对各条件变量进行必要性检验。一致性反映条件变量对结果变量的重要性程度,覆盖率反映一致性超集的经验相关性。通过一致性指标可以判断条件变量的必要性,若一致性大于 0.9,则为结果的必要条件。利用 fsQCA3.0 软件得出数字金融的高/低赋能成效的必要条件。各条件变量的必要性检验见表 9-5。从表 9-5 以看出,所有变量的一致性均小于 0.9,表明不存在影响赋能成效的必要条件。

表 9-5 各条件变量的必要性检验

条件变量	一致性	覆盖率	条件变量	一致性	覆盖率
数字化便捷程度(CD)	0.718 7	0.807 2	创业者风险偏好(RA)	0.492 0	0.691 7
非数字化便捷程度(—CD)	0.337 4	0.411 1	非创业者风险偏好(—RA)	0.588 2	0.588 2
应用场景拓展(ES)	0.571 1	0.764 5	政策性支持(PS)	0.826 2	0.691 3
非应用场景拓展(—ES)	0.495 7	0.514 1	非政策性支持(—PS)	0.224 6	0.435 2
创业者素质(EQ)	0.686 1	0.699 2	金融信息平台建设(PC)	0.550 8	0.814 2
非创业者素质(—EQ)	0.364 7	0.499 6	非金融信息平台建设(—PC)	0.516 0	0.498 7

9.3.3　组态分析

　　遵循已有研究判别标准与观测样本的情况,本章将一致性阈值设置为 0.8,频数阈值设置为 1。通过 fsaQCA3.0 软件进行充分性分析:标准化运行后,得出复杂解、中间解、简约解,并对中间解和简约解进行布尔代数运算,得出组态结果见表 9-6,即得到 3 条数字金融高赋能成效的驱动组态和 2 条低赋能成效组态。其中,既在简约解又在中间解中出现的条件为核心条件,仅出现在中间解的条件为辅助性条件。根据表 9-6 可得,该组态解集由 6 个组态条件和 5 条路径组成,其中高赋能成效组态解有 3 种,总体解的一致性是 0.818 0,大于一致性的可接受范围 0.8,总体覆盖度是 0.538 5,表示该组态解可以解释近 53.85% 高赋能成效出现的原因。低融合水平组态解有 2 种,总体解的一致性是 0.954 9,大于一致性的可接受范围,总体覆盖度为 1,该组态解可以解释所有低赋能成效出现的原因。此外,各组态对应的一致率均大于 0.8 的阈值,以上条件组态一致性水平较高,对结果变量的解释力较强。基于此,上述 3 组高赋能成效组态可视为数字金融赋能下,农村创业取得显著成效的充分条件组合,2 组低赋能成效组态可视为数字金融赋能下,农村创业成效不显著的充分条件组合。

表 9-6 数字金融赋能农村创业成效的组态结果

条件变量	高赋能成效组态解			低赋能成效组态解	
	1	2	3	1	2
	技术维度			技术维度	
数字化便捷程度(CD)	■		■		■
应用场景拓展(ES)	●			□	
	个体维度			个体维度	
创业者素质(EQ)	●	■	●	□	□
创业者风险偏好(RA)		■	□	□	
	环境维度			环境维度	
政策性支持(PS)		●		⊗	⊗
金融信息平台建设(PC)	●		●		□
一致性	0.854 8	0.889 8	0.841 2	0.923 1	0.932 9
覆盖度	0.440 6	0.362 6	0.238 0	0.400 8	0.451 1
总体一致性	0.818 0			0.954 9	
总体覆盖度	0.538 5			1.000 0	

注:●代表核心条件出现,⊗代表核心条件缺失,■代表边缘条件存在,□代表边缘条件缺失,"空白"代表该条件未出现。

9.3.4 赋能成效影响路径

根据表 9-6 产生高赋能成效的 3 组高赋能成效条件组态,对比因变量发现,组态 1 中,各维度的条件变量都存在,影响高赋能成效的条件较为均衡,因此将其命名为全面均衡的赋能成效影响路径。组态 2 尽管也受到 3 个维度的影响,但核心条件存在于环境维度,因此可以命名为环境拉动型影响路径。组态 3 核心条件存在于个体维度和环境维度,可以命名为个体能动＋环境拉动型影响路径。

9.3.4.1 全面均衡型

组态 1 中,组态结果为:数字化便捷程度×应用场景拓展×创业者素质×金融信息平台建设(CD×ES×EQ×PC),其中应用场景拓展、创业者素质、金融信息平台建设为核心条件。该路径表明,无论创业者风险偏好及政策性支持力度如何,当创业者素质较高,数字金融应用场景广泛,数字化便捷程度同时较高,且金融信息平台建设较完善时,数字金融对农村创业的赋能成效显著。因此,数字金融的赋能成效受上述多个因素影响。首先,数字金融产品的安全可靠性能够在很大程度上影响创业者的使用频率。其次,创业者对数字技术的掌握和应用是赋能的关键,如果无法熟练应用支付宝、网上银行等软件,其赋能成效将大打折扣。最后,数字金融的发展需要依托金融信息平台建设,这不仅决定了金融机构的授信成本,还决定了转嫁给创业者的金融使用成本,最终会影响到赋能的成效。由此,3个维度兼顾的路径,要更加关注各维度因素间的协调平衡,这是数字金融赋能下,农村创业取得显著成效的重要方式。

9.3.4.2　环境拉动型

组态2中,组态结果为:创业者素质×创业者风险偏好×政策性支持(EQ×RA×PS),其中政策性支持为核心条件。该路径表明,要取得高赋能成效,要注重赋能环境的建设,重点突出政策性支持对赋能过程的影响。赋能环境持续优化将成为有效赋能的保障和前提,政策性支持为数字金融的高效赋能提供了持续动力,直接影响到最终的赋能结果。此外,创业者素质也成为该路径中的重要因素,影响着赋能成效。在此路径中,充分发挥政策性支持的作用是取得高赋能成效的根源性保障,也是提升赋能成效的重要方式。政策性支持能强化我国制度优势,兼顾公平与效率,数字赋能环境的建设投入大,收益慢,且资本具有逐利性,数字环境的优化必然依赖于政府。政策性支持有利于引导赋能方式向更有效的方向转变,比如专项财政支持可以降低创业者使用数字金融的成本,加快数字金融产品的拓展速度。

9.3.4.3　个体能动＋环境拉动型

组态3中,组态结果为:数字化便捷程度×创业者素质×金融信息平台建设(CD×EQ×PC),其中创业者素质、金融信息平台建设为核心条件。当数字化便捷程度、创业者素质较高且金融信息平台建设较完备时,数字金融对农村创业的赋能可以取得显著成效。该路径中,如何提升创业者素质及金融信息平台建设速度是赋能过程的核心问题,更是提升赋能效果的中心环节。创业者素质高低决定了数字金融产品的推广。帮助创业者了解、使用金融产品是推动赋能进程的关键途径。具备金融知识的创业者能够频繁、熟练地运用数字金融,有助于发挥资金要素对创业活动的帮助。此外,还存在 2 条低赋能成效组态,通过分析发现,低赋能成效与产生高赋能成效的组态相比,呈现出因果的非对称性特征。低赋能成效路径的总体一致性为 0.954 9,大于 0.8 的阈值。基于此,可以得出,多个条件变量的缺失是造成低赋能成效的主要原因,其中核心变量的缺失对结果产生重要影响。当应用场景拓展不够、创业者素质较低、创业者风险偏好不高、政策支持力度不够时,数字金融的赋能过程会受到技术、个体和环境维度等多个因素的影响,农村创业的赋能处于低水平状态。此外,从另外一个低赋能成效组态中可知,无论其他条件如何,只要数字化便捷程度不高、创业者素质较低、政策性支持不够、金融信息平台建设不完善时,其赋能结果必然是低效的。以上两条路径意味着:技术、个体和环境三个维度条件变量的缺失,会导致低赋能成效,其中政策性支持这一核心条件的缺失对结果起着更为重要的影响。

9.3.5　稳健性检验

在数据处理过程中,参数设定与模型设定带来的威胁可能造成结果的随机性和敏感性。因此对定性比较分析结果进行相应的稳健性检验。借鉴已有成果,本书通过调整一致性水平与改变部分变量的校准区间进行稳健性检验。在上述条件改变的情况下,如果条件组态仍然在结果解释上没有发生本质性变化,就认为结果是稳健的。首先,调整一致性门槛值,采用 0.85 的阈值替代 0.8,虽然得出的路径与先前有微小变化,主要体现在某些边缘条件上,但组态背后的解释机制是不变的;调整一致性后,本部分的结论并未发生实质性改变。其次,本部分采用新的校准区间对数据进行校准,总体的一致性和覆盖率仅产生细微变化,形成的路径数保持稳定。因此,通过上述对一致性和校准区间的调整,证明具备较好的稳健性。

9.4　研究结论

本章在已有成果基础上,基于调研收集的访谈资料,结合其他资料等,运用扎根理论凝练出对数字金融赋能农村创业成效产生影响的因素,构建赋能成效的影响因素模型,利用定性比较分析法探究出影响赋能成效的多元条件变量组合,解释了多个可能的影响因素与高赋能成效之间的复杂因果作用机制,得到如下研究结论。

(1) 技术、个体和环境三个维度的条件"多重并发",形成了数字金融赋能农村创业成效的多样化影响路径,虽各因素组合不同但导致了相同结果。数字金融对农村创业的赋能效果受技术、个体和环境三个维度共同影响,缺一不可。任何一个因素既不能构成影响赋能成效的必要条件,也不能成为充分条件。赋能成效的组态结果表明,存在3条高赋能成效路径,即全面均衡型、环境拉动型、个体能动+环境拉动型,能够较为显著体现出"殊途同归"的特点。此外,还存在2条导致低赋能成效的路径,相较高赋能成效呈现出因果非对称特征,反映出不同核心条件缺失对赋能成效的重要影响,同时也验证了数字金融对农村创业的高赋能成效组态与低赋能成效组态的非对称性,打破了高低对称的传统二元论。因此,本章的研究为数字金融赋能农村创业成效的影响因素提供了更进一步的丰富解释,弥补了当前研究较为片面这一不足。

(2) 实现高赋能成效的3条路径呈现出异质性的特征,路径的差异在不同地区数字金融的发展中得到充分体现。尽管调研区域选择在苏南地区,但是每个乡镇的情况不尽相同。发展水平一般的乡镇,需要依靠应用场景拓展、创业者素质提高与金融信息平台建设,辅之以数字化便捷程度的提升,实现高赋能的成效,此路径属于全面均衡型。发展较快的工业镇,经济实力较强,采取环境拉动型路径,依靠地方财政给予大量政策性支持,再通过提升当地创业者的素质,实现高赋能成效。个体能动+环境拉动型的路径则适用于经济实力不强的农业镇,因为数字化进程推进成本高、速度慢,首要任务是提升创业者对数字金融的接受程度,增加创业活跃度。因此提升创业者个体素质与政策性的支持是取得高赋能成效的有效路径。综上所述,在实现数字金融对农村创业的高赋能成效过程中,各地区经济发展水平不同,可采取的路径也有所差异,因此需要结合不同地区发展特点,因地制宜,找到适合本地区高成效的赋能路径。

(3) 通过对实现高赋能成效3条路径的比较,发现应用场景拓展、创业者素质、政策性支持、金融信息平台建设是驱动数字金融赋能农村创业的重要牵引力,对最后的赋能成效起到决定性作用,拓展了数字金融赋能农村创业的理论视角。另外,还需要注意导致低赋能成效的2条路径,其中政策性的支持作为这2条路径的核心条件,其存在不能直接导致高赋能成效的出现,但其缺失必然导致低赋能成效的产生。除此之外,最终的赋能成效不仅由数字金融产品本身决定,同时应注意发挥主体的能动性和环境的拉动作用,在协同作用下,才能形成合力实现数字金融对农村创业的高赋能成效。与以往对单一影响因素的研究结论不同,本书认为数字金融的赋能成效不仅受到自身技术维度的影响,而且个体维度作为赋能关键,环境维度作为赋能保障,都对结果产生重要影响。本书的研究成果对影响赋能成效的核心和边缘条件进行区分,为理解数字金融赋能成效影响因素的研究提供了新的理论视角。

10

乡村振兴战略实施背景下
农村创业发展的突围

本章结合国内外经验与典型案例以及创业个案等方面的系列研究,从优化顶层设计、夯实基础建设、深化产业发展和培育发展潜能等四大方面提出农村创业发展的突围之策,助力乡村振兴战略实施。

10.1 优化顶层设计:健全农村创业政策和法规制度

农村地区的创业农民面临农村市场发育落后,各种配套的创业软硬件基础设施不完善,创业启动资金筹措困难,鼓励创业配套的政策和法规制度不完善等现实问题。

10.1.1 完善创业保障法律法规,优化创业税收优惠财政奖补机制

为创业企业和主体提供完善的法律保障国家和社会的应有责任。农村创业面临创业条件落后,启动资金筹措困难、创业失败率高等现实困境,因此应该为农村创业者提供更为完备的法律保障体系,助力农村创业发展。当前,国家及地方层面针对农民创业还未有专门的针对性法律法规,基于此,一是建议国家立法部门针对当前农民创业遇到的纠纷和困难,出台相关农民创业者权益保护法律法规,对农民申请使用土地、行业经营许可、享受政府补贴和税收优惠时提供绿色通道,依法依规保护其正当合法权益和生命财产安全,同时防止村干部滥用职权、防止不法村民阻碍农民合法创业、侵害农民权益的行为发生。二是建立完善的农民创业税收优惠和财政补贴政策体系,根据创业农民所处地域、行业等不同创业特点,特别是农民处于创业初期或成长期等不同阶段,设定不同的税收优惠和财政补贴标准。例如,在创业初期,可以通过给予免税或财政补贴等方式,减轻创业初期的经济负担。

10.1.2 优化农村创业融资环境,实施普惠金融服务农村创业发展

金融环境是影响农民创业的重要方面,在我国广大农村地区,普遍存在资金积累匮乏,创业启动资金筹措困难,创业原始资本多来源于自有资金和亲友借贷,农民一旦创业就可能面临因创业失败而导致的返贫风险,这使得农民即使找到了好的创业机会,也容易对创业望而却步,而且还容易滋生民间高利贷等金融乱象,从而进一步提高农民创业的资金成本,损害创业农民的利益。因此,应从金融立法、行政管理、构建多级信用担保体系、金融创新等维度入手,优化农村创业融资环境,让普惠金融真正为创业农民服务。

一是出台金融相关法律,保护农民创业企业融资权利,规定商业银行不

得对创业型农民企业家有所"歧视"。由于我国农村地区创业的总体层次和质量水平较低,商业银行出于风险和收益的考虑,对创业农民发放贷款的积极性不高,因此,农村金融机构的大部分存款流向城市工商企业,而不是为农村经济发展服务,这就造成了创业农民信贷约束难的问题。因此,需要保障对农民企业家贷款留足资金池,引导资金流向农民企业家,缓解农村创业面临的融资困境。二是以中央信用为农民创业融资提供担保,撬动社会资本通过风险补偿等方式参与农民创业,为农民利用土地承包经营权、林权、房屋所有权等进行抵押贷款清除法律障碍,积极拓展农民创业抵押贷款新途径,为农民创业提供资金支持。三是为方便商业银行、保险公司等金融机构获取农民信用信息提供相应金融服务,构建起农村信用体系。政府相关部门与金融机构合作设立农村创业产业基金进行金融创新,为农民提供低利率的创业贷款服务,为激发农民创业热情提供安全可靠的创业保险服务,还可以通过投资入股等方式减轻创业农民初始资金投入的经济负担。

10.1.3 强化农村创业引才政策,引进各类优秀人才返乡入乡创业

农村社会振兴最终要靠人才,人才是科学管理经验的载体。创造良好的农村创业环境对引进人才到农村创业十分重要,通过设立相应的政策吸引青壮劳动力回到农村创业、扎根发展是缓解当前"农村危机"、恢复农村活力的有效途径。可通过引入多方主体为农村创业注入活力等,例如出台税费减免、贴息贷款、项目奖补等系列支持政策吸引大中专学生、退役军人、创业者、进城务工人员等到农村创业。此外,还需要解放思想,破除陈旧思维,想方设法吸引城市资本流入农村,例如鼓励市民到农村定居、休闲、养老等,吸引城市资本到农村,把农村建设成市民的第二家园等。

10.2 夯实基础建设:完善配套设施和信息服务供给

10.2.1 加强农村现代数字基础设施建设

推进农村数字基础设施建设,"升级改造农产品加工物流、冷链仓储等基础设施",促进城乡数字基础设施均等化。积极开展农村电信普遍服务与广播电视基本服务,加强农村电信网络和广播电视网络建设。推进农村电

力供应、机房、通信等设施建设,提升农村光纤网络的承载能力。优化农村现有网络的性能,持续提升农村网络质量及覆盖深度,同步推进农村5G网络建设。充分利用卫星直播、无线微波等现代技术,提升农村广播电视的覆盖率,真正实现广播电视全覆盖。着力统筹农村信息服务基础设施建设,遵循"一站多用、多站合一"的原则,充分整合农村公共数据服务资源。根据村民需求拓展农村平台服务功能,推动大数据、人工智能、物联网等深入乡村。加快实施快递进村工程,建设农村寄递物流体系,采用驻村设点等方式不断弥补农村配套设施和信息供给短板,强化农村网络平台的互通和数据的共享,实现农村信息基础设施共建共用。

10.2.2　创新农村信息系统支撑环境建设

完善信息采集、分析、交换、发布制度,使信息采集、传输、发布工作常态化、规范化,为创业农民提供及时的市场信息,方便他们在经营中及时调整市场策略。推行计算机统一结算制度,规范市场交易,提高交易效率,杜绝发生纠纷、滋生腐败等损害创业农民利益的情况发生,鼓励电子支付形式,最大限度保证创业农民获得更高的创业回报。

一是加强基础设施建设。推进农村宽带和移动网络的全覆盖,确保所有农村地区都能接入互联网。政府应投入资金和技术,改善农村地区的网络基础设施,推动5G等先进通信技术的应用。同时,提升农村电力供应的稳定性,确保信息系统持续运作。二是推广硬件设备。鼓励农民使用计算机、智能手机等信息终端设备。政府可以通过补贴、优惠购置等方式,降低农民获取相关设备的成本。此外,支持建设农村公共信息服务站,提供免费的网络和计算机等设备,方便农民使用。三是强化人才培训。实施大规模的农村信息技术培训计划,提升农民对信息系统的使用能力。各级政府应联合教育机构,定期举办信息技术培训班,内容涵盖基本的计算机操作、互联网使用、电商平台操作等。引进信息技术专业人才到农村,通过政策优惠和经济激励,吸引其长期服务于农村信息化建设。四是发展多元化信息应用,根据农村实际需求,开发和推广农业生产、市场信息、电子商务、教育医疗等多方面的信息应用系统。确保系统设计简便易用,适合不同年龄层和教育水平的农民使用。政府应鼓励和支持企业开发适应农村特点的软件和应用,提供精准的信息服务。

10.2.3 加快推进农村现代物流体系建设

现代物流体系对农村创业至关重要。它不仅能够提升农产品的市场竞争力和创业者的运营效率,还能降低创业成本、扩大市场覆盖率、促进产业链延伸和乡村经济发展,最终改善农村居民的生活质量,助力乡村振兴。

一是加强基础设施建设。提升农村交通基础设施水平,优化公路网络,改善农村道路条件,确保物流车辆畅通无阻。政府应加大对农村仓储设施的投资,建设标准化、现代化的仓库和配送中心,满足农产品和日用品的存储需求。推广智能物流装备和技术,提高物流作业的效率和安全性。二是构建高效物流网络。建立覆盖城乡的综合物流网络,打通农村物流"最后一公里"。政府应引导物流企业在农村设立网点和分支机构,建立健全农村物流服务体系。鼓励各类市场主体参与农村物流建设,形成多层次、多元化的物流服务网络,提升物流效率和服务质量。三是推动信息化建设。加强物流信息化建设,构建农村物流信息平台,实现信息共享和资源整合。政府应支持物流企业采用先进的信息技术,例如物联网、大数据、云计算等,提高物流管理和调度的智能化水平。推广使用物流管理系统和电子商务平台,提升物流信息透明度,优化供应链管理。四是鼓励创新与合作。支持物流企业创新商业模式,推广"物流+电商""物流+农业"等新模式,促进农村物流与电商、农业的深度融合。鼓励物流企业与农民合作社、农村电商平台、供销社等合作,形成物流合作网络,共同提升物流服务能力。政府应制定优惠政策,鼓励社会资本投资农村物流基础设施和服务。

10.3 创新创业发展:开辟农业农村创业发展新路径

经营模式的创新是创业经济发展的内驱力。伴随数字技术向乡村广泛扩散传播,农村创业经济发展迎来了难得的契机,但经营模式陈旧、创新性弱成为农村创业经济发展的主要制约因素。通过推动农村创业经营模式创新,推进线下线上商品消费融合发展,促进传统线下业态的数字化改造,实现农村创业经济的转型升级与突破优化。

10.3.1   培育农村产业链和产业业态,拓宽农村创新创业发展思路

《全国乡村产业发展规划(2020—2025年)》旨在推动乡村产业的全面发展,实现乡村振兴战略目标,重点任务包括优化农业生产结构——既要推进农业供给侧结构性改革,提高农产品供给质量和效益,又要调整优化种植结构,发展优质、高效、多样化的农产品。此外,需要推动一、二、三产业融合发展,推进农业产业链延伸和价值链提升,发展农产品加工业和现代农业服务业。鼓励发展乡村旅游、休闲农业、文化创意等新产业新业态。

大力推动农村旅游业智慧化发展,建设一批功能多样、智慧便捷、设施完备的民宿区、休闲观光区和康养基地,线上推广旅游精品景点。通过网络宣传各类农村非物质文化遗产,推动农村特色文化产业的发展。将物联网、云计算、大数据等技术运用到农业领域各个环节,着力拓展农业生产的多重功能,运用网络平台推动农业与文化、生态、旅游等产业的深度融合,推进种植养殖智能化、数字化,延伸农村创业经济的产业链与价值链。强化农村平台孵化、产权交易、技术指导等公共服务,提升农村创业培育新业态的能力。

创新农产品电商发展新模式,深入推动农产品电商的创新发展。加快实施"互联网+"农产品出村进城和"数商兴农"工程,引导农业龙头企业、种养大户等新型农业经营主体运用网络创业宣传、销售具有区域特色的农产品。加强农产品生产加工、市场营销、仓储物流等环节建设,探索"农户+合作社+电商创业"的发展模式。健全农产品网络销售运营与供应链服务体系,促进农产品厂家储销产业化运营,培育一批竞争力强的农产品创业销售运营主体。扩大农村电商覆盖面,打造农村农产品网络品牌。引导农村开展特色农产品认证与市场推广,带动特色电商品牌产业的发展。引导农村电商创业有序开拓分销渠道,开发社交电商、直播电商等新模式。

10.3.2   推进农业农村产业集群发展,营造良好农村创业发展氛围

农业农村产业集群发展与农村创业之间存在密切的相互促进关系。产业集群的发展为农村创业提供了良好的环境和资源支持,农村创业的活跃又推动了产业集群的不断壮大和优化。一是促进科技创新。推动农业科技创新和推广应用,加强农产品种植、加工、储存等环节的技术研发。设立农业科技创新基金,支持科研机构与企业开展技术攻关。建立农业科技示范

基地,推广先进技术和设备,提升农产品质量和附加值。鼓励企业、高校和科研院所合作,形成产学研一体化的创新体系。二是优化产业布局。根据区域特色和资源优势,合理布局农业农村产业集群,形成一批具有竞争力的特色产业带。鼓励各地因地制宜发展特色农业、生态农业、休闲农业等,打造一村一品、一乡一业。政府应制定产业发展规划,引导资金、技术和人才向优势产业集聚。三是推动品牌建设。支持农村企业开展品牌建设,打造一批知名农产品品牌,提高市场竞争力。推动地理标志农产品认证,提升产品附加值和市场认可度。政府应组织开展农产品推介活动,利用展会、电商平台等多种渠道,扩大品牌影响力和市场份额。四是促进产业融合。推动一、二、三产业融合发展,延长农业产业链,提升价值链。支持农产品加工、冷链物流、农村电商等新兴产业发展,促进农业与旅游、文化、健康等产业深度融合。建设一批现代农业产业园区和示范基地,形成集种植、加工、销售、休闲于一体的综合性产业集群。

10.3.3 补齐农村创业服务管理短板,提高农村创业发展"获得感"

补齐农村创业服务管理短板,提高农村创业发展的"获得感"有利于提升农村创业成功率,增强农民创业内生动力。农村创业服务管理存在以下三点不足。一是服务资源不足。农村创业者往往缺乏专业的创业服务资源,包括政策咨询、市场信息、技术指导等。这使得创业者在项目选择、资源配置、风险管理等方面面临困境,增加了创业的难度和失败风险。二是政策支持不到位。许多政策和资金支持无法精准到达需要的创业者手中,导致政策的实际效用大打折扣。一些创业者可能因此缺乏必要的启动资金和发展支持,难以实现创业目标。三是基础设施薄弱。农村地区的基础设施,包括交通、物流、信息网络等,往往较为落后。这不仅增加了创业的运营成本,还限制了产品的市场拓展和销售。

(1)完善创业服务体系。一是建立综合服务平台。设立一站式农村创业服务平台,提供政策咨询、项目对接、技术支持、市场信息等综合服务。利用互联网和大数据技术,实现线上线下相结合,为创业者提供便捷高效的服务。二是加强创业培训。政府应联合高校、科研机构和企业,定期开展创业培训班,提升农村创业者的管理、技术和市场开拓能力。培训内容应包括市场调研、商业计划书撰写、财务管理、电子商务等。三是组建专家顾问团队。

成立由农业专家、市场专家和成功创业者组成的顾问团队,为农村创业者提供专业指导和一对一咨询服务,解决创业过程中遇到的问题。

(2)加大政策支持力度。一是优化金融支持。设立专项创业基金,对有潜力的创业项目提供资金支持。鼓励农村金融机构创新金融产品和服务,例如小额贷款、信用担保等,降低创业者的融资门槛和成本。二是落实税收优惠。对符合条件的农村创业企业实行税收减免政策,减轻创业者的税负压力。简化税务办理流程,提高政策的可及性和透明度。三是提供场地支持。政府应利用闲置土地和厂房,建设农村创业孵化基地和产业园区,提供低成本的创业场地。对于初创企业,可实施一定时期内的租金减免政策。

(3)推动市场拓展。一是支持电商发展。加强农村电商基础设施建设,推动互联网进村入户。支持农村创业者利用电商平台销售产品,拓宽销售渠道,扩大市场覆盖面。政府可组织电商培训,提高农民的电商运营能力。二是组织农产品展销。定期举办农产品展销会、推介会,帮助农村创业者展示和推广农产品。鼓励参加国内外的展览会和交易会,开拓更广阔的市场。三是打造区域品牌。支持农村创业者开展品牌建设,提升农产品附加值。政府应推动地理标志认证和农产品质量认证,打造具有区域特色的知名品牌。

10.3.4　引导创业者开展深度合作,提升农村创业的组织化程度

有效盘活农村创业的资源要素,鼓励农村创业者通过联户经营、组建合伙等方式进行联合生产,共同购置用具,开展产品营销,实现互补互利、互惠双赢,降低农村创业生产的经营成本。引导农村创业组建联合社,不断提升合作层次与规模;尝试"公司+农户"多种组织形式,延长农业的产业链、供应链和利益链。构建农村创业产业化联合体,通过信息互通、品牌共创、技术共享等方式,形成稳定的农村创业利益共同体,进而推动农村创业经营模式创新。

10.4　培育发展潜能:提升创业主体创业和发展能力

我国农村地区普遍存在农民创业层次不高、个体创业农民受教育程度不高、缺乏创业培训经验、农民教育水平和创业技能亟须提高等现实问题。

针对这些问题,可采取以下两个方面的措施。一是积极培育拥有农业生产经营能力、具有一定知识水平和管理能力的知识型农民、新型职业农民等,不仅可以提高农民创业的概率,而且有利于推动农民创业动机由生存型、随机型向主动型、职业发展型转变,推动农村创新创业发展。二是通过与大专院校、科研院所合作培育以及借助典型案例等激发农村创业者的内生动力。

10.4.1　继续推进高素质农民学历教育,提升农村创业者经营管理水平

一是加强对农民的学历教育。可以通过开展农民短期培训班、远程教育、开办农民大学等形式,提供更多的学习机会,满足农民学历提升的需求,提高农村人口的学历层次,为他们利用先进科技和现代管理经验,在创业时从事更具发展潜力的农村创业项目等奠定良好的学历基础。二是抓好农民技能教育,鼓励农民走进技工学校、开放大学等学习创业本领。农民创业技能培训中,应用型、技能型人才的培养功不可没。建议政府部门建立鼓励创办、发展农村职业教育学校的相应政策,提高学校的教学水平,培养懂技术、会创业的农村创新型人才。不仅如此,政府部门还应针对农民在掌握一定技能后,特别是处于待业状态的农民群体,设立相应的政策鼓励农民进入农村职业学校学习,鼓励他们开展创业活动。三是开办农民创业培训学校,对农民进行创业意识、技能、法治观念、社会责任等方面的培训。农村农民创业缺乏创业意识而不愿创业,或由于创业时缺乏市场意识、金融素养知识,例如经营、财务、行情判断等,导致创业举步维艰,或由于在创业中缺乏法律意识和社会责任感而生产对消费者有害的商品等。所以,培训农民的创业意识、创业技能、法治观念、社会责任感,对农村创业非常关键。建议政府部门开设并普及农民创业培训学校,对农民进行系统性的创业培训,加强他们的创业意识、技能、法治观念和社会责任感,提升他们的创业与经营管理能力,帮助他们树立创业品牌意识,提高他们的金融素养,传授他们熟练运用互联网、电子商务等新技术进行创业,改变他们的传统创业模式等。

10.4.2　构建大中专院校智力支撑体系,助力新型农村经营主体创新发展

核心技术可以显著提高农民创新创业的成功率。大中专院校既是基础研究和前沿技术领域创新的原始源泉,也是培养和汇聚创新人才的主要阵地,是培养能够运用科学技术进行创业的主要阵地。新型农村经营主体是

指在完善家庭联产承包责任制度的基础上,有文化、懂技术、会经营的职业农民和具有大规模经营、较高集约化程度和市场竞争力的农业经营组织。新型农村经营主体主要包括专业大户、家庭农场、农民专业合作社、农业龙头企业以及其他经营性农业社会化服务组织。这些新型经营主体具有专业化生产、集约化经营、市场化运作、社会化服务的特点,旨在通过规模化、产业化、市场化等方式,提高农业生产效率,增强农业竞争力,促进农民增收和乡村振兴。因此,建议政府部门牵头建立新型农村经营主体与高校(包括高职院校等)合作创业机制,借助高校自身科技掌握、研发适合农民创业的产品、服务项目等并应用于农民创业,充分利用高校、科研院所知识转化为产出的能力,研发新产品、培育新市场,实现创业共赢。同时,提高农民创业的整体层次和质量水平,通过畅通现代科技和农民创业的渠道,使农产品具有核心技术优势,提高农村创业的科技含量和竞争力。

10.4.3　充分发挥典型示范和引领作用,激发多元主体创业发展内生动力

鉴于农村农民更喜欢模仿创业的现实,农民创业的"羊群效应"才能得到充分发挥。一是要树立各地农村创业典型,通过成功企业家的示范带动更多的农民投身创业。二是通过建立创业模范村,结合当地特色,鼓励各地农民学习观摩,例如复制推广江苏"沭阳模式"模范村发展模式。三是加强宣传和推广,通过组织各级各类培训开展农村创业典型案例宣传,也可以通过设立奖项等形式,通过自媒体、社交网络等多种形式宣传,形成示范推广效应。

参考文献/References

[1] 陈芳,胡蓓.产业集群创业人才孵化作用机理:基于中国五大产业集群的实证研究[J].中国科技论坛,2012(12):107-112.

[2] 陈国生,肖瑜君,李海波,等.返乡农民工创业选择的影响因素分析:基于5省465户返乡农民工家庭的调查数据[J].经济地理,2022,42(1):176-181.

[3] 陈海贝,卓翔芝.数字赋能研究综述[J].图书馆论坛,2019,39(6):53-60,132.

[4] 陈悦,陈超美,刘则渊,等.CiteSpace知识图谱的方法论功能[J].科学学研究,2015,33(2):242-253.

[5] 程华,卢凤君,刘晴.新时期农业现代化进程中的困境与对策:基于演进分化视角[J].农业经济,2019(6):3-5.

[6] 戴志强,郭如良,李梦洁.农村交通设施改善、数字乡村发展与农民工归乡创业[J].中国农业大学学报,2023,28(2):265-278.

[7] 邓俊淼.集体协作视角下农民创业组织化路径的建构:基于"合作组织＋产业集群"创业模式探讨[J].南都学坛,2015,35(4):97-101.

[8] 杜运周,贾良定.组态视角与定性比较分析(QCA):管理学研究的一条

新道路[J].管理世界,2017(6):155-167.

[9] 方鸣.创业培训、政策获取和农民工返乡创业绩效[J].北京工商大学学报(社会科学版),2021,36(6):116-126.

[10] 方志刚.以农民大学生培养项目为载体为农村发展与变革提供人才支撑的实践与探索[J].中国远程教育,2010(7):13-18.

[11] 冯国庆.加强创业素质教育 培养农村创业人才[J].中国高等教育,2004,25(18):44,19.

[12] 何立胜,李世新.产业融合与农业发展[J].晋阳学刊,2005(1):37-40.

[13] 何晓斌,柳建坤.政府支持对返乡创业绩效的影响[J].北京工业大学学报(社会科学版),2021,21(5):48-63.

[14] 姜长云.日本的"六次产业化"与我国推进农村一二三产业融合发展[J].农业经济与管理,2015(3):5-10.

[15] 蒋辉,刘兆阳.中国农业产业化龙头企业空间分布特征及其影响因素[J].吉首大学学报(社会科学版),2020,41(6):94-101.

[16] 李爱民,赵悦平,孔炜义.大学生回乡创业对我国新农村建设的影响探析[J].农业经济,2011(4):52-53.

[17] 李德山,赵云佳,苟晨阳.普惠金融对不同群体就业的影响研究:基于世界银行全球普惠金融调查数据[J].技术经济,2021,40(8):97-106.

[18] 李晓园,刘雨濛.数字普惠金融如何促进农村创业?[J].经济管理,2021,43(12):24-40.

[19] 李玉杰,刘志峰.基于新农村建设的农民创业教育研究[J].安徽农业科学,2008,36(5):2088-2089,2096.

[20] 刘畅,窦玉芳,邹玉友.创业者社会网络、资源获取对农村微型企业创业绩效的影响研究[J].农业现代化研究,2016,37(6):1158-1166.

[21] 刘芳.当前农民工返乡创业问题分析及对策研究:以安徽省为例[J].安徽农业科学,2009,37(34):17139-17141.

[22] 刘光阳.CiteSpace国内应用的传播轨迹:基于2006—2015年跨库数据的统计与可视化分析[J].图书情报知识,2017(2):60-74.

[23] 刘力,阮荣平.农村产业集群的形成与农民创业分析:以山东省青州市南张楼村为例[J].乡镇经济,2008,24(8):63-66.

[24] 刘月秀,顾美霞.新农村建设背景下农业院校创业教育教学体系研究

[J].黑龙江高教研究,2012,30(5):157-160.

[25] 罗涛.金字塔底层的创业机会与价值实现:以城市外来工创业的多案例为线索[J].江汉学术,2019,38(4):37-45.

[26] 马克思.资本论:第一卷[M].中共中央马克思恩格斯列宁斯大林著作编译局,译.北京:人民出版社,2004.

[27] 马亚明,周璐.基于双创视角的数字普惠金融促进乡村振兴路径与机制研究[J].现代财经(天津财经大学学报),2022,42(2):3-20.

[28] 茅国华,孙文杰.新生代农民工返乡创业培训研究[J].中国成人教育,2014(24):190-192.

[29] 孟秋菊,徐晓宗.农业龙头企业带动小农户衔接现代农业发展研究:四川省达州市例证[J].农村经济,2021(2):125-136.

[30] 孟维福,张高明,赵凤扬.数字经济赋能乡村振兴:影响机制和空间效应[J].财经问题研究,2023(3):32-44.

[31] 彭英,周雨濛,耿茂林.乡村振兴背景下江苏返乡农民工创业现状、典型模式及对策建议[J].江苏农业科学,2022,50(1):222-225.

[32] 戚迪明,刘玉侠.人力资本、政策获取与返乡农民工创业绩效:基于浙江的调查[J].浙江学刊,2018(2):169-174.

[33] 祁明德,梁静鑫,王晖栋.乡村振兴战略下农村创业的可持续性路径[J].西北民族大学学报(哲学社会科学版),2022(2):105-114.

[34] 钱俊,王庭俊.乡村振兴战略视野下大学生农村创业研究[J].教育与职业,2019(1):61-65.

[35] 秦长江,侯汉清.知识图谱:信息管理与知识管理的新领域[J].大学图书馆学报,2009,27(1):30-37,96.

[36] 阮建青,杨奇明,叶武威,等.中国乡村创新创业指数报告:2023[R].杭州:浙江大学中国农村发展研究院,2023.

[37] 萨缪尔森,诺德豪斯.经济学[M].高鸿业,等译.12版.北京:中国发展出版社,1992.

[38] 石丹淅,王轶.乡村振兴视域下农民工返乡创业质量影响因素及其政策促进[J].求是学刊,2021,48(1):90-101.

[39] 斯密.国民财富的性质和原因的研究:节选本[M].郭大力,王亚南,译.北京:商务印书馆,2002.

[40] 宋秋英.乡村振兴背景下农村青年创业模式和有效路径探索[J].农业经济,2022(4):100-101.

[41] 宋帅,李梦.数字金融对农民创业决策的影响[J].华南农业大学学报(社会科学版),2021,20(5):38-49.

[42] 孙东升,孔凡丕,陈学渊.小农户与现代农业衔接的经验、启示与建议[J].农业经济问题,2019(4):46-50.

[43] 田桂芬."农二代"大学生返乡创业的障碍及对策研究[J].农业经济,2013(3):87-89.

[44] 万宝瑞.要重视新农村建设的两支生力军[J].农业经济问题,2007(11):4-7,110.

[45] 万忠兵.20年来我国乡镇企业发展的回顾与分析[J].调研世界,1998(11):37-39.

[46] 汪忠,程铭.农民社会创业者亲社会动机、创业拼凑与创业绩效:环境动态性的调节作用[J].研究与发展管理,2022,34(4):127-140.

[47] 王朝云,梅强.产业集群发展不同阶段的创业活动差异性分析[J].科学学与科学技术管理,2010,31(8):73-78.

[48] 王丹,李柏洲.企业原始创新失败形成机制研究:基于25个案例的清晰集定性比较分析[J].软科学,2021,35(4):34-42.

[49] 王桂玲,颜华,朱瑜.乡村振兴视阈下农民创业行为影响因素扎根分析[J].农业经济与管理,2022(3):54-65.

[50] 王辉,朱健.农民工返乡创业意愿影响因素及其作用机制研究[J].贵州师范大学学报(社会科学版),2021(6):79-89.

[51] 王继权,朱韵,李报春.乡镇企业"二次创业"与农村经济可持续发展[J].乡镇经济,2000(3):19-20,49.

[52] 王杰,蔡志坚,秦希.外出务工经历对农村家庭非农创业绩效的影响研究:基于CHFS的实证分析[J].经济与管理,2021,35(6):43-51.

[53] 王娟娟.日本农业"六次产业化"分析[D].长春:吉林大学,2014.

[54] 王胜,余娜,付锐.数字乡村建设:作用机理、现实挑战与实施策略[J].改革,2021(4):45-59.

[55] 王亚欣,宋世通,彭银萍,等.基于交互决定论的返乡农民工创业意愿影响因素研究[J].中央民族大学学报(哲学社会科学版),2020,47(3):

120-129.

[56] 王玉帅.民族地区农民工返乡创业扶持政策优化研究:基于对贵溪市樟坪畲族乡创业者的调查[J].贵州民族研究,2017,38(11):5-9.

[57] 王转弟,马红玉.创业环境、创业精神与农村女性创业绩效[J].科学学研究,2020,38(5):868-876.

[58] 魏娟,刘天军.创业失败对农民再创业绩效的影响[J].西北农林科技大学学报(社会科学版),2020,20(6):45-55.

[59] 温涛,陈一明.数字经济与农业农村经济融合发展:实践模式、现实障碍与突破路径[J].农业经济问题,2020(7):118-129.

[60] 吴碧波.农民工返乡创业促进新农村建设的理论和现状及对策[J].农业现代化研究,2013,34(1):59-62.

[61] 吴存玉.农业龙头企业对合作农户的嵌入式治理:基于东华糖厂的案例考察[J].中国农业大学学报(社会科学版),2023,40(1):82-100.

[62] 吴昊.数字经济背景下农村创业生态系统构建与实施研究[J].农业经济,2022(11):125-127.

[63] 吴金明,邵昶.产业链形成机制研究:"4+4+4"模型[J].中国工业经济,2006(4):36-43.

[64] 吴易雄.新型职业农民创业的决策机制及其影响因素分析[J].统计与决策,2017(1):110-113.

[65] 夏柱智."中坚青年"和乡村振兴的路径选择:兼论青年研究视角的优势[J].中国青年研究,2019(8):34-41.

[66] 许敏.产业集聚、社会关系网络与农村电商创业绩效[J].农业经济与管理,2021(2):51-62.

[67] 殷浩栋,霍鹏,汪三贵.农业农村数字化转型:现实表征、影响机理与推进策略[J].改革,2020(12):48-56.

[68] 尹鸿飞,张兵,郝云平.信贷约束与农村家庭创业绩效:影响效应及损失估算[J].华中农业大学学报(社会科学版),2021(6):76-89,189-190.

[69] 尹建伟.农民创业的影响因素及对策研究[D].长沙:湖南农业大学,2012.

[70] 雍旻,刘伟,邓睿.跨越非正式与正式市场间的制度鸿沟:创业支持系统对农民创业正规化的作用机制研究[J].管理世界,2021,37(4):

112-129.

[71] 曾雄旺,张子涵,胡鹏.新型农业经营主体融资约束及其破解[J].湖南社会科学,2020(1):97-102.

[72] 曾宇辉.进城务工与就地创业:农村剩余劳动力转移的两个维度[J].学术交流,2004(8):123-125.

[73] 张栋洋.乡村振兴背景下大学生返乡创业现状、影响因素及政策建议[J].农业经济,2020(12):108-110.

[74] 张怀英.农村创业助推乡村振兴的模式选择及其实现机制[J].吉首大学学报(社会科学版),2018,39(3):92-98.

[75] 张利庠,唐幸子.新乡贤、变革型领导力与乡村治理:基于嵌入式多案例研究[J].农业经济问题,2022(10):40-52.

[76] 张龙耀,李超伟,王睿.金融知识与农户数字金融行为响应:来自四省农户调查的微观证据[J].中国农村经济,2021(5):83-101.

[77] 张小良.农村特色经济金观念[M].重庆:重庆大学出版社,2006.

[78] 张秀娥,孙中博.农民工返乡创业与社会主义新农村建设关系解析[J].东北师大学报(哲学社会科学版),2013(1):10-13.

[79] 张延龙,王明哲,钱静斐,等.中国农业产业化龙头企业发展特点、问题及发展思路[J].农业经济问题,2021(8):135-144.

[80] 张玉利,冯潇.三农创业实践驱动的学术问题与研究建议[J].南方经济,2019(7):72-82.

[81] 张志平.涉农专业大学生农村创业能力培育的路径[J].高等农业教育,2014(5):58-61.

[82] 赵涛,张智,梁上坤.数字经济、创业活跃度与高质量发展:来自中国城市的经验证据[J].管理世界,2020,36(10):65-76.

[83] 赵云辉,陶克涛,李亚慧,等.中国企业对外直接投资区位选择:基于QCA方法的联动效应研究[J].中国工业经济,2020(11):118-136.

[84] 郑雁玲,田宇.乡村振兴背景下农村创业面临的问题与对策[J].宏观经济管理,2021(7):58-64.

[85] 周萍,赵康生,蔺楠.性别平等环境与农村女性的创业绩效:基于上海财经大学"千村调查"数据的实证分析[J].产经评论,2019,10(2):67-82.

[86] 周宇飞.大学生自主创业面临的困境及对策:基于面向农村创业视角

[J]. 湖南社会科学,2010(4):180-182.

[87] 朱丽萍,杨绪彪,李程. 数字金融助推乡村产业兴旺[J]. 宏观经济管理, 2022(8):42-49.

[88] 庄晋财,尹金承,庄子悦. 改革开放以来乡村创业的演变轨迹及未来展望[J]. 农业经济问题,2019(7):83-92.

[89] CHEN C M. CiteSpace II:detecting and visualizing emerging trends and transient patterns in scientific literature[J]. Journal of the American society for information science and technology,2006,57(3): 359-377.

[90] DIAO B C,ADNAN N,HARJI M B,et al. Evolution and hotspots of peer instruction:a visualized analysis using CiteSpace[J]. Education and information technologies,2023,28(2):2245-2262.

[91] FISS P C. Building better causal theories:a fuzzy set approach to typologies in organization research[J]. Academy of management journal,2011,54(2):393-420.

[92] FRANZONI C,SAUERMANN H. Crowd science:the organization of scientific research in open collaborative projects[J]. Research policy, 2014,43(1):1-20.

[93] GIOIA D A,CORLEY K G,HAMILTON A L. Seeking qualitative rigor in inductive research[J]. Organizational research methods,2013, 16(1):15-31.

[94] KROGSLUND C,CHOI D D,POERTNER M. Fuzzy sets on shaky ground:parameter sensitivity and confirmation bias in fsQCA[J]. Political analysis,2015,23(1):21-41.

[95] MAJCHRZAK A,JARVENPAA S L,HOLLINGSHEAD A B. Coordinating expertise among emergent groups responding to disasters [J]. Organization science,2007,18(1):147-161.

[96] SONG J B,ZHANG H L,DONG W L. A review of emerging trends in global PPP research:analysis and visualization[J]. Scientometrics, 2016,107:1111-1147.

[97] STRAUSS A,CORBIN J. Grounded theory methodology:an overview

handbook of qualitative research[J]. 1994,17:273-285.

[98] UZZI B,SPIRO J. Collaboration and creativity:the small world problem[J]. American journal of sociology,2005,111(2):447-504.

[99] UZZI B. The sources and consequences of embeddedness for the economic performance of organizations:the network effect [J]. American sociological review,1996,61(4):674-698.

[100] WEBER M. The theory of social and economic organization[M]. New York:Oxford University Press,1947.

[101] WU J,WU X Y,ZHANG J W. Development trend and frontier of stormwater management (1980—2019):a bibliometric overview based on CiteSpace[J]. Water,2019,11(9):1908.

后 记

　　我出生地在湖北省石首市，一个充满诗情画意的山镇——桃花山镇，一个幽静而又不失灵气的山水乡镇，有种进入陶渊明《桃花源记》的世外桃源之感。镇里村庄上的一草一木，一山一湖，养育着一代代的农家人。每年寒暑假，我都会忙中抽空回趟农村老家待上一阵子，一为缓解那一缕久别的乡愁，二为追寻农业农村一年年发展的变化脉络。

　　记得儿时，父辈们常对我说的话——一定要好好读书，不然就只能落在农村做农民，干辛苦的农活，父辈们没有条件读书，唯一的希望就是再苦再累也要把我送出去读书。读书时，每年的寒暑假我都会在家干农活，一直到大学毕业。这期间，农村农活依然以简单劳动工具从事纯粹的手工劳动为主，我也确为摆脱这份生活的艰难而努力读书。

　　大学毕业后,我成为一名高校人民教师,但依旧割舍不了对乡土的眷恋,也因此把自己的研究领域聚焦于"三农",始终关注着农业农村的发展。随着生产力的发展和科学技术的不断进步,在国家强有力的"社会主义新农村建设""农业供给侧结构性改革""乡村振兴战略实施"等系列政策支持下,如今的农业生产更多采用了现代化的农业机械,曾经"面朝黄土背朝天"的农活场景已不多见。与此同时,农村新产业新业态得到进一步培育发展,农业产业链不断延伸和拓展,这给农民带来了更多的创业机会。年少时期因各种原因辍学而外出打工的伙伴们,历经20世纪90年代以来的打工经济后,积累了一定的社会阅历和经济资本,纷纷开始寻求在乡村发展的创业之路。农村创业发展之路的推进现状、现实困境、如何破局,成为我不断思考和关注的问题,这也构成了拙作撰写的初衷。

　　全书围绕农村创业研究脉络、农村创业模式、国内外农村创业典型案例、农村创业现状与现实问题、农村创业发展新机遇、农村创业发展突围等展开,试图较为完整地回答前述困惑。2023年年初,经组织安排我开启了为期一年半的教育援疆工作,在繁忙的工作之余,多了一份静下心来写点东西的心情,如今拙作已成,也算是完成了一桩心愿。

　　拙作虽已成稿,但掩卷遐思,发现还有很多困惑与不足之处,常有汗流浃背之感,农村创业发展之于农民脱贫致富、乡村产业振兴意义重大,但如何培育更多致力于农业农村创业发展的人才,如何提高农村创业者创业能力和职业发展能力,如何为农村创业营造更好的创业空间和平台,如何有效化解农村创业风险等,都还有待进一步思考和研究。本书受限于研究能力和研究精力,仅从创业支持政策等宏观层面进行了一些探索性研究,但尚不够全面和深入,不得不说还留有遗憾。

在拙作撰写的过程中,许多亲朋好友、兄弟单位同人给予了我极大的支持和帮助,特别是书中参与调研的全国各地大量不知名的农民朋友,他们提供了非常珍贵的样本数据。在此,对他们表示深深的敬意和万分的感谢。

拙作的顺利出版,得到了江苏大学、无锡职业技术学院、江苏建筑职业技术学院、苏州农业职业技术学院、苏州经贸职业技术学院等院校专家学者们的大力支持,得到了江苏省高等教育学会、江苏省无锡市农业农村局、安徽省安庆市农业农村局、江苏省淮安市农业科学研究院等政府及科研院所的支持指导,得到了中国矿业大学出版社在书稿校对等方面的特别支持,特别感谢合著者周桂瑾教授对全著研究思路和框架结构设计等方面的指导,感谢黄曼、鲁桑、奚茂龙、杨琴、陈慧、李丹等好友在书稿撰写、校对等方面付出的大量辛勤劳动,在此一并致以诚挚的谢意和敬意。同时本书借鉴、吸收了国内外众多学者相关领域的研究成果,也尽可能地标注了相关文献来源及其作者姓名。由于疏忽和篇幅所限,难免挂一漏万,在此表示深深的歉意。

吴兆明

2024 年 3 月于新疆伊宁